POR UM CONSTITUCIONALISMO DIFUSO

Cidadãos, movimentos sociais e o significado da Constituição

Juliana Cesario Alvim Gomes

POR UM CONSTITUCIONALISMO DIFUSO

Cidadãos, movimentos sociais e o significado da Constituição

2ª edição | revista atualizada ampliada

2020

EDITORA JusPODIVM

www.editorajuspodivm.com.br

EDITORA *Jus*PODIVM
www.editorajuspodivm.com.br

Rua Território Rio Branco, 87 – Pituba – CEP: 41830-530 – Salvador – Bahia
Tel: (71) 3045.9051
• Contato: https://www.editorajuspodivm.com.br/sac

Diagramação: Ana Paula Lopes Corrêa *(aninha_lopescorrea@hotmail.com)*

Capa: Ana Caquetti

G633p Gomes, Juliana Cesario Alvim.
Por um Constitucionalismo Difuso: Cidadãos, Movimentos Sociais e o significado da Constituição / Juliana Cesario Alvim Gomes – 2. ed. rev. ampl. e atual. – Salvador: Editora JusPodivm, 2020.
240 p.

Bibliografia.
ISBN 978-85-442-3152-4.

1. Direito constitucional. I. Gomes, Juliana Cesario Alvim. II. Título.

CDD 341.2

A toda hora rola uma história
Que é preciso estar atento
A todo instante rola um movimento
Que muda o rumo dos ventos
Quem sabe remar não estranha
Vem chegando a luz de um novo dia
O jeito é criar um outro samba
Sem rasgar a velha fantasia

– Paulinho da Viola

AGRADECIMENTOS

Agradeço à Faculdade de Direito da Universidade do Estado do Rio de Janeiro, onde ingressei em 2006 e à qual permaneci vinculada por mais de dez anos; a seus alunos, técnicos e professores. Em especial, agradeço ao Programa de Pós-Graduação dessa instituição onde cursei o mestrado, cuja dissertação deu origem a este trabalho, sob orientação do Professor Daniel Sarmento, a quem sou extremamente grata. Agradeço imensamente às professoras Jane Reis Gonçalves Pereira e Gisele Guimarães Cittadino, que, como integrantes da minha banca de defesa, proveram indispensáveis recomendações e permitiram o aperfeiçoamento do material apresentado na ocasião. Agradeço também ao Conselho Nacional de Desenvolvimento Científico e Tecnológico (CNPq), que me agraciou com uma bolsa durante parte importante dos meus estudos.

Agradeço, ainda, à minha família e a meus queridos amigos, companheiros na decodificação desse segredo no deserto que, como apontou Clarice Lispector, é a vida. Agradeço a todas as pessoas dotadas de um profundo desejo de se vingar da vida — aquelas das quais, segundo Mário de Andrade, se exige uma ambição enorme, uma paciência enraivecida e uma ensolarada saúde mental. Aqueles que fazem crer na possibilidade de uma Constituição, de uma sociedade e de uma vida melhores.

NOTA À 2ª EDIÇÃO

Passados três anos, apresento a segunda edição deste livro e agradeço à Editora JusPodivm por seguir acreditando na pertinência deste trabalho para o debate constitucional.

Na nova edição, procurei aprimorar e atualizar o texto original, me guiando pelo conselho de Graciliano Ramos, para quem "a palavra não foi feita para enfeitar, brilhar como ouro falso; a palavra foi feita para dizer". Ao longo de todo o trabalho, também acrescentei trechos contendo novas referências bibliográficas, inclusive a trabalhos próprios que desenvolvi posteriormente a partir de reflexões iniciadas no livro. Busquei, ainda, abordar acontecimentos recentes relacionados aos temas ora desenvolvidos, o que se evidencia com maior intensidade no segundo capítulo.

O terceiro capítulo foi o que sofreu mais alterações. Além de buscar expandir a narrativa sobre a trajetória política do movimento LGBTIQ+ para torná-la mais diversa e plural, tratei de desdobramentos institucionais recentes desse processo. Examinei casos decididos pelo STF desde então, mapeando as distintas abordagens do tribunal com relação ao tema. Por um lado, cuidei da evolução do ponto de partida e do ponto de chegada da corte a partir da mobilização ocorrida fora dos tribunais em debates como os das ações relativas à retificação do registro civil de pessoas trans (ADI 4.275, RE 670.422) e à criminalização da LGBTfobia (ADO 26, MI 4.733). Por outro, analisei processos em que prevaleceram visões menos protetivas, como o que tratou do crime militar de pederastia (ADPF 261), e os que tiveram seu julgamento suspenso sem que o direito em questão fosse assegurado – identidade de gênero de pessoas trans (RE 845.779) e permissão para a doação de sangue por homens que fazem sexo com homens (ADI 5.543). Por fim, examinei ações que, apesar de urgentes, seguem pendentes de julgamento pelo plenário, como as que questionam a restrição do ensino de temáticas de gênero e sexualidade nas escolas. No âmbito do governo federal, abordei o atual recrudescimento do tratamento de questões relativas à sexualidade e à identidade de gênero e a sistemática utilização do dispositivo retórico da "ideologia de gênero" para deslegitimar os estudos e as lutas LGBTIQ+. No legislativo, apontei a referida aprovação de leis municipais restringindo o ensino de temáticas de gênero e sexualidade nas escolas e a perseguição que vem sendo sofrida por parlamentares LGBTIQ+ no país, apesar do crescimento de candidaturas abertamente LGBTIQ+.

Por fim, no quarto capítulo, aprofundei reflexões sobre temas como a seletividade social do STF e sua permeabilidade social seletiva, e o impacto do funcionamento cotidiano da corte na adjudicação de direitos fundamentais de grupos marginalizados. Ao tratar da potencialidade do uso da constituição para a construção de uma narrativa coletiva, procurei explicitar ainda mais o caráter crítico dessa empreitada, inclusive em oposição a narrativas nacionais tradicionais e hegemônicas.

Se à época da primeira edição a conjuntura favorecia imaginar uma disputa pelo significado da constituição dentro e fora dos tribunais em prol do incremento dos direitos fundamentais de minorias políticas, o contexto atual lança luzes sobre outros aspectos da discussão que ora se propõe. Por um lado, evidencia a não linearidade do embate sobre o significado constitucional e a possibilidade de seu manejo também para assegurar os ganhos alcançados até aqui. Por outro, traz elementos contundentes para (re)pensar pontos centrais do debate constitucional que tocam este trabalho, como a relação entre movimentos sociais e instituições, direito e política, conservação e emancipação.

A Autora

PREFÁCIO

Disse Vinícius de Moraes que a gente não faz amigos, reconhece-os. Isso vale mais ainda para os que, além de amigos fraternos, são também grandes parceiros intelectuais. Assim foi, desde sempre, com Juliana Cesario Alvim Gomes, com quem divido tantos projetos e sonhos, tantos afetos e convicções. Um desses projetos, que ao final se provou também um sonho, foi a sua linda dissertação de mestrado, que tive a felicidade de orientar, e que agora o leitor poderá conhecer.

A dissertação foi defendida em 2014 no Mestrado em Direito Público da UERJ, e aprovada com nota máxima, distinção e louvor, por banca composta também pelas queridas professoras Jane Reis e Gisele Cittadino. O tema – central na teoria constitucional, mas praticamente ignorado pela literatura jurídica nacional – é a interpretação constitucional praticada não pelos tribunais, mas pelos próprios cidadãos e movimentos sociais.

Nas últimas duas décadas, a ascensão institucional do Poder Judiciário e o fenômeno de intensa judicialização da política e das relações sociais ocorridos no país levaram a teoria constitucional brasileira a centrar o seu foco na jurisdição, de maneira praticamente exclusiva. Para saber o significado da Constituição, importaria, sob essa ótica, analisar a jurisprudência, especialmente a produzida pelo Supremo Tribunal Federal. No máximo, discute-se a possibilidade de a sociedade civil influenciar o exercício da jurisdição constitucional através da sua participação nos processos constitucionais, por meio, por exemplo, da atuação dos *amici curiae* e de manifestações em audiências públicas. Sob esse prisma, a arena da interpretação constitucional seria sempre o Poder Judiciário, com destaque para o STF.

Essa visão, todavia, empobrece o fenômeno constitucional e ignora que, ao contrário do que afirmou o Justice Charles Hughes, a Constituição não é o que a Suprema Corte diz que ela é. A Constituição é interpretada cotidianamente não só por juízes e juristas, como também por todos os que a vivenciam, que participam da diuturna construção do seu sentido. Ela não é um documento de caráter técnico, cuja interpretação possa ser monopolizada pelos iniciados nos mistérios da dogmática jurídica, mas uma carta política, cuja força normativa e legitimidade dependem, em boa parte, da penetração dos seus valores nos corações e mentes das pessoas comuns. Assim, não há como compreender, por exemplo, ideias constitucionais fundamentais como as de igualdade, dignidade humana, democracia, liberdade e moralidade, fazendo abstração das reivindicações da cidadania e dos movimentos sociais que lhes dão alento.

Sob o ângulo descritivo, uma ordem constitucional democrática funciona assim. Não só por conta da aplicação da Constituição fora dos tribunais, mas também pela inevitável penetração dos discursos constitucionais presentes na sociedade no próprio âmbito da jurisdição constitucional. E não me refiro aqui apenas à participação formal da sociedade civil no processo constitucional. Não há dúvida de que os juízes, como seres humanos, são influenciados pelo *ethos* da sociedade em que estão inseridos, e este, por sua vez, é em parte moldado por reivindicações bem-sucedidas da cidadania. Seria implausível, por exemplo, uma decisão reconhecendo a união homoafetiva, como a que proferiu o STF, que não tivesse sido precedida pelas grandiosas mobilizações da população LGBT e dos seus simpatizantes, e pelo sucesso desse movimento na conformação dos setores mais esclarecidos da opinião pública. Se o movimento negro não tivesse reivindicado por muito tempo uma nova leitura da igualdade, mais sensível à realidade de *apartheid* cordial presente no país, dificilmente haveria uma decisão de nossa Suprema Corte legitimando as cotas raciais no ensino universitário.

Sob o prisma prescritivo, a interpretação constitucional deve ser assim. A sua abertura aos influxos da sociedade civil e dos movimentos sociais a torna mais democrática, responsiva e dinâmica, permitindo o acolhimento jurídico das aspirações e utopias acalentadas pelos cidadãos. A legitimidade da empreitada constitucional depende, em boa medida, da capacidade da Constituição de capturar a imaginação moral das pessoas, que devem poder sentir que a Lei Fundamental é também obra sua, pela qual vale a pena lutar. Por isso, os cidadãos e movimentos sociais devem ser vistos como sujeitos do processo social de atribuição de sentido às normas constitucionais, e não como espectadores passivos de um enredo que se desenrola no Judiciário.

O livro de Juliana Cesario Alvim explica isso e muito mais. Criativo e erudito, cheio de *insights*, escrito com muita clareza, mas também com boa dose de lirismo, é bonito de tirar o fôlego, na forma e no conteúdo. Juliana é uma admirada militante de direitos humanos, mas o seu texto, conquanto engajado, nunca é panfletário. Quem o lê, sabe bem aonde bate o coração da autora, mas todos os seus argumentos são construídos com sofisticação e densidade, sem jargões vazios ou arroubos juvenis.

A obra examina detidamente a teoria constitucional, estudando a experiência constitucional de Weimar, bem como o profundo debate existente na doutrina norte-americana a propósito do papel dos movimentos sociais e da cidadania na interpretação da Constituição, que é apresentado ao público brasileiro. Juliana dedica páginas inspiradas à exposição de vários argumentos em favor de uma "interpretação constitucional difusa" – categoria que ela batizou com felicidade –, a qual, sem desprezar o papel importante das cortes, enfatiza a centralidade da sociedade civil e dos movimentos sociais no campo hermenêutico. E a obra ainda contém um estudo denso e interessantíssimo sobre a trajetória histórica das reivindicações do movimento LGBT no Brasil, que é usada como exemplo empírico para a sustentação da sua tese.

Juliana Cesario Alvim Gomes é formada em Direito pela UERJ e em Ciências Sociais pelo IFCS. Professora queridíssima e inspiradora, lecionou Direito Constitucional na UERJ e na UFRJ, depois de aprovada em disputados concursos públicos para a função de professora substituta nas duas instituições. Nesse momento, cursa o Doutorado na UERJ, desenvolvendo belíssimo projeto sobre os direitos sexuais; para minha alegria, mais uma vez sob a minha orientação.

Conheço Juliana desde que foi minha aluna no primeiro período da faculdade de Direito, e logo me encantei com a sua coragem, autenticidade, inteligência e visão de mundo. Ela foi minha monitora na graduação e depois minha orientanda no

Mestrado, sempre brilhante, comprometida, generosa, séria (mas divertidíssima), agregadora. Juntos, nos engajamos no projeto de construção da Clínica de Direitos Fundamentais da UERJ, que sem ela seguramente não existiria; e na nossa clínica ela me ensina todo dia que mudar o mundo com o Direito é possível. Contei também com o seu auxílio inestimável na fundação e nos primeiros momentos do meu escritório de advocacia. Não tenho palavras para agradecer por tudo que já fez por mim e pelo que representa para a minha vida.

O leitor tem em mãos uma obra preciosa, original, crítica e erudita, que trata, de modo pioneiro no país, de um tema relevantíssimo. Aproveite!

Rio de Janeiro, 1º de março de 2016.

Daniel Sarmento

Professor Titular de
Direito Constitucional da UERJ.

SUMÁRIO

INTRODUÇÃO **17**

CAPÍTULO 1
DIREITO CONSTITUCIONAL E A CONSTITUIÇÃO FORA DO JUDICIÁRIO **27**
1.1. Introdução 27
1.2. Constituição e política na Constituição de Weimar 28
1.2.1. O debate entre Hans Kelsen e Carl Schmitt 30
1.2.2. As contribuições de Rudolf Smend e Herman Heller 35
1.3. O debate nos Estados Unidos: constitucionalismo popular, constitucionalismo popular mediado e constitucionalismo democrático 38
1.3.1. Características 41
1.3.1.1. Contingência da supremacia judicial 41
1.3.1.2. (I)Legitimidade da supremacia judicial e do controle de constitucionalidade 45
1.3.1.3. Empoderamento das pessoas comuns e fé na sua capacidade interpretativa 49
1.3.2. Mecanismos de implementação da interpretação constitucional popular 51
1.3.3. Críticas às diferentes vertentes 53
1.4. Conclusão 57

CAPÍTULO 2
DIÁLOGO SOCIAL CONSTITUCIONAL E O PAPEL DOS MOVIMENTOS SOCIAIS **59**
2.1. Introdução 59
2.2. Movimentos sociais 60
2.2.1. Trajetória e debate contemporâneo 60
2.2.2. Conceituação, características e relação com o direito institucionalizado 65
2.2.3. Movimentos e contramovimentos 72
2.2.4. Movimentos sociais no Brasil 75
2.3. Movimentos sociais e o significado da Constituição 84
2.3.1. Influência dos movimentos sociais no Direito Constitucional 84

2.3.1.1. Atuação institucional 84
2.3.1.2. Atuação extrainstitucional 90
2.4. Conclusão 114

CAPÍTULO 3
O CASO DO MOVIMENTO LGBTIQ+ NO BRASIL 115
3.1. Introdução 115
3.2. A trajetória do movimento LGBTIQ+ no Brasil 116
3.2.1. Criminalização e política da amizade 116
3.2.2. O início do movimento organizado 120
3.2.3. Aproximação dos poderes instituídos e visibilidade social 127
3.2.4. Contramovimento e resistência 147
3.3. Conclusão 154

CAPÍTULO 4
FUNDAMENTOS PARA UM CONSTITUCIONALISMO DIFUSO 155
4.1. Introdução 155
4.2. Democracia e legitimidade das instituições 155
4.2.1. Legitimidade e modelos de democracia 155
4.2.2. Participação e inclusão no processo decisório 162
4.3. Adaptabilidade da Constituição e renovação do constitucionalismo 176
4.4. Empoderamento das pessoas comuns e garantia de seus direitos 180
4.5. Narrativa e *script* para transformação 184
4.6. O que não é o constitucionalismo difuso 193
4.7. Conclusão 198

CONCLUSÕES 201

BIBLIOGRAFIA 205

INTRODUÇÃO

> *Um entendimento experimental da Ciência do Direito Constitucional como ciência de normas e da realidade não pode renunciar à fantasia e à força criativa dos intérpretes 'não-corporativos'.*
>
> Peter Häberle[1]

A Constituição é lida pela sociedade de diversas maneiras e o tempo todo. Seja quando um indivíduo faz um juízo de valor positivo sobre o *download* de material na *internet*, mas não sua revenda, seja quando acampa em frente a uma Câmara de Vereadores em reação a sessão legislativa realizada a portas fechadas. Igualmente, quando um grupo promove um *beijaço* LGBTIQ+ em frente a um estabelecimento comercial com práticas homofóbicas ou quando se faz campanha e vota-se em um plebiscito ou referendo. Da mesma forma, quando um milhão de pessoas marcham no centro da cidade, quando é proposto um projeto de lei de iniciativa popular e quando se faz campanha contra ou a favor da nomeação de um ministro para o Supremo Tribunal Federal.

Entretanto, o senso comum jurídico tende a negligenciar a possibilidade de que os cidadãos comuns se engajem na criação e na interpretação do Direito. Em geral, prevalece a crença de que o Judiciário é quem deve desempenhar esse papel. Esse fenômeno pode ser observado a partir de diversos aspectos, desde o ensino e as pesquisas jurídicas, voltados para os entendimentos, práticas e instituições forenses, até as decisões tomadas em âmbito institucional, cujos processos decisórios e fundamentos que as embasam são frequentemente blindados a atores externos.

Essa concepção tem como pano de fundo não uma noção de Direito responsivo às necessidades sociais – que percebe as pressões sociais como fontes de conhecimento e oportunidades

---

1. *Hermenêutica Constitucional:* A sociedade aberta dos intérpretes da Constituição: contribuição para a interpretação pluralista e procedimental da Constituição. Trad. Gilmar Ferreira Mendes. Porto Alegre: Sérgio Antonio Fabris Editor, 2002, p. 24.

de autocorreção – mas uma ideia de Direito como sistema autônomo, que conta com instituições judiciárias especializadas e dotadas de supremacia qualificada dentro de suas esferas de competência. [2] Originalmente, essa visão relacionava-se a uma matriz positivista formalista que delimitava fronteiras claras entre Política e Direito e entre as funções legislativa e judiciária, enfatizando a aplicação de regras e da justiça procedimental, em detrimento da justiça substantiva. [3]

Atualmente, o monopólio judicial sobre o Direito Constitucional fundamenta-se em razões opostas, atribuídas ao neoconstitucionalismo: o reconhecimento da força normativa dos princípios jurídicos e a valorização da sua importância; o recurso mais frequente a métodos ou "estilos" mais abertos de raciocínio jurídico; a constitucionalização do Direito, com a irradiação das normas e valores constitucionais para todos os ramos do ordenamento; a reaproximação entre o Direito e a Moral; e a judicialização da política e das relações sociais, com um significativo deslocamento de poder das esferas legislativa e executiva para a judiciária.[4] Nesse contexto, às cortes constitucionais tem, cada vez mais, cabido o papel de decidir questões de larga repercussão política e social, aplicando diretamente a Constituição, impondo condutas ao Poder Público e declarando, com base em critérios menos rígidos, a inconstitucionalidade de normas emanadas do Poder Legislativo.[5]

A proeminência da atuação das supremas cortes e, no caso brasileiro, do Supremo Tribunal Federal, tem reforçado a compreensão segundo a qual os órgãos máximos do Judiciário são entendidos como "guardiões da Constituição" e, nessa linha, como seus únicos intérpretes autorizados, a quem caberia "dar a última palavra sobre o sentido da Constituição".[6] Muito embora tal en-

2. NONET, Philippe; SELZNICK, Philip. *Law and society in transition*: Toward responsive Law. New York: Harper & Row, 1978, p.53.
3. Ibidem. Op. cit. p.53.
4. SARMENTO, Daniel. "O neoconstitucionalismo no Brasil: riscos e possibilidades". In: SARMENTO, Daniel (coord.). *Filosofia e teoria constitucional contemporânea*, Rio de Janeiro: Lumen Júris, 2009, pp. 124-125.
5. BARROSO, Luís Roberto. "Judicialização, ativismo judicial e legitimidade democrática". *Cadernos [SYN]THESIS*. v. 5, n. 1, 2012.
6. Nos Estados Unidos é célebre a frase do ex-presidente da Suprema Corte daquele país Charles Evans Hughes segundo a qual "We are under a Constitution, but the Constitution is what the jud-

tendimento ainda prepondere, tendo sido exarado pelo próprio Supremo Tribunal Federal[7], vem sendo questionado a partir de diversos flancos que, enfatizando aspectos empíricos, se opõem a um modelo idealizado de criação e aplicação do Direito.

De um lado, as chamadas teorias de "diálogos institucionais" apontam a relação entre o Judiciário e outros atores na formação do significado constitucional, enfatizando a interação que ocorre, na prática, entre os diferentes poderes na construção do Direito. Nesse sentido, chamam atenção para o importante fato de que, embora um caso concreto possa vir a ser definitivamente decidido pelo Judiciário, inexiste última palavra sobre o significado da Constituição, especialmente em temas complexos, na medida em que o assunto não se encerra com aquela decisão e o tema permanece em debate, podendo ter seus contornos redefinidos por atitudes do Executivo e do Legislativo.[8] Assim, não se deve atribuir a nenhum dos poderes um prévio "direito de errar por último" na tarefa de forjar o sentido constitucional, mas papéis mais ou menos adequados às suas capacidades institucionais, tendo-se em conta a forma como empiricamente o órgão se estrutura, suas

---

ges say it is." Em tradução livre: Nós estamos sob a égide de uma Constituição, mas a Constituição é o que os juízes dizem que ela é.

7. No Brasil, essa visão foi afirmada pelo STF em alguns julgados, tendo sido sustentada pelo Ministro Celso de Mello. Cf. STF, MS nº 26.603/DF, Rel. Min. Celso de Mello. Julg. 4.10.2007: "O exercício da jurisdição constitucional, que tem por objetivo preservar a supremacia da Constituição, põe em evidência a dimensão essencialmente política em que se projeta a atividade institucional do Supremo Tribunal Federal, pois, no processo de indagação constitucional, assenta-se a magna prerrogativa de decidir, em última análise, sobre a própria substância do poder. - No poder de interpretar a Lei Fundamental, reside a prerrogativa extraordinária de (re)formulá-la, eis que a interpretação judicial acha-se compreendida entre os processos informais de mutação constitucional, a significar, portanto, que 'A Constituição está em elaboração permanente nos Tribunais incumbidos de aplicá-la'. Doutrina. Precedentes. – A interpretação constitucional derivada das decisões proferidas pelo Supremo Tribunal Federal - a quem se atribuiu a função eminente de 'guarda da Constituição' (CF, art. 102, 'caput') - assume papel de fundamental importância na organização institucional do Estado brasileiro, a justificar o reconhecimento de que o modelo político-jurídico vigente em nosso País conferiu, à Suprema Corte, a singular prerrogativa de dispor do monopólio da última palavra em tema de exegese das normas inscritas no texto da Lei Fundamental".

8. Cf. Para um panorama da literatura internacional sobre o tema veja-se BATEUP, Christine. "The dialogic promise: assessing the normative potential of theories of constitutional dialogue". *Brooklyn Law Review*, v. 71, 2006 e MEUWESE, Anne; SENEL, Marnix. "'Constitutional Dialogue': An Overview". *Ultrecht Law Review*, v. 9, issue 2, march 2013. Em língua portuguesa, veja-se BRANDÃO, Rodrigo. *Supremacia judicial versus diálogos constitucionais*: a quem cabe a última palavra sobre o sentido da Constituição?. Rio de Janeiro: Lumen Juris, 2011 e MENDES, Conrado Hübner. *Direitos Fundamentais, Separação de Poderes e Deliberação.* São Paulo: Saraiva, 2011.

aptidões e o perfil de seus quadros.[9] Tais abordagens recuperam a ideia de que a interpretação constitucional não se dá somente no âmbito do Judiciário, explicitando que os significados sociais são empreendimentos coletivos. Contudo, não vão suficientemente longe para incluir nessa análise o papel do cidadão comum, despido de prerrogativas oficiais. Ao limitarem-se às interações institucionais, desconsideram que o sentido da Constituição é construído não apenas por meio de um diálogo institucional, mas também por meio de um *diálogo social*.

Noutro giro, autores chamam atenção para a complexidade da interpretação jurídica e para a influência de fatores extrajurídicos nas decisões de magistrados, como suas pré-compreensões, seus valores e o ambiente em que atuam.[10] Nesse cenário, os juízes também estariam sujeitos aos influxos da opinião pública e das maiorias políticas, chegando ao ponto de, para alguns, exercerem certo papel representativo da sociedade quando os canais políticos tradicionais de representação se encontrassem obstruídos.[11] Contudo, nessa análise, o foco ainda está nas instituições e na maneira como estas recebem e processam as demandas populares. No fundo, parte-se do pressuposto que a interpretação constitucional difusa só existe para o Direito na medida em que é filtrada pelas instituições.

Todavia, ao se dispensar a doutrina tradicional de raízes positivistas, que buscava equiparar o Direito às ciências naturais e concebia a norma como objeto científico, abraçando-se, ao invés, as noções trazidas por essas novas concepções do Direito

9. Essa ideia é por vezes veiculada a partir da noção de "capacidades institucionais". Para o tema, veja-se SUNSTEIN, Cass R.; VERMEULE, Adrian "Interpretation and Institutions". *U Chicago Law & Economics*, Olin Working Paper No. 156; U Chicago Public Law Research Paper No. 28 (Jul 2002). Disponível em: http://ssrn.com/abstract=320245. Para uma crítica relevante dessa abordagem confira-se ARGUELHES, Diego Werneck; LEAL, Fernando. "O argumento das 'capacidades institucionais' entre a banalidade, a redundância e o absurdo". *Direito, Estado e Sociedade*. n. 38, jan/jul 2011.

10. Cf. BARROSO, Luís Roberto. "Constituição, Democracia e Supremacia Judicial: Direito e Política no Brasil Contemporâneo. *Atualidades Jurídicas (Brasília)*, v. 11, p. 62-106, 2011; MELLO, Patrícia Perrone Campos. *Nos bastidores do STF*. São Paulo: Forense, 2015; e NOVELINO, Marcelo. "A influência da opinião pública no comportamento judicial dos membros do STF. In: FELLET, André; NOVELINO, Marcelo. *Constitucionalismo e democracia*. Salvador: Juspodivum, 2012, pp. 265-328.

11. V. LAIN, Corinna. "Upside-Down Judicial Review". January 2012. Disponível em: http://ssrn.com/abstract=1984060 e, no Brasil, BARROSO, Luís Roberto. "A razão sem voto: o Supremo Tribunal Federal e o governo da maioria". In: SARMENTO, Daniel (coord.). *Jurisdição Constitucional e Política*. Rio de Janeiro: Forense, 2015. Para uma crítica percuriente dessa ideia, veja-se PEREIRA, Jane Reis Gonçalves. "Representação democrática do Judiciário: reflexões preliminares sobre os riscos e dilemas de uma ideia em ascensão". *Juris Poiesis*, v. 17, 2014, pp. 343-359.

acima mencionadas, não é difícil chegar a uma resposta plural e democrática sobre quem são os intérpretes da Constituição. Se o contexto do intérprete influencia a apreensão da norma enquanto dado e sua reformulação para aplicá-la ao caso concreto em uma atividade construtiva, aqueles que atuam sobre os contextos reais influenciam o resultado desse processo.[12] Ademais, se o significado da Constituição é construído dialogicamente por meio de uma interação entre seus diferentes intérpretes, como sugerem os autores das teorias de diálogos, e se a Constituição é percebida como um condicionamento mútuo entre norma e realidade, como se compreende contemporaneamente[13], logo, todos os agentes que atuam nessa realidade exercem um papel na definição do significado da Constituição.[14]

Nas palavras de Peter Häberle, que pioneiramente aventou a tese, "no processo de interpretação constitucional estão potencialmente vinculados todos os órgãos estatais, todas as potências públicas, todos os cidadãos e grupos, não sendo possível estabelecer-se um elenco cerrado ou fixado com *numerus clausus* de intérpretes da Constituição. (...) quem vive a norma acaba por interpretá-la ou pelo menos por co-interpretá-la".[15] De acordo com o autor, "a teoria da interpretação constitucional esteve muito vinculada a um modelo de interpretação de uma 'sociedade fechada'. Ela reduz, ainda, seu âmbito de investigação, na medida em que se concentra, primariamente, na interpretação constitucional dos juízes e nos procedimentos formalizados". [16] Não obstante o arrojo de seu ponto, a doutrina brasileira recebeu-o de forma limitada, conformando-o à sua obsessão institucional.[17] A tese de

12. Cf. PEREIRA, Jane Reis Gonçalves. *Interpretação constitucional e Direitos Fundamentais*. Rio de Janeiro: Renovar, 2006. Sobre diferentes aspectos da interpretação constitucional, veja-se o capítulo 1 da referida obra.

13. V. HESSE, Konrad. *A Força Normativa da Constituição*. Trad. Gilmar Ferreira Mendes. Porto Alegra: Sergio Antonio Fabris Editor, 1991. Sobre esse tópico, cf. o Capítulo 1.

14. V. HÄBERLE, Peter. *El Estado Constitucional*. Trad. Héctor Fix-Fierro. México: Universidad Autónoma de México, 2003, pp. 149 *et seq*. A tradução do trecho para o português foi feita de maneira livre pela autora. Assim se dá no resto da presente obra quando não indicado de outra maneira.

15. HÄBERLE, Peter. *Hermenêutica Constitucional*. Op. cit. p. 13.

16. Ibidem, p. 12

17. Justiça seja feita aos autores do chamado Direito Alternativo – direito insurgente, direito achado na rua, direito crítico, pluralismo jurídico – que, por outros fundamentos, desde a década de 1980 buscam chamar atenção para o Direito que se desenvolve extrajudicialmente. Cf. WOLKMER, Antonio

Peter Häberle tem sido utilizada, precipuamente, para justificar o fortalecimento dos *mecanismos de permeabilidade social* das cortes, sobretudo o *amicus curiae* e as audiências públicas, por meio dos quais a sociedade comunicaria aos tribunais seus pontos de vista sobre certas questões.[18] Não restam dúvidas acerca da importância de tais instrumentos; contudo, a noção de *sociedade aberta de intérpretes da Constituição* pode prestar-se a uma transformação mais ampla do nosso constitucionalismo, indo além da noção de processo constitucional como único caminho para a interpretação constitucional.[19] Por meio dessa empreitada, a Constituição poderá ser vista como de fato é: "um vestido que muitos bordam, não somente o jurista constitucional"[20], e — ousaria acrescentar — nem somente por meio do jurista constitucional.

Na literatura estadunidense, ao se tratar do fenômeno aqui referido, por vezes, é utilizada a expressão *interpretação constitucional protestante*, cunhada por Sanford Levinson, em analogia à interpretação bíblica, para designar o entendimento segundo o qual a autoridade legítima para interpretar a Constituição seria individualizada e não hierárquica, enquanto a tradição católica pugnaria pela existência de uma autoridade última legítima para

---

Carlos. *Pluralismo jurídico:* fundamentos de uma nova cultura no Direito. São Paulo: Editora Alfa Omega, 1994. LYRA FILHO, Roberto. *O que é Direito?*, São Paulo: Editora Brasiliense, 1982. RECH, Daniel; PRESSBURGER, Miguel; ROCHA, Osvaldo Alencar; TORRE RANGEL, Jesus A. de la. *Direito Insurgente:* o direito dos oprimidos Rio de Janeiro: AJUP/Fase, out. 1990. Para duas visões atuais sobre o tema vejam-se RIBAS, Luiz Otávio. "Direito insurgente e pluralismo jurídico: assessoria jurídica de movimentos populares em Porto Alegre e no Rio de Janeiro (1960-2000). Dissertação de Mestrado em Filosofia e Teoria do Direito da Universidade Federal de Santa Catarina, 2009; e SOUZA JUNIOR, José Geraldo de. "Direito como liberdade: o Direito Achado na Rua experiências populares emancipatórias de criação do Direito". Tese de Doutorado em Direito pela Faculdade de Direito da UnB, 2008.

18. Veja-se, a título de exemplo, MENDES, Gilmar Ferreira. "O pensamento de Peter Häberle na jurisprudência do Supremo Tribunal Federal". *Observatório da Jurisdição Constitucional.* Brasília: IDP, Ano 2, 2008/2009.

19. O próprio Häberle afirma "Muitos círculos problemáticos e âmbitos da Constituição material não chegam ao juiz constitucional por falta de competência judicial ou por ausência de instâncias ante o tribunal. Sem embargo, a Constituição material "vive" também aqui: sem interpretação constitucional pelo juiz (pense-se nos princípios dos regramentos parlamentares!). Os participantes e intérpretes em sentido amplo desenvolvem independentemente um direito constitucional material. O direito processual constitucional não é o único acesso ao procedimento da interpretação constitucional". *El Estado Constitucional.* Op. cit. p. 160.

20. HÄBERLE, Peter. "La sociedade aberta de los intérpretes constitucionales: una contribuición para la interpretación pluralista y 'procesal' de la constitución". Trad. Xabier Arzoz Santisteban. *Academia. Revista sobre enseñanza del Derecho,* año 6, n. 11, p. 44.

realizar essa interpretação.[21] Entretanto, ao mesmo tempo em que sustenta a pluralidade de intérpretes, a doutrina protestante funda-se na unidade de fontes, enquanto o catolicismo considera, além do elemento textual, subsídios não escritos, como a tradição.[22] Por considerar que a interpretação constitucional vai muito além do elemento literal, prefiro adotar, remetendo-me às nossas melhores tradições, uma postura sincrética, que permite conjugar o melhor dos dois mundos, não adotando a feliz expressão do autor estadunidense.

Naquele mesmo contexto, utiliza-se igualmente o termo *constitucionalismo democrático*, que por vezes confunde-se com ideias de constitucionalismo popular e constitucionalismo popular mediado. [23] A expressão, cunhada por Robert Post e Reva Siegel, contempla o desacordo interpretativo como condição normal do desenvolvimento do Direito Constitucional e do significado da Constituição, composto a partir de uma tensão entre lei e autogoverno.[24] Segundo os autores, apesar da importância do papel da Corte nesse processo, ele é composto da tensão negociada entre a lei e o autogoverno, em um delicado equilíbrio que envolve inflexão do significado constitucional na direção da crença popular em um processo generativo ao longo do qual se confere legitimidade e efetividade às decisões judiciais. [25] Não obstante a acurácia da expressão e a importância do conceito para este trabalho, seu desenvolvimento está umbilicalmente ligado ao contexto histórico dos Estados Unidos e às problemáticas que lá se impõem. Além de não dialogar com outras realidades empíricas e teóricas, não enfatiza certos aspectos descritivos e prescritivos que pretendo salientar.

---

21. LEVINSON, Sanford. *Constitutional Faith*. Princeton: Princeton University Press, 1988, pp. 18 *et seq.*

22. Ibidem. pp. 30-36. Sobre a influência da doutrina protestante na visão originalista estadunidense confira-se HORWITZ, Morton J. "Foreword: the constitution of change legal fundamentality without fundamentalism". *Harvard Law Review*, n. 107, 1993-1994, pp. 41-51.

23. Veja-se a esse respeito o item 1.3 do próximo capítulo.

24. POST, Robert C.; SIEGEL, Reva B. "Roe Rage: Democratic Constitutionalism and Backlash". *Harvard Civil Rights-Civil Liberties Law Review*, 2007; Yale Law School, Public Law Working Paper No. 131, pp. 374-376. POST, Robert C.; SIEGEL, Reva B. "Popular Constitutionalism, Departmentalism, and Judicial Supremacy" *California Law Review*, n. 92, 2004. Faculty Scholarship Series. Paper 178. p. 1038. Disponível em: http://digitalcommons.law.yale.edu/fss_papers/178

25. Ibidem, p. 376.

Por tais razões, para responder à questão de "se e como as pessoas comuns participam da conformação do significado da Constituição", adoto a expressão *constitucionalismo difuso*, noção que parte da observação de que a construção do significado constitucional ocorre por meio de intensa troca na sociedade, entre seus indivíduos e grupos, que, por vezes, transmitem suas demandas para as instituições estatais e, outras vezes, forjam, fora delas, sentidos para a Constituição. Como veremos, nesse processo, o Estado é um espaço privilegiado de configuração do sentido constitucional e nem todas as leituras extraoficiais da Constituição são eficazes ou legítimas à luz da ideia de Estado Democrático de Direito. Não obstante, ao penetrar a Constituição nos corações e mentes dos cidadãos, fortalecem-se o constitucionalismo, a democracia, os próprios indivíduos e grupos, e a sociedade sob sua égide. Buscarei captar essas nuances e chamar atenção para o fato de que um constitucionalismo difuso tem efeitos práticos e simbólicos, abrindo a análise da Constituição a novas e relevantes possibilidades.

No capítulo 1, cobrirei debates já presentes no Direito Constitucional que tangenciam o tema deste trabalho. Trata-se de tentativa de aproximação pelas beiradas, de forma a revelar os contornos da discussão já delineados pelos aportes da tradição jurídica, como se o objeto em questão fosse uma pessoa sob um lençol e cada um dos elementos que apresentarei fossem novos pontos de contato entre o indivíduo e o tecido, os quais, progressivamente multiplicados, seriam capazes de, por fim, revelar a forma escondida por sob o pano.[26] Além de recuperar discussões e soluções já apresentadas, os temas tratados insinuam que — ao contrário do que possa parecer à primeira vista — a literatura jurídica — ou parte dela — há tempos aponta para uma noção de constitucionalismo difuso. Sob esse prisma, os assuntos abordados no aludido capítulo serão o debate acadêmico ocorrido na Alemanha na década de 1920 sobre *Constituição e Política na Constituição de Weimar* e o debate estadunidense contemporâneo sobre *Constitucionalismo Popular,*

26. Essa imagem foi sugerida pelo matemático David Mumford ao tratar da solução da Conjectura de Willmore realizada pelo brasileiro Fernando Codá Marques. SALLES, João Moreira. "Senhor dos anéis: um grande resultado matemático e as suas consequências". *Revista Piauí*. n. 87, dez, 2013.

Constitucionalismo Popular Mediado e Constitucionalismo Democrático. Com o tratamento do debate alemão, pretendo revisar a discussão acerca da definição da Constituição como norma e como realidade fática, bem como suas consequências. Relacionarei esse debate com a discussão contemporânea sobre o constitucionalismo popular nos Estados Unidos, que trata da apropriação do sentido da Constituição pelas pessoas comuns, enfatizando aspectos como legitimidade da jurisdição constitucional, democracia e capacidade interpretativa dos indivíduos.

No capítulo 2, tratarei de uma das formas de atuação na realidade e de apropriação da Constituição: aquela que ocorre por meio dos movimentos sociais. A escolha dos movimentos sociais em detrimento de outros possíveis agentes se deu por dois motivos principais. Considerando que os significados sociais são empreendimentos coletivos, procuro centrar minha análise em formas de ação coletivas que tendem a ter maior impacto do que as ações meramente individuais na tentativa de forjar um sentido para a Constituição. Além disso, escolhi analisar o papel dos movimentos sociais e não de outros grupos – como partidos políticos ou grupos de pressão – pelo elemento de marginalização que, em geral, compõe os primeiros, e por sua maior proximidade com as pessoas comuns. A ideia é demonstrar como essas coletividades, acessíveis e formadas por gente comum, têm importância para a formação do significado constitucional, ainda que se situem nas fronteiras da ordem jurídica tal qual tradicionalmente compreendida. Para tanto, lanço mão de contribuições políticas e sociológicas, caracterizando e exemplificando as formas de atuação dos movimentos sociais. Procurarei mostrar como agem institucional e extrainstitucionalmente, valendo-se da desobediência civil e da mutação constitucional, institutos jurídicos que dão abertura para a divergência entre a interpretação jurídica oficial e aquela realizada pelos cidadãos. Embora não analise exaustivamente nenhum caso nesse capítulo, procuro exemplificar as situações narradas com casos concretos extraídos da literatura jurídica e não jurídica.

Partindo do pressuposto de que o processo concreto de construção do significado constitucional só pode ser observado na prática, em atenção a todas as contingências envolvidas, detalharei, no capítulo 3, um caso específico: o movimento brasileiro de luta de LGBTIQ+. Ao longo da narrativa, retomarei alguns aportes teóricos do capítulo anterior, buscando apontar aspectos internos do movimento e sua interação com as instituições estatais, os contramovimentos e a Constituição. A escolha do caso se deu a partir do questionamento da afirmação corrente de que a mudança no tratamento jurídico da questão das uniões homoafetivas no Brasil deu-se em função da atuação, em sede de controle abstrato de constitucionalidade, do Supremo Tribunal Federal, que decidiu no sentido de a Constituição exigir a aplicação do regime de uniões estáveis também para casais homossexuais. Procurarei desmistificar essa assertiva, pontuando a longa trajetória do movimento LGBTIQ+ no país. Para tanto, recorrerei à literatura especializada, a materiais produzidos no âmbito do movimento e a fontes jornalísticas.

No capítulo 4, por fim, apresentarei argumentos que justificam a interpretação constitucional realizada pelos cidadãos e pelos movimentos sociais, recuperando algumas discussões dos capítulos anteriores. Os argumentos se dividem em quatro eixos: *democracia e legitimidade das instituições, adaptabilidade da Constituição e renovação do constitucionalismo, empoderamento das pessoas comuns e garantia de seus direitos*, e *narrativa e script para transformação*. Além disso, buscarei oferecer algumas proposições objetivas decorrentes da noção de constitucionalismo difuso, a qual retomo ao fim do capítulo para distingui-la de outras noções constitucionais democráticas.

Capítulo 1

DIREITO CONSTITUCIONAL E A CONSTITUIÇÃO FORA DO JUDICIÁRIO

O Direito é a forma por excelência do discurso actuante, capaz, por sua própria força, de produzir efeitos. Não é demais dizer que ele faz o mundo social, mas com a condição de se não esquecer que ele é feito por este.

Pierre Bourdieu[1]

1.1. Introdução

Conforme apontado na introdução deste trabalho, o senso comum jurídico tende a atribuir o protagonismo da empreitada constitucional ao Judiciário, sobretudo às cortes constitucionais. Embora alguns aportes doutrinários venham chamando atenção para a interação dos diferentes atores na formação do sentido da Constituição, costumam manter o foco nas instituições estatais, limitando-se a analisar as relações entre os poderes constituídos ou sua permeabilidade às demandas sociais a partir do ponto de vista institucional.

Entretanto, ainda que negligenciadas pela concepção jurídica atualmente dominante, leituras extrainstitucionais da Constituição foram objeto de investidas profícuas ao longo do desenvolvimento do Direito Constitucional. Como veremos, debates acadêmicos como aqueles ocorridos na Alemanha durante a vigência da Constituição de Weimar, acerca dos fundamentos da Constituição, e no cenário estadunidense contemporâneo, sobre o chamado constitucionalismo popular, trazem luzes para um tratamento da questão em nosso ordenamento jurídico e sinalizam a possibilidade de interpretações constitucionais extraoficiais.

1. "A força do Direito". *O poder simbólico*. Trad. Fernando Tomaz. 16ª ed. Rio de Janeiro: Bertrand Brasil, 2012, p. 237.

Além de envolverem a relação entre os diferentes sujeitos do constitucionalismo, esses assuntos perpassam pontos centrais do Direito Constitucional: se, e em que medida, a Constituição deve refletir a realidade ou funcionar apenas como ideal normativo; qual o equilíbrio adequado entre a estabilidade que caracteriza a Constituição como norma superior e a plasticidade derivada da necessidade de sua adaptação; como compatibilizar democracia e jurisdição constitucional; e, quais são as fronteiras entre Constituição e política. Em função da complexidade e extensão desses temas, não tenho a pretensão de esgotá-los. Portanto, abordarei cada um dos tópicos deste capítulo em função da contribuição que trazem para a questão fundamental deste trabalho: como os cidadãos participam e devem participar da construção do significado da Constituição.

1.2. Constituição e política na Constituição de Weimar

O debate acerca de quem são os intérpretes autorizados da Constituição relaciona-se ao papel que se atribui a ela. De um lado, carta normativa essencialmente jurídica; de outro, regime político-social que se abre para a sociedade.[2] Essa discussão teve importantes capítulos sob a égide da primeira Constituição da Alemanha baseada no princípio da soberania popular: a Constituição de Weimar, de 1919. Além de erigir sua legitimidade no poder popular, o documento previu uma democracia parlamentar e um longo catálogo de direitos. Entretanto, na consciência histórica alemã, teria ficado estigmatizado como um fracasso, por ter possibilitado a ascensão de Adolf Hitler ao poder.[3]

Algumas décadas antes da promulgação da aludida Carta, a Alemanha havia passado por processo de unificação liderado por Otto Von Bismarck, constituindo-se como uma monarquia constitucional. Imperava naquele momento uma espécie de positivismo de cunho formalista, que presumia que a lei válida expressava a vontade do Estado, que, por sua vez, refletia a vontade da Nação.[4]

---

2. BERCOVICI, Gilberto. "Constituição e Política: uma relação difícil". *Lua Nova,* n. 61, 2004.

3. MOMMSEN, Hans. *The rise and fall of Weimar democracy.* Trad. Elborg Forster e Larry Eugene Jones. Chapel Hill: The University of North Carolina Press, 1996, p. vii.

4. CALDWELL, Peter C. "The power of the people and the rule of law". In: CALDWELL, Peter C. *Popular sovereignty and the crisis of German constitutional law*: The theory and practice of Weimar constitutionalism. Durham: Duke University Press, 1997, p. 20.

Naquele contexto, emergiam algumas críticas ao modelo jurídico vigente: a Escola do Direito Livre, ao analisar a maneira de decidir dos magistrados, passa a questionar sua suposta neutralidade; de outra parte, Georg Jellinek desenvolve o questionamento que ficaria conhecido como *paradoxo de Jellinek*: "como o Estado, concebido como soberano, está sujeito ao Direito? Como Estado, que tem a mais alta vontade, anterior mesmo à lei, poderia estar vinculado a ela?"[5]. Ao levantar essas questões, Jellinek já evidenciava a existência de uma tensão entre fatores concretos de poder, encarnados na figura estatal, e o Direito, como ordem normativa.

Em 1914, o Império Germânico ingressa, com amplo apoio popular, no conflito armado que havia se iniciado com a invasão da Sérvia pelo Império Austro-Húngaro. Entretanto, crises políticas internas e os sucessivos insucessos militares levam à derrota da Alemanha na Primeira Guerra Mundial.[6] Nesse contexto, é negociado com as Forças Aliadas um armistício, ao mesmo tempo em que, internamente, travam-se turbulentas disputas acerca da implementação de uma reforma constitucional.[7] Inicia-se, então, um movimento para a convocação de assembleia nacional constituinte, cujo esboço fica a cargo do jurista e político Hugo Preuss.[8] Composta preponderantemente pelo Partido Social Democrata e por partidos democratas burgueses, a assembleia se reúne em Weimar. Em função da pressa da maioria dos partidos em encerrar o período de transição, em pouco tempo é editada a nova Constituição, que prevê a instauração de uma república em que o poder é dividido entre o parlamento e o presidente. Com o intuito de evitar eventual autoritarismo parlamentar, opta-se por atribuir ao chefe do Executivo, eleito diretamente pelo povo, amplas prerrogativas, incluindo um mandato de sete

5. CALDWELL, Peter C. "The power of the people and the rule of law". Op. cit. pp. 41-42. BERCOVICI, Gilberto. "Constituição e Política: uma relação difícil". Op. cit. A resposta de Jellineck passa pela divisão do Estado em duas faces, uma factual limitada concretamente e outra jurídica, relacionada à mais alta vontade, mas que voluntariamente se submeteria ao Estado de Direito. Assim, a análise legal estaria estritamente separada de abordagens políticas e sociológicas. JELLINECK, George. *Teoría General del Estado*. Trad. Fernando de los Ríos Urruti. México: Fondo de Cultura Económica, 2000.

6. MOMMSEN, Hans. *The rise and fall of Weimar democracy*. Op. cit. p. 1.

7. KOH, Eberhard. *The Weimar Republic*. Trad. P. S. Falla e R. J. Park. 2ª ed. London/New York: Routledge, 2005, pp. 1-10.

8. Ibidem, pp. 10-16.

anos, a possibilidade de ser reeleito indefinidamente, de dissolver o parlamento, de intervir no processo legislativo convocando referendo e de proclamar estado de emergência para preservar a segurança e a ordem.[9]

Se o entendimento jurídico anterior não questionava a legitimidade da ordem legal e desconsiderava os aspectos políticos e sociais com os quais o Direito pudesse se relacionar, a consagração da soberania do povo passa a gerar controvérsias sobre a composição dessa entidade fática, sua manifestação de vontade e sua relação com a lei. [10] Em um primeiro momento, os principais protagonistas desse debate foram Hans Kelsen e Carl Schmitt.

1.2.1. O debate entre Hans Kelsen e Carl Schmitt

Tendo por objetivo forjar uma ciência do Direito, com um objeto próprio e separada de outros campos do conhecimento, Hans Kelsen estabelece um afastamento entre ser e dever ser, ou seja, entre fato e norma.[11] Segundo o autor, a norma legal, e não o fato, é o objeto da ciência do Direito. Suas características distintivas são sua normatividade – o que a diferencia de um enunciado de causalidade – e sua objetividade, ou seja, sua validade perante o Direto.[12] Assim, para Kelsen, não que a lei positiva não esteja sujeita a críticas a partir de concepções políticas, morais e éticas, mas a ciência jurídica não oferece instrumentos para realizar essas operações, na medida em que uma abordagem jurídica leva exclusivamente a resultados jurídicos.[13]

---

9. Ibidem, p. 19

10. KORIOTH, Stefan. "The Shattering method in late Wilhelmine Germany: Introduction". In: JACOBSON, Arthur J.; SCHLINK, Bernhard (eds.). *Weimar: a jurisprudence of crisis*. Trad. Belinda Cooper. Berkeley/Los Angeles/London: University of California Press, 2002, p. 41. CALDWELL, Peter C. "The power of the people and the rule of law". Op. cit., pp. 53 e 85.

11. KELSEN, Hans. "On the borders between legal and sociological method". In: JACOBSON, Arthur J.; SCHLINK, Bernhard (eds.). *Weimar: a jurisprudence of crisis*. Op. Cit., p. 58. KESLEN, Hans. *Teoria Pura do Direito*. Trad. João Baptista Machado. São Paulo: Martins Fontes, 1999, p. 3.

12. KESLEN, Hans. *Teoria Pura do Direito*. Op. cit. p. 7.

13. CALDWELL, Peter C. "The power of the people and the rule of law". Op. Cit. pp. 89-90. Nesse sentido Kelsen chega afirmar, referindo-se ao Direito Internacional que "Todo conflito jurídico é na verdade um conflito de interesses ou de poder, e portanto toda controvérsia jurídica é uma controvérsia política, e todo conflito que seja qualificado de interesses, de poder ou político pode ser decidido como controvérsia jurídica, contanto que seja incorporado pela questão sobre se a pretensão que um Estado ergue em relação a outro e que este se recusa a satisfazer – nisso consiste todo conflito – está fundamentada no direito internacional ou não". KELSEN, Hans. "Quem deve ser o guardião

Sob essa ótica, o Estado é um universo formal de normas — e não uma vontade psicológica, como se afirmava até então — e, embora sofra influxos plurais sociais, não estatais, com eles não se confunde.[14] Nesse sentido, a Constituição seria a expressão jurídica de um equilíbrio de forças em dado momento e configuraria uma norma fundamental de grau superior, que prescreveria requisitos para a elaboração das leis inferiores.[15] No caso de haver contrariedade entre estas e aquela, as normas inferiores seriam nulas por carecerem de caráter jurídico. Segundo o autor, a maior e mais eficaz garantia da Constituição consistiria, justamente, nessa possibilidade de anulação do ato inconstitucional.[16]

Com relação aos intérpretes autorizados para esse procedimento, Kelsen afirma, a princípio, que "todos, autoridades públicas e cidadãos em geral, têm o direito de examinar em todas as circunstâncias a regularidade do ato nulo, de declará-lo irregular e de tratá-lo, como consequência, como não válido, não obrigatório".[17] Contudo, essa prerrogativa poderia ser limitada pelo direito positivo a determinadas instâncias, das quais seria exigida a edição de ato jurídico ulterior para sanar a irregularidade do anterior, o que transladaria a questão da esfera da nulidade para a da anulabilidade. Assim, no tratamento de casos concretos, se consagraria o princípio da autolegitimação dos atos das autoridades públicas, segundo o qual a decisão de anular o ato irregular caberia a quem o produziu ou a outra autoridade cuja decisão seria provocada por meio de procedimento específico.[18] Entretanto, Kelsen aponta a necessidade de centralizar o poder de examinar a regularidade das normas para que seja possível abandonar o sistema de anulação no caso concreto e passar para a anulação total, concentrada em instância central suprema, uma jurisdição ou tribunal constitucional, órgão independente que não

da Constituição?". In: *Jurisdição constitucional* Trad. Alexandre Krug et al. São Paulo: Martins Fontes, 2003, p. 252.

14. KELSEN, Hans. "Quem deve ser o guardião da Constituição?". Op. cit. 267.
15. KELSEN, Hans. *Jurisdição constitucional.* Op. cit. p. 131.
16. Ibidem, p.148.
17. Ibidem. Loc. cit.
18. Ibidem, p. 141

participaria do exercício do poder e não se colocaria antagonicamente em relação ao parlamento ou ao governo.[19]

De acordo com o autor, a função dessa autoridade independente não se confundiria com a função legislativa, vez que, enquanto o legislador tem liberdade para atuar, limitado apenas pela Constituição, o inverso ocorre com o tribunal constitucional, "legislador negativo" que deve fundamentar-se integralmente na norma superior. A distinção se torna mais evidente porque, segundo Kelsen, a Constituição deve ser sintética: deve definir eminentemente procedimentos e, apenas a título excepcional, conteúdo. E, ainda que o faça, deve fazê-lo não por expressões abertas, mas da forma mais precisa possível, restringido ainda mais a atuação da jurisdição constitucional.[20] Nesses termos, Kelsen não nega o caráter político da decisão judicial. Ao invés, afirma que o Judiciário o usufrui em menor quantidade do que o legislador, uma vez que o juiz se encontra limitado por uma estreita moldura dentro da qual decidirá conflitos.[21]

Carl Schmitt, ao contrário, reforça a noção de vontade estatal autônoma, que se confunde com a própria Constituição, a qual não é anterior ao Estado, mas é o próprio Estado, por se configurar como "uma condição verdadeiramente presente, um *status de unidade e ordem*".[22] Em outras palavras, a Constituição conforma a decisão fundamental de uma vontade unificada para constituir a si mesma como um Estado[23], um ato de poder ou autoridade capaz de tomar uma decisão abrangente e concreta acerca da forma e do tipo de sua própria existência política.[24] Nesse sentido, será válida na medida em que derivar de uma capacidade real de elaboração constitucional e for concretamente estabelecida pela

19. Ibidem, pp. 145, 150 e 276.

20. Ibidem, pp. 153 e 168.

21. KELSEN, Hans. "Quem deve ser o guardião da Constituição?". In: *Jurisdição constitucional*. Op. cit. p. 251.

22. SCHMITT, Carl. *Constitutional Theory*. Trad. Jeffrey Seitzer. Durham/London: Duke University Press, 2008, p. 60.

23. CALDWELL, Peter C. "The power of the people and the rule of law". Op. cit. p. 105.

24. SCHMITT, Carl. *Constitutional Theory*. Op. cit. pp. 75 e 125.

vontade desse poder.[25] Para Schimitt, esse ato é autoevidente e não se limita por normas anteriores. [26]

Ao relacionar a Constituição a essa decisão fundamental, o autor a diferencia das leis constitucionais, que, embora integrem formalmente o texto constitucional, não seriam dotadas de fundamentalidade e poderiam, portanto, ser modificadas pela vontade do legislador por meio de emendas.[27] Em face da Constituição em si, seria vedado ao Parlamento atuar. Caso contrário, erigir-se-ia um absolutismo parlamentar em que as decisões básicas do povo seriam desrespeitadas[28], uma vez que, para Schmitt, o Legislativo representaria não a vontade do povo como um todo, mas de seus diferentes grupos sociais e econômicos.

O presidente, por sua vez, estaria acima desses interesses contrapostos, representando o povo em sua totalidade e atuando como um terceiro neutro, intermediário e regulador.[29] Sua autoridade adviria da própria decisão fundamental do povo, a Constituição, e lhe conferiria, inclusive, a prerrogativa de suspendê-la para preservá-la.[30] Além disso, seria democraticamente legítima, porque adviria não de um mero contrato entre amigos-inimigos, mas da unidade política de um povo. [31] Note-se que, para Carl Schmitt, a democracia não está relacionada ao pluralismo, mas, ao contrário, à unidade de um povo, que se constitui em oposição a um inimigo externo. É precisamente essa unidade política que garantiria a identidade entre governante e governados, característica

25. Ibidem, p. 64.

26. SCHMITT, Carl. *Constitutional Theory*. Op. cit. p. 131. Para Schmitt, a opinião pública consistiria na moderna forma de aclamação. Funcionaria de forma não-organizada, surgiria do nada e poderia ser influenciada por partidos ou grupos. Não se confundiria com o resultado das eleições, emergiria somente de vez em quando como expressão unânime da vontade do povo (Ibidem, pp. 275-278).

27. Ibidem, p. 69.

28. CALDWELL, Peter C. "The power of the people and the rule of law". Op. cit. pp. 104-105.

29. SCHMITT, Carl. *O Guardião da Constituição*. Trad. Geraldo de Carvalho. Belo Horizonte, Del Rey, 2007, p. 194. Outra possibilidade apontada pelo autor seria a resolução por um poder político mais forte, acima dessas opiniões, mas que não configuraria um guardião da Constituição, mas um senhor soberano do Estado.

30. CALDWELL, Peter C. "The power of the people and the rule of law". Op. cit. p. 107. Essa prerrogativa permitir-lhe-ia decidir acerca da existência de uma situação de anormalidade que permitiria a suspensão das leis para a tomada de medidas concretas a fim de instalar a normalidade em que a lei pudesse operar. Op. cit. p. 98.

31. SHMITT, Carl. *O Guardião da Constituição*. Op. cit. p. 208.

fundamental da democracia.[32] A unidade em Schmitt contempla a representação, mas esta consiste, tão somente, na representação do todo e não do particular.[33] Nesses termos, o processo político realizado por meio de aclamação seria mais democrático do que aquele realizado por meio do voto secreto individual.[34]

Segundo Schmitt, uma pluralidade de complexos sociais organizados poderia, no máximo, levar a um consenso mediante negociação, o que frequentemente acarretaria em instâncias conciliatórias incapazes de decidir, sobretudo quando houvesse um equilíbrio entre as forças em oposição.[35] Nesse caso, o Estado poderia, em uma concepção pluralista (a qual Schmitt condena), posicionar-se como um acessório a essas forças, proporcionando a alguma delas a vitória, ou, em uma concepção democrática (a qual Schmitt defende), reconduzir a parte vencida à sua vontade real, confirmando a noção de que "o Estado é uma unidade indivisível".[36] Nesse cenário, o presidente do Reich funcionaria como um contrapeso ao pluralismo dos grupos sociais e econômicos, atuando na defesa da unidade do povo como totalidade política, capaz de agir diretamente, exprimindo-se e fazendo-se respeitar independentemente da mediação de grupos sociais.[37]

Fundamentado nas mesmas razões, o autor nega, ainda, a desejabilidade de um "estado judicial", em que o Judiciário funcionasse como o guardião da Constituição, podendo defender princípios gerais, ao invés de atuar somente de forma incidental, em casos concretos, e subsuntiva, extraindo uma decisão "de modo mensurável e calculável já contida na lei"[38]. Segundo Schmitt, a atuação judicial que não é repressiva (*post eventum*) ou que não aplica uma norma a um fato, mas que, ao invés, é preventiva e

32. SCHMITT, Carl. *Constitutional Theory*. Op. cit. p. 138.

33. Ibidem, p. 240-242. Mesmo em um plebiscito haveria elementos de representação na medida em que um indivíduo votaria não como um homem particular fundamentado em interesses particulares, mas como um cidadão que representa o interesse do todo. Nesse sentido, afirma que não há Estado sem representação. (Loc. cit.)

34. Ibidem, pp. 273-274.

35. SCHMITT, Carl. *O Guardião da Constituição*. Op. cit. p. 211.

36. Ibidem, p. 212.

37. Ibidem, p. 234.

38. Ibidem, pp. 31 e 56.

aplica uma norma a outra norma, imbuiria o juiz de uma função política que minaria sua independência.[39] Assim, ou haveria uma norma em contradição óbvia e manifesta à Constituição, o que ensejaria a punição da autoridade que a teria editado, ou dúvida sobre esse conflito, o que equipararia a decisão do magistrado nesse caso à do legislador.[40] Isso porque, mesmo nas decisões relacionadas a casos concretos, existiria um espaço para o decisionismo, uma "eliminação autoritária da dúvida", que consistiria precisamente na finalidade da sentença.[41] Entretanto, a divergência de opinião entre titulares de direitos políticos de decisão não poderia ser julgada, em termos abstratos, por uma "aristocracia de toga" — "instância de alta política dotada de poderes legislativos constitucionais"[42] — em violação à democracia, mas tão somente por um poder verdadeiramente independente: o presidente do Reich, política e partidariamente neutro, que funcionaria como um "ponto fixo" em um Estado pluralista e pluricrático.[43] [44]

1.2.2. As contribuições de Rudolf Smend e Herman Heller

Enquanto as análises de Schmitt e Kelsen acerca da relação entre política e Direito centraram-se no momento de fundação da democracia constitucional, outros autores, como Rudolf Smend e Herman Heller, buscaram abordar a interação entre fatos e normas em situações concretas, reorientando o Direito Constitucional para a teoria da ética e para a prática política.[45] Nesse sentido, suas contribuições promoveram alteração de perspectiva de uma abordagem transcendente para uma imanente em que o Estado

39. Ibidem, p. 47 e 62.
40. Ibidem, p. 67.
41. Ibidem, p. 68.
42. Ibidem, p. 228.
43. SCHMITT, Carl. *O Guardião da Constituição*. Op. cit. pp. 202 e 205.
44. Embora a teoria schmittiana historicamente tenha servido como substrato para ascensão nazista na Alemanha, há autores que defendem que o governo presidencialista na visão de Carl Schmitt seria legítimo apenas como um comissário — cujas medidas constitucionais seriam temporárias — e não como um soberano, ditador que introduziria mudanças na ordem constitucional pela via de decretos de emergência. SEITZER, Jeffrey; THORNHILL, Chirstopher. "An introduction to Carls Schimitt's constitutional theory: issues and context". In: SCHMITT, Carl. *Constitutional Theory*. Trad. Jeffrey Seitzer. Durham/London: Duke University Press, 2008, p. 23.
45. CALDWELL, Peter C. "The power of the people and the rule of law". Op. cit. p. 120.

passa a ser visto como um processo social em curso, cujos problemas concretos, para serem resolvidos, devem levar em conta o contexto das decisões.

Rudolf Smend acreditava no lugar dos homens no mundo como membros de uma comunidade. Para ele, o Estado seria uma totalidade social em constantes transformação e renovação, por meio do processo de integração e reintegração de cidadãos na comunidade.[46] Essa integração, que ocorreria no ato fundacional como experiência viva e que deveria ser renovada a cada momento[47], configuraria a própria essência da Constituição, a qual se distinguiria do resto do ordenamento jurídico pelo caráter político de seu objetivo.[48] Segundo o autor, os órgãos estatais responsáveis por essa função integradora seriam o Legislativo e o Executivo, que só poderiam ser pensados dentro do Estado — ao contrário do Judiciário, que, no mais das vezes, poderia exercer a função integradora apenas para uma determinada comunidade específica: a jurídica.[49] Sob o viés conservador, defendeu que a integração pessoal dar-se-ia por meio de líderes que incorporariam em suas pessoas a integração de todo o povo, contribuindo para renovar a autopercepção da nação. Para ele, a ligação entre indivíduo e comunidade proporcionaria uma experiência de completude e totalidade por meio de práticas como a marcha, o voto e a ginástica, e por meio de símbolos como bandeiras e celebrações nacionais. [50]

Hermann Heller, por sua vez, buscou uma articulação que pudesse encaminhar a ordem constitucional de Weimar em direção à instauração de uma República socialista democrática.[51] O autor procurou conjugar as dimensões do *ser* e do *dever ser*, afirmando que a Constituição só seria possível na medida em que

46. SMEND, Rudolf. *Constitucion y Derecho Constitucional*. Trad. José Mª. Beneyto Pérez. Madrid: Centro de Estudios Constitucionales, 1985, pp. 62-64.
47. SMEND, Rudolf. *Constitucion y Derecho Constitucional*. Op. cit. p. 137.
48. Ibidem, p. 197.
49. Ibidem, pp. 157-160.
50. CALDWELL, Peter C. "The power of the people and the rule of law". Op. cit. p. 125.
51. MONEREO PÉREZ, José Luis. "Estudio preliminar: la teoria político-jurídica de Hermann Heller". In: HELLER, Herman. *Teoría del Estado*. Granada: Editorial Comares, 2004, p. xi.

os partícipes a considerassem algo que *deve ser*.[52] Segundo ele, o Estado seria uma forma organizada de vida e sua Constituição se caracterizaria não só pela conduta "normada" e juridicamente organizada de seus membros — que teria função diretora e preceptiva — mas também pela conduta "não normada", ainda que normalizada — ou seja, observada empiricamente de maneira habitual e constante por seus integrantes.[53] Em outras palavras, para Heller, a Constituição abrangeria norma e realidade, que se complementariam dialeticamente: por um lado, a normatividade pressuporia certa normalidade, haja vista que todas as ordenações sociais que têm validade real são baseadas na habitualidade e na previsibilidade de determinadas situações, já que nenhuma norma poderia ser aplicada ao caos; por outro lado, a força normalizadora das normas sociais, que se exerce sobre todos os membros de uma dada sociedade, apoiaria a permanência e a generalidade da normalidade, transformando uma situação de dominação atual e imprevisível em uma situação de dominação contínua e previsível.

Nesse sentido, para ser válida, a Constituição positiva precisaria, sempre, ser complementada por elementos não jurídicos e normalidades, de modo que seu conteúdo não se definiria por sua letra ou pelos propósitos e características de quem a dita, mas sobretudo pelas características daqueles a quem ela se dirige.[54, 55] A ausência de conteúdo definitivo garantiria a permanência da Constituição, ao passo que a imprecisão de seus preceitos asseguraria sua capacidade de acomodação e continuidade, permitindo concebê-la como "forma cunhada que vivendo se desenvolve".[56] Nesse processo dinâmico, Estado e nação relacionar-se-iam dialeticamente por meio de um processo de organização, entendido como uma estrutura organizada existente e factual de ação, em que o Estado seria mais que um sistema de normas, mas menos que vontade do povo, multiplicidade de vontades contraditórias.[57]

52. HELLER, Herman. *Teoría del Estado*. Granada: Editorial Comares, 2004, p. 287.

53. Ibidem, p. 287.

54. Ibidem, pp. 291-293.

55. O autor anota ainda que além de uma relação fática, o fundamento de validade da Constituição exige uma justificação de acordo com princípios éticos. Ibidem, p. 317.

56. Ibidem, p. 295.

57. CALDWELL, Peter C. "The power of the people and the rule of law". Op. cit. p. 132.

Assim, as contribuições de Heller e Smend aprofundam o debate iniciado por Kelsen e Schmmit concedendo-lhe dois relevantes aportes. Primeiro, chamam atenção para o fato de que a relação entre fato e norma deve ser compreendida não meramente como um conflito, mas como uma tensão, em que há interdependência entre os dois elementos: ao mesmo tempo em que se limitam, reforçam-se mutuamente. Esse ponto será bastante relevante para a compreensão do papel que a interpretação constitucional difusa desempenha. O segundo aspecto assinala a dinamicidade desse processo. Longe de ocorrer apenas quando da fundação de certa ordem constitucional, é permanentemente desenvolvido. Como será visto nos próximos capítulos, a construção do significado constitucional é constante e sujeita a influxos sociais diversos.

1.3. O debate nos Estados Unidos: constitucionalismo popular, constitucionalismo popular mediado e constitucionalismo democrático[58]

Ao contrário da Alemanha, nunca houve maiores questionamentos nos Estados Unidos acerca da legitimidade do governo constitucional, mesmo em períodos de crise como a Guerra Civil. Isso porque, no contexto estadunidense, tem-se partilhado do entendimento de que a Constituição precede o Estado lógica e temporalmente, sendo a fonte do Direito estatal e de seu poder.[59] Antes da promulgação de sua Constituição, os Estados Unidos não se configuravam como Estado unitário, mas como uma Confederação de Estados independentes e só com seu advento se constituiu como Federação, em 1787. À época e mesmo antes, com a edição de *O federalista*, ensaios publicados na imprensa de Nova Iorque no fim do século XVIII com o objetivo de contribuir para a ratificação da Constituição pelos Estados que compunham

58. Versão preliminar desse tópico foi publicada sob o título de "Constitucionalismo Popular, Constitucionalismo Popular Mediado e Constitucionalismo Democrático: Características, Modelos e Contribuições para o Debate Brasileiro" como capítulo em FELLET, André; NOVELINO, Marcelo. (org.). *Constitucionalismo e Democracia*. Salvador: Jus Podivum, 2013.

59. JACOBSON, Arthur J.; SCHLINK, Bernhard. "Constitutional crisis: the German and the American Experience". Op. cit. p. 1.

a confederação estadunidense, já se discutia a legitimidade de seus intérpretes.[60]

Um marco nessa controvérsia foi a decisão proferida pela Suprema Corte, em 1803, no caso *Marbury v. Madison*[61], que inaugurou o controle de constitucionalidade no constitucionalismo moderno e consagrou o Judiciário como responsável pela função de "guardião da Constituição". [62] A partir de então, ao passo em que passou a ser associado à proteção de direitos e em que os poderes políticos foram perdendo confiança e legitimidade perante os cidadãos, houve uma expansão do papel do Judiciário perante os demais poderes.[63] A querela foi retomada em outras oportunidades, tanto para criticar uma postura libertária da Suprema Corte, como a adotada durante a *Era de Lochner*[64], em que eram invalidadas tentativas de intervenção estatal na economia, quanto uma postura progressista como a da *Corte de Warren*, que ampliou drasticamente os direitos e liberdades civis.[65]

---

60. O tema já está presente na série de artigos que constituem HAMILTON, Alexander. JAY, John; MADISON, James. *The federalist papers.* Eletronic Classic Series. Disponível em: www2.hn.psu.edu/faculty/jmanis/poldocs/fed-papers.pdf.

61. No caso, o Presidente da Suprema Corte, Justice Marshall, que redigiu a decisão, procedeu a uma inversão entre questões preliminares e de mérito, permitindo que sobre este último a Corte se manifestasse. Em primeiro lugar, respondeu afirmativamente ao pleito da questão de mérito: o juiz de paz Marbury, que havia sido indicado no governo anterior, do qual o próprio Marshall havia sido Secretário de Estado, tinha o direito de ser nomeado. Entretanto, a Corte não possuía a prerrogativa de obrigar o Secretário de Estado em exercício Madison a nomear o juiz de paz porque a lei que conferia essa competência à Suprema Corte violava a Constituição. O raciocínio utilizado para que o Judiciário deixasse de aplicar ato emanado do Legislativo partia da afirmação de que a função do Judiciário era a aplicação do Direito e, no casos de conflito de normas, caberia a ele decidir qual seria aplicável no caso concreto. Sendo uma das duas normas de estatura constitucional, em função da supremacia da Constituição, a lei inferior deixaria de ser aplicada. Sobre a estratégia utilizada na decisão para que tivesse seus efeitos diferidos no tempo e para uma análise das circunstâncias políticas em torno do caso e veja-se ACKERMAN, Bruce. *The failure of the founding fathers*: Jefferson, Marshall and the rise of presidential democracy. Cambridge: The Belknap Press of Harvard University Press, 2005.

62. BARROSO, Luís Roberto. *Controle de constitucionalidade no Direito brasileiro*: exposição sistemática da doutrina e análise crítica da jurisprudência. Saraiva: São Paulo, 2012.

63. SHAPIRO, Martin. "Juridicalization of Politics in the United States". *International Political Science Review* v. 15, n. 2, Apr., 1994, pp. 101 -112. Para um tratamento abrangente da expansão do papel político do Judiciário veja-se BRANDÃO, Rodrigo. *Supremacia judicial versus diálogos constitucionais*: a quem cabe a última palavra sobre o sentido da Constituição?. Rio de Janeiro: Lumen Juris, 2011, pp. 51-87.

64. A expressão faz referência ao caso *Lochner v. New York*, de 1905, em que a Suprema Corte, com base na autonomia contratual, invalidou lei que restringia a jornada de trabalho dos padeiros.

65. Decisão emblemática desse período, entre 1953 e 1969, quando Earl Warren foi o presidente da Suprema Corte, foi a que declarou inconstitucional a segregação racial em escolas (*Brown v. Board of Education*).

Atualmente, críticas vêm sendo direcionadas ao protagonismo judicial, em grande parte como reação ao ativismo conservador praticado pela Suprema Corte desde meados da década de 1980, sob a presidência de William Rehnquist e John G. Roberts Jr.[66], que teve como episódio emblemático, dentre outros, o caso *Bush v. Gore*, de 2000, cuja decisão definiu o resultado da eleição presidencial a favor do candidato republicano.

Uma dessas críticas, ampara-se na ideia de democracia e pugna pela retirada da Constituição das cortes em favor do povo, [67] dividindo-se em três diferentes versões: o *constitucionalismo popular, o constitucionalismo popular mediado* e o *constitucionalismo democrático*. Tais denominações vêm sendo utilizadas para designar um amplo movimento que preconiza a aproximação entre o povo e a Constituição e são empregadas, no contexto estadunidense, sem que haja pleno consenso quanto ao que abarcam, ou sequer quanto a configurarem espécie de filosofia constitucional, técnica interpretativa ou modelo de desenho institucional. Da mesma forma, há versões de caráter descritivo, prescritivo e, ainda, aquelas que se utilizam de ambos os elementos.

Não obstante a ausência de definição precisa e as críticas que daí decorrem[68], algumas ideias gravitam em torno da noção de contribuição popular para a construção do significado da Constituição e podem ser consideradas, se não distintivas de uma doutrina específica, características em seu conjunto. Buscarei, no presente item, indicá-las por meio da apresentação dos argumentos dos principais autores que trataram do tema. Note-se que os autores referidos não necessariamente se rotulam como integrantes de alguma das supostas correntes mencionadas. Alguns deles, inclusive, desenvolvem suas ideias em oposição ao que seria o *constitucionalismo popular* – sua versão mais robusta –, que pre-

66. Para uma caracterização da Suprema Corte dos Estados Unidos nesses períodos veja-se GODINHO, Marcelo; DUARTE, Fernanda. "Notas sobre a Suprema Corte Norte-Americana". *SJRJ*, Rio de Janeiro, n. 20, 2007, pp. 41-59.

67. Para outras críticas veja-se BRANDÃO, Rodrigo. *Supremacia judicial versus diálogos constitucionais*. Op. cit.

68. A título de exemplo, CHEMERINSKY, Erwin. "In defense of judicial review: the perils of popular constitutionalism", *University of Illinois Law Review*, n. 3, 2004, p. 676. SHERRY, Suzanna. "Putting law back to in constitutional law", *Constitutional Commentary*, v. 25, 2009, p. 463.

coniza a supremacia da vontade do povo na definição do sentido da Constituição e cuja denominação é, com frequência, utilizada para abarcar genericamente todos que sustentam a aproximação dos indivíduos da Constituição. Além disso, apresentam, muitas vezes, visões contraditórias entre si e críticas aos demais autores que incluirei sob a mesma rubrica.

Dessa maneira, nos subitens a seguir, será traçado um panorama geral partindo do constitucionalismo popular e apontando as nuances distintivas na direção do constitucionalismo democrático, sem, contudo, apegar-se a essas legendas. Para os fins ora pretendidos, a divergência enriquece o debate, possibilita avaliação crítica e aumenta o ambiente de escolha na busca do que seriam as contribuições mais profícuas para a discussão brasileira.

De forma geral, aponta-se como traço comum entre essas doutrinas uma rejeição ao elitismo e à centralidade das cortes da teoria constitucional tradicional.[69] Opõem-se ao monopólio da interpretação constitucional, aderindo à concepção de que todos aqueles que vivem sob a vigência de uma determinada Constituição estão aptos a interpretá-la, em uma ideia de *interpretação constitucional protestante*[70].

1.3.1. Características

1.3.1.1. Contingência da supremacia judicial

O primeiro elemento que pode ser destacado como característico das teorias previamente mencionadas seria a crença na contingência da supremacia judicial. Tal concepção opõe-se à visão tradicional, segundo a qual o Judiciário necessariamente deve ter a última palavra sobre o significado da Constituição para assegurar a ordem e a harmonia do sistema jurídico, o que decorreria do entendimento do Direito como sendo pré-concebido

69. POZEN. David E. "Judicial Elections as Popular Constitutionalism". *Columbia Law Review*, v. 110, 2010, p. 2048.

70. A expressão é de Sanford Levinson que a utiliza para designar a tradição segundo a qual a autoridade legítima para interpretar a Constituição seria individualizada e não hierárquica, enquanto a tradição católica pugnaria a existência de uma autoridade última legítima para realizar essa interpretação. Princeton: Princeton University Press, 1988, pp. 18 *et seq.* Para uma crítica da expressão veja-se a introdução deste trabalho.

e apenas revelado pelos juízes, que teriam como função típica aplicar as normas jurídicas e, logo, a Constituição.[71] Segundo esse entendimento, os tribunais superiores ou cortes supremas seriam os últimos intérpretes da Constituição, e suas decisões deveriam ser seguidas por todos os outros atores políticos, sob pena de instaurar-se uma anarquia normativa. Em sentido oposto, de acordo com as visões que enfatizam o papel do povo no constitucionalismo, a supremacia judicial teria se originado de circunstâncias históricas, mas não seria inerente à democracia ou ao constitucionalismo. Nessa esteira, alguns autores ressaltam que, em outros momentos históricos, o significado constitucional teria sido determinado pela autoridade coletiva do povo, que teria vindo a perder essa prerrogativa.

Em consonância com essa ideia, desenvolve-se talvez a principal obra relacionada ao *constitucionalismo popular*: o livro de Larry Kramer *The people themselves: popular constitutionalism and judicial review*. A maior parte dele, é dedicada à narrativa da história dos Estados Unidos sob o viés de sua tese, que se funda na ideia de que o povo, que já teria visto a si próprio como criador e principal intérprete da Constituição, teria perdido seu protagonismo para as esferas judiciais.

Segundo o autor, a decadência da primazia do controle popular ativo do sentido da Constituição ter-se-ia iniciado por volta de 1800, com a mudança na noção e na prática da democracia naquele país.[72] Entre os fatores destacados estão o surgimento da ideia de "opinião pública" como intermediária das relações entre os cidadãos comuns e os líderes sociais e políticos[73], o fortalecimento da visão do Direito como uma seara profissional, com a limitação do papel dos júris, e a absorção da política popular por partidos políticos.[74] Além desses elementos, são apontadas dinâmicas partidárias ocasionais que, em alguns momentos, teriam

---

71. WHITTINGTON, Keith E. *Political foundations of judicial supremacy:* the presidency, the Supreme Court and constitutional leadership in U.S. history. Princeton/Oxford: Princeton University Press, 2007, pp. 1-2.

72. KRAMER, Larry. *The people themselves: popular constitutionalism and judicial review*. New York: Oxford University Press, 2005, p. 111.

73. Ibidem, Loc. cit.

74. Ibidem, p. 165.

feito prevalecer visões temerosas ao populismo.[75] Por volta de 1840, teriam coexistido as ideias de constitucionalismo popular e supremacia judicial, em uma relação incerta e tensa.[76] O autor destaca como um momento importante do constitucionalismo popular a reação do povo à decisão da Suprema Corte no caso *Dred Scott v. Sandford,* em que a Corte decidiu que o Congresso não poderia proibir a escravidão nos Estados Unidos, provocando intensa reação dos estados do norte, o que, segundo alguns, teria levado à Guerra Civil ocorrida naquele país.

A partir do *New Deal*, ao mesmo tempo em que teria vigorado uma espécie de departamentalismo relacionado ao constitucionalismo popular, no qual prevaleceria a interpretação constitucional de cada Poder dentro da sua esfera de atuação,[77] teria havido consolidação do Poder Judiciário como instância apta a fornecer o significado constitucional por conta da solidificação, no pensamento ocidental, de ideias de aversão ao poder do povo, em reação ao ocorrido na Segunda Guerra Mundial. Kramer sustenta, ainda, que os avanços sociais garantidos pela Corte de Warren, entre as décadas de 1950 e 1970, também teriam contribuído para o fortalecimento judicial porque, além dos conservadores (que, buscando limitar o poder do povo, sempre teriam estado ao lado da supremacia judicial), também os liberais (por concordarem com as decisões progressistas da Corte), teriam passado a aderir a essa visão. Assim, a partir da década de 1980, os traços ainda existentes de constitucionalismo popular estariam tendencialmente cada vez mais rarefeitos.[78]

Com efeito, a releitura histórica realizada por Kramer tem o mérito de retirar a centralidade do caso *Marbury v. Madison* da narrativa acerca do constitucionalismo estadunidense e de ampliar a discussão sobre o controle de constitucionalidade para além

75. Ibidem, p. 121.

76. Ibidem, p. 207.

77. Ibidem, pp. 219-220. Nem todos as versões do departamentalismo relacionam-se ao constitucionalismo popular. Sobre o departamentalismo e seus desdobramentos JOHNSEN, Dawn E. "Functional departamentalism and nonjudicial interpretation: Who determines constitutional meaning?". *Law and contemporary problems*. v. 67, 2004.

78. Ibidem, pp. 221-224.

das decisões judiciais, inserindo-a em um contexto mais amplo que envolve os entendimentos sociais da questão.[79]

Como mencionado na introdução deste trabalho, a ideia de que a interpretação da Constituição realizada pelo Judiciário prevalece sobre as demais vem sendo objeto de questionamento a partir da observação dos diálogos institucionais que, na prática, já ocorrem. Nesse sentido, a atuação da Suprema Corte estaria condicionada à atuação de outros atores políticos — Presidente, Congresso, agências reguladoras, estados, associações profissionais, mídia e público em geral —, que, por sua vez, se daria por diversos mecanismos — emendas constitucionais, mudanças legislativas para esclarecer as intenções dos legisladores, *court packing* (empacotamento da corte[80]), remoção de jurisdição, não implementação das decisões, entre outras. Por conta disso, a interpretação coordenada seria uma necessidade, mais que uma teoria, podendo-se mesmo afirmar que "*em algumas questões a Corte não só não tem a palavra final, como não tem palavra alguma*"[81]

Em termos semelhantes, mas enfatizando a vontade popular no processo de interação entre os referidos agentes, Robert Post e Reva Siegel, com base em elementos históricos e contemporâneos, sinalizam a intensa participação popular nas questões de raça, nos anos 1960, de gênero, nos anos 1970, e com relação ao aborto e ao direitos de LGBTIQ+s hoje em dia, e mostram como o povo não apenas comunica objeções a decisões judiciais que divirjam profundamente de suas convicções, como também re-

79. WILLIAMS, Norman R. "The people's Constitution". *Stanford Law Review*. v. 57, 2004, p. 262.

80. Trata-se expressão utilizada para denominar estratégia utilizada como ameaça pelo presidente dos Estados Unidos Franklin Roosevelt contra uma Suprema Corte que resistia à legislação editada no contexto do New Deal nos Estados Unidos. A ameaça, que não chegou a ser concretizada, consistia em aumentar o número dos integrantes do tribunal a fim de diluir o poder daqueles que lá já se encontravam e possibilitar a nomeação de ministros pretensamente alinhados com o presidente de então. No Brasil, medida desse tipo foi implementada em 1965 (durante a ditadura iniciada com o golpe civil-militar de 1964) por meio do Ato Institucional n. 2, que aumentou o número de ministros do STF de onze para desesseis, além de suspender as garantias de vitaliciedade, inamovibilidade e estabilidade dos magistrados. Para um relato minucioso dos acontecimentos da época veja-se RECONDO, Felipe. *Tanques e Togas: o STF e a ditadura militar*. São Paulo: Companhia das Letras, 2018, pp. 102-123.

81. FISHER, Louis. *Constitutional Dialogues: Interpretation as Political Process*. Princeton: Princeton University Press, 1988, p. 233.

siste à sua implementação.[82] Tais autores identificam-se com o que denominam *constitucionalismo democrático*, que será melhor explorado no próximo tópico.

1.3.1.2. (I)Legitimidade da supremacia judicial e do controle de constitucionalidade

Além de, sob um viés descritivo, reconhecer a supremacia judicial como um fenômeno contingente — quando não inexistente —, como demonstrado na obra de Larry Kramer acima citada, o *constitucionalismo popular*, em sua vertente mais aguerrida, sob um viés prescritivo, opõe-se firmemente à ideia de que os juízes devem ter a última palavra acerca do significado da Constituição, defendendo, pelo contrário, que deve ser do povo a última palavra.

Não obstante, há autores que, embora sensíveis à necessidade de levar em conta os anseios do povo, sustentam, na linha do que propõe as teorias de diálogos constitucionais, que não há última palavra, mas que as manifestações populares devem ser consideradas na formação da vontade constitucional. Nesse sentido, há quem defenda que a influência popular deva dar-se por meio da própria corte, não se opondo, portanto, à supremacia judicial.

Larry Kramer defende uma relação necessária entre *constitucionalismo popular* e uma versão do *departamentalismo* segundo a qual cada um dos três poderes tem igualmente o direito de decidir por si mesmo qual é seu dever à luz da Constituição.[83] Afirma, ainda, que a supremacia judicial decorreria de um ceticismo por parte da cultura intelectual contemporânea com relação ao povo e à democracia.[84]

Todavia, essa conexão obrigatória apontada por Kramer é criticada como uma falsa escolha. Há quem considere que possa haver supremacia judicial para eventos comuns, ocasiões em que o Judiciário estaria mais habilitado a prevalecer em razão do treinamento específico de seus membros e de certo desinteresse

---

82. Os autores têm diversos trabalhos em que tratam do tema, veja-se, a título de exemplo, POST, Robert C.; SIEGEL, Reva B. "Democratic Constitutionalism and Backlash". *Harvard Civil Rights-Civil Liberties Law Review*. v. 42, 2007, p. 374.

83. KRAMER, Larry. *The people themselves*. Op. cit. p. 106.

84. Ibidem. p. 243.

que imperaria entre a população. Porém, essa superioridade não seria suprema, podendo ser questionada em momentos críticos.[85] Em consonância com essa ideia, apresenta-se a teoria de Bruce Ackerman referente aos momentos constitucionais, segundo a qual, em raros momentos de amplo e profundo comprometimento constitucional, o povo, de maneira mobilizada e autoconsciente, definiria sua compreensão acerca da Constituição, que não poderia, posteriormente, ser contrariada no processo legislativo comum. Esses momentos opõem-se à atuação política cotidiana restrita da maior parte dos cidadãos, em regra concentrados em suas esferas privadas de vida e atuando politicamente por meio de representantes e de atividades como conversas em casa e no trabalho, voto, pagamento de impostos, etc.[86]

Levando a discussão para o âmbito do Legislativo e chamando atenção para sua condição de representante do povo, Mark Tushnet aponta que a supremacia judicial promoveria a irresponsabilidade do Congresso que, em determinados casos, calculando uma repercussão social positiva, passaria a provocar descumprimentos intencionais da Constituição, consciente de que sua decisão seria revista pela instância judicial.[87] Esse autor, a princípio, rejeitava qualquer controle judicial de constitucionalidade, não apenas por considerá-lo ineficaz (em razão de não ter força suficiente para fazer-se prevalecer), mas também irrelevante (uma vez que os atores políticos seriam plenamente capazes de equacionar questões divisivas). Posteriormente, passou a defender mecanismos de controle "fraco" de constitucionalidade, em que haja diálogo e deferência às deliberações majoritárias.[88]

Do ponto de vista democrático, Jeremy Waldron defende a ilegitimidade de qualquer controle judicial forte sobre a interpretação da Constituição emanada pelo Legislador. Segundo sua

85. WILLIAMS, Norman R. *The people's Constitution*. Op. cit. pp. 297-298.

86. ACKERMAN, Bruce. *We the people:* foundations. Cambridge: The Belknap Press of Harvard University Press, 1991, pp. 3 *et seq*; ACKERMAN, Bruce. *We the people:* transformations. Cambridge: The Belknap Press of Harvard University Press, 1998, pp. 4-7.

87. TUSHNET, Mark. *Taking the Constitution away from the courts*. Princeton: Princeton University Press, 2000, pp. 57-58.

88. TUSHNET, Mark. *Weak courts, strong rights:* judicial review and social welfare rights in comparative constitutional law. Princeton: Princeton University Press, 2008.

visão, em uma sociedade democrática com instituições funcionais e comprometida com a ideia de proteção de direitos, ainda que haja divergência sobre seu conteúdo, o Judiciário não poderia deixar de aplicar normas emanadas pelo Legislativo ou modificar seus efeitos a partir de uma certa concepção de direitos. Sustenta o autor que, considerando que todos os processos sociais estão sujeitos a resultados injustos, é preferível escolher-se o mais democrático, preservando a possibilidade de autodeterminação de um povo. Ainda que do legislador possa resultar uma decisão tirânica, o aspecto majoritário contemplaria, ao menos, um aspecto não tirânico, ausente nas decisões judiciais: a não exclusão de certas pessoas da participação, como pares, no processo decisório. Além disso, afirma que nada leva a crer que as instâncias judiciais estariam mais aptas a promover direitos. Isso porque, dentre outros motivos, as cortes, preocupadas em conferir legitimidade a seus processos decisórios, seriam absorvidas por assuntos laterais, como questões processuais e interpretativas, em detrimento da discussão sobre direitos em si. [89]

Robert Post e Reva Siegel, por sua vez, propõem o que chamam de *constitucionalismo democrático*, o qual vê o desacordo interpretativo como condição normal do desenvolvimento do Direito Constitucional.[90] Afirmam que, apesar da importância do papel da Corte nesse processo, ele é composto da tensão negociada entre a lei e o autogoverno e envolve inflexão do significado constitucional na direção da crença popular, ao mesmo tempo em que mantém sua integridade como lei. Nesse sentido, os entendimentos constitucionais das pessoas comuns convivem em um delicado equilíbrio com o Direito Constitucional emanado das cortes, reforçando-se mutuamente em um processo generativo ao longo do qual se confere legitimidade e efetividade às decisões judiciais. O constitucionalismo democrático, portanto, sugere que, ao fim, o Direito Constitucional será concretizado por aqueles que

89. WALDRON, Jeremy. "The core case against judicial review". *The Yale Law Journal*. n. 115, 2006, pp. 1346-1406. E, ainda, WALDRON, Jeremy. *Law and disagreement*. Oxford: Oxford University Press, 2004.

90. POST, Robert C. SIEGEL, Reva B. "Roe Rage: Democratic Constitutionalism and Backlash". *Harvard Civil Rights-Civil Liberties Law Review*, 2007; Yale Law School, Public Law Working Paper No. 131, p. 374.

desejem percorrer o longo caminho da política.[91] Nesse sentido, defendem a existência de interpretação constitucional extrajudicial, viabilizada pela via institucional, e, portanto, não realizada à revelia do Judiciário, nem imposta diretamente pelo povo.

Alinhado ao constitucionalismo democrático, mas retirando um pouco a ênfase da política, autores como Barry Friedman chamam atenção para a possibilidade de resposta aos anseios populares por meio das próprias cortes constitucionais. Afirma esse autor que muitas das críticas direcionadas ao controle judicial de constitucionalidade baseiam-se na falsa ideia de que a opinião dos juízes vai de encontro aos anseios do povo. Segundo ele, na maioria das vezes, a Corte decidiria, sim, de acordo com a vontade popular, mas não aquela contingente, momentânea: antes, uma vontade popular mais profunda, fundada em valores constitucionais mais arraigados, os quais apoiariam, inclusive, a necessidade do controle judicial de constitucionalidade.

Dessa maneira, dar-se-ia o que chama de *constitucionalismo popular mediado* pela Corte, a qual, por sua vez, estaria sujeita a mecanismos de controle popular através da opinião pública, cujo apoio seria necessário para que o Judiciário sobrevivesse aos ataques dos outros poderes e tivesse suas decisões implementadas. Essa relação entre opinião pública e a decisão do Judiciário sobre o significado da Constituição seria necessariamente mediada, já que os juízes não são eleitos, o público se expressa por meio de representantes e o entendimento do público acerca do que os juízes fazem é filtrado pela mídia, pelos representantes, etc.[92] Note-se que Friedman considera já haver, de certa maneira, constitucionalismo popular mediado na forma como as cortes atuam, sujeitas a mecanismos de diálogos e a pressões populares.

Por fim, considerando a influência dos movimentos sociais na percepção do Direito, tanto por meio da política quanto do

---

91. Ibidem, p. 430.

92. FRIEDMAN, Barry. "Mediated popular constitutionalism". *Michigan Law Review*, v. 101, aug./2003. Para um apanhado sobre a literatura de ciência política estadunidense e uma crítica metodológica ver EPSTEIN, Lee; MARTIN, Andrew D., "Does Public Opinion Influence the Supreme Court? Possibly Yes (But We're Not Sure Why)" (June 19, 2012). *University of Pennsylvania Journal of Constitutional Law*, Vol. 13, No. 263, 2010; Washington University in St. Louis Legal Studies Research Paper No. 12-05-31. Disponível em SSRN: http://ssrn.com/abstract=2087255.

Judiciário, Jack Balkin afirma que as contribuições sociais para a definição do significado constitucional ocorrem depois de filtragem realizada por juízes e profissionais do Direito.[93] Os movimentos sociais, segundo ele, atuariam por meio de dois mecanismos, de modo a influenciar a interpretação constitucional: alterando a opinião pública, em especial a da elite (da qual, em geral, os juízes fazem parte), e por meio do sistema partidário, influenciando a nomeação de juízes. Ademais, tais movimentos desempenhariam papel crucial ao alterar a maneira do povo e das elites de ver o mundo e salientar mudanças, atribuindo-lhes juízos valorativos positivos.[94] Nesse sentido, seriam responsáveis por trazer ao debate novos argumentos constitucionais, aos quais seria atribuída a função de adaptar a Constituição à realidade vigente, e também por criar um ambiente de plausibilidade, convencimento e, por fim, naturalidade para suas proposições.[95]

1.3.1.3. Empoderamento das pessoas comuns e fé na sua capacidade interpretativa

Realizada a exposição acima, notam-se algumas clivagens dentre as diversas proposições que levam em conta a vontade popular para a formação do significado da Constituição. Sob um viés descritivo, ironicamente, apenas autores identificados com o *constitucionalismo popular*, como Larry Kramer, sustentam que, de fato, o Judiciário tem a última palavra sobre o significado da Constituição. Os demais autores, em uma perspectiva dialógica, reconhecem a interação entres as diferentes instâncias sociais na definição do sentido da Constituição, seja pelas reações populares e políticas, como fazem Post e Siegel, sob a denominação de *constitucionalismo democrático*, seja pela influência dos outros agentes na própria corte, como sustentam Balkin e Friedman, este último atribuindo à sua proposição a nomenclatura de *constitucionalismo popular mediado*.

93. BALKIN, Jack. "How social movements change (or fail to change) the Constitution: The case of New Departure". *Suffolk University Law Review*, n. 39, 2005, p. 28.

94. Ibidem, pp. 32-34.

95. Ibidem, pp. 50-52.

Prescritivamente, há, em um extremo, a proposta de *departamentalismo* feita por Kramer e, em outro, a justificação do modelo de controle de constitucionalidade vigente desde que não impeça a influência popular e desde que haja mecanismos populares para revertê-lo, como defendido, respectivamente, por Friedman e por Post e Siegel. Há, ainda, autores, como Tushnet e Waldron, que, ao invés de enfatizarem o exercício político do cidadão, seja como indivíduo, seja como coletividade por meio de movimentos sociais, destacam a ação dos representantes eleitos, defendendo a supremacia do Legislativo.[96]

Independentemente das divergências apresentadas, a tônica das teorias apresentadas no tópico anterior está na necessidade de apropriação popular, como processo cultural e simbólico, da Constituição. Ainda que não seja negada a possibilidade de controle de constitucionalidade, as diferentes visões opõem-se ao juriscentrismo presente na cultura jurídica atual.

Nesse sentido, afirma-se que a tradição jurídica foi criada de juízes para juízes, negligenciando a questão da soberania popular, e critica-se o fato de o ordenamento jurídico, da maneira como é encarado, não buscar determinar quando o povo se manifestou, o que tentou expressar ou como esses atos de soberania popular podem permanecer relevantes em um mundo em mudança.[97] Ademais, o protagonismo do Judiciário, por concentrar as discussões no âmbito dos tribunais e por utilizar gramática técnica, esfriaria a esfera pública de debate[98] e enfraqueceria a legitimidade democrática dos rumos interpretativos tomados, não necessariamente nos resultados substantivos dos julgamentos, mas no processo e na cultura constitucional, que se debilitariam ante a ausência da

96. Segundo Doni Gewirtzman, os constitucionalistas populares poderiam ser divididos da seguinte maneira: "policentristas", como Siegel e Post, veem a sociedade "imersa em preferências populares interpretativas por meio da atividade política e o discurso constitucional estadunidense emergindo como um esporte de contato vibrante e dotado de muitas vozes" e "juridominantes", como Friedman, que, apesar de desejarem o aumento do papel do povo são mais céticos com relação ao papel da interpretação extrajudicial contemporânea e vêem a supremacia judicial como premissa amplamente aceita, mesmo que normativamente falha. ("Glory days: popular constitutionalism, nostalgia, and the true nature of constitutional culture", *New York University School of Law Public Law and Legal Research Paper Series*, working paper n. 05-15, p. 910).

97. ACKERMAN, Bruce. "The Living Constitution". *Harvard Law Review*, v. 120, 2007, p.1801.

98. POZEN, David E. "Judicial Elections as Popular Constitutionalism". *Columbia Law Review*, v. 110, 2010, pp. 2047-2134. Nesse artigo, Pozen também sistematiza as características apresentadas nesse tópico.

interlocução com o povo. Daí adviria a necessidade de empoderamento das pessoas comuns, que devem sentir que a Constituição é a sua Constituição.

Nessa esteira, para os defensores de um papel popular ativo na definição do significado constitucional, a Constituição é vista como *nossa* quando é enxergada como produto dos esforços do povo e permite imaginar nós mesmos como parte de um sujeito coletivo que se protrai no tempo, envolvendo uma concepção narrativa que une as pessoas em torno de memórias compartilhadas, metas, aspirações, valores e ambições. Simultaneamente, constitui o povo como aquele a quem a Constituição pertence.[99] Para que a Constituição seja exitosa e legítima, cidadãos devem ser habilitados a interpretar tal documento por si próprios, podendo criticar a interpretação oficial, e devem ser capazes de ver a si mesmos como parte de um processo político mais amplo.[100] A ideia de participação popular na formação da acepção constitucional, portanto, envolve, por um lado, a crença na capacidade interpretativa das pessoas comuns, opondo-se firmemente ao paternalismo e ao elitismo, e, por outro, contribui em um processo de autodefinição desse mesmo povo. Ao mesmo tempo, oxigena a própria cultura jurídica e política que emana da Constituição, revigorando-a.[101]

1.3.2. Mecanismos de implementação da interpretação constitucional popular

Da mesma maneira que não há consenso sobre como a interpretação constitucional popular deve se relacionar com a de os outros atores sociais, os métodos para a sua implementação não são unanimemente apresentados pela literatura, até porque variam de acordo com a concepção que se adote daquele conceito. Tais medidas vão desde ações visando a influenciar e, por vezes, intimidar o Judiciário, como eventual *recall* de seus membros e

99. BALKIN, Jack M. "Original meaning and constitutional redemption". *Constitutional Commentary* .v. 24. 2008, p. 463.

100. Ibidem, p. 507.

101. POST, Robert C.; SIEGEL, Reva B. "Democratic Constitutionalism and Backlash". Op. cit. p. 375.

de suas decisões, cenário em que, aos cidadãos, seria facultado interromper os mandatos judiciais antes de seu término, até aquelas que propugnam a completa abolição do controle de constitucionalidade.[102] Ainda no âmbito do Judiciário, sugere-se o uso da nomeação dos membros das cortes constitucionais, que possui caráter político, vez que realizado por instituições democraticamente responsivas (Executivo e Legislativo), para moldar o entendimento desses tribunais.[103] Nesse sentido, a própria possibilidade de aprovação de emenda constitucional em sentido oposto a entendimento exarado pela corte constitucional seria vista por alguns como mecanismo que aproximaria o debate constitucional da vontade do povo, tendo em vista que permitiria uma atualização formal do próprio conteúdo da Constituição a partir de demandas populares vocalizadas pelo Poder Legislativo. Além disso, o uso de legislação ordinária para densificar e direcionar o significado da Constituição, bem como a construção de significados por meio da litigância em cortes inferiores, também são expedientes mencionados. [104]

Sugestão institucional inovadora envolveria a possibilidade de veto popular para decisões divisivas da Corte Constitucional em que a maioria fosse alcançada pela diferença de um único voto. Nesse caso, a questão seria enviada para o Congresso, que votaria a favor ou contra a reconsideração da questão. Caso o Congresso apoiasse a reconsideração, a questão seria remetida à decisão do povo, por meio de referendo.[105] Outros instrumentos de expressão da vontade popular, os quais contemplam a atuação direta, não mediada por instituições, envolvem protestos, boicotes, *sit-ins* e o uso da desobediência civil.[106] A não implementação de decisões da corte ou sua implementação parcial ou enviesada, quando

---

102. KRAMER, Larry. *The people themselves*. Op. cit. p. 216.

103. Entre outros, cf. POST, Robert C.; SIEGEL, Reva B.. "Democratic Constitutionalism and Backlash". Op. cit p. 381 e FRIEDMAN, Barry. *The will of the people*. Op. cit. p. 2607.

104. POST, Robert C.; SIEGEL, Reva B "Democratic Constitutionalism and Backlash". Op. cit. p. 380.

105. DONNELLY, Tom, "Making Popular Constitutionalism Work" (November 21, 2011). *Wisconsin Law Review*, 2012; Harvard Public Law Working Paper No. 11-29. Disponível em: http://ssrn.com/abstract=1962580, p. 188.

106. Sobre desobediência civil veja-se capítulo 2, item 2.3.1.2.

seu escopo não for precisamente delimitado, também poderiam contribuir para a conformação do significado da Constituição.

1.3.3. Críticas às diferentes vertentes

Muitas críticas são tecidas a diversos aspectos das noções apresentadas acima, especialmente com relação àquelas relacionadas ao constitucionalismo popular. Note-se, porém, que críticas distintas se direcionam a cada uma das propostas previamente apresentadas, sendo algumas daquelas contraditórias e incompatíveis entre si. Apresentarei a seguir algumas dessas críticas.

No cenário dos Estados Unidos, narrativas históricas, como a de Kramer, e afirmações que remetem a uma cultura constitucional favorável a direitos e liberdades[107], sofrem censura daqueles que afirmam que tais formulações desconsideram aspectos históricos relevantes, como o racismo e a escravidão.[108] Além disso, aponta-se que movimentos populares podem ser extremamente tirânicos e conservadores, mesmo em culturas que enxergam sua tradição como sendo liberal, tal qual a estadunidense. Nesse sentido, é de se notar que, atualmente, há quem identifique os valores do constitucionalismo popular, que em um primeiro momento foram defendidos por setores incomodados com o conservadorismo da Suprema Corte estadunidense, com movimentos de extrema direita.[109]

Uma crítica relevante, que parte da teoria dos diálogos institucionais, aponta a contradição em alguns discursos relacionados ao tema. Ao defender-se a necessidade de que o povo tenha a última palavra sobre o significado da Constituição, parte-se do pressuposto descritivo equivocado de que o Judiciário teria atualmente a última palavra, mito que teria sido descontruído pelos teóricos que defendem que o diálogo existe e é constante. Nessa toada, assinala-se, por meio de diversos estudos empíricos, que

107. KRAMER Larry. *The people themselves.* Op. cit. p. 218. Segundo esse autor, a Constituição dos Estados Unidos tem provisões muito protetivas para evitar, por si só, leis inconstitucionais.

108. FORBATH, William. "Popular Constitutionalism in the twentieth century: Reflections on the dark side, the progressive constitutional imagination, and the enduring role of judicial finality in popular understandings of popular self-rule. *Chicago-Kent Law Review*, v. 81, n. 3, 2006, p. 101.

109. SOMIN, Ilya. "The Tea Party Movement and popular constitutionalism". *George Mason university Law and Economics Research Paper Series*, v. 105, 2011.

as cortes constitucionais estão mais conectadas com a vontade popular do que se imagina. Nessa direção, afirma-se que a própria percepção popular das instituições teria o Judiciário em mais alta conta que o Legislativo. A vontade popular, portanto, seria a de ter um Judiciário atuante, o que ocorreria por razões como a chamada crise de representatividade, o mito da legalidade e da neutralidade dos juízes e o ceticismo do povo quanto ao seu próprio engajamento.[110]

Outro óbice pertinente salienta certo caráter nostálgico das teorias apresentadas, que idealizariam o interesse e o empenho político dos indivíduos na sociedade contemporânea[111], indo de encontro à constatação da redução do interesse republicano e cívico do cidadão pela esfera pública e seu direcionamento para si e para aspectos privados de sua própria vida.[112] Nesse sentido, sustenta-se haver empobrecimento da participação popular na política, em favor da propaganda e da manipulação de massa, nas quais o povo contaria com pouco acesso à informação. Dessa forma, o debate constitucional envolveria um número pequeno de participantes engajados, uma certa elite, cuja atuação refletiria as disparidades de riqueza e poder que existem na cultura política mais ampla.[113]

Há, ainda, no problema de viabilização do projeto de interpretação popular da Constituição, a dificuldade na definição de povo. Os críticos assinalam que "povo" pode significar qualquer participante do processo de interpretação constitucional que

---

110. Em termos semelhantes, acrescendo-se um componente relativista, poder-se-ia afirmar que sequer há um único significado constitucional para o qual pudesse concorrer a percepção popular, havendo diferentes acepções que predominariam nas diversas instâncias da vida social, nas quais cada agente, institucional ou não, teria proeminência. Tal crítica, à primeira vista, pareceria aproximar-se de um certo departamentalismo, mas com ele não se confundiria porque assinalaria o fato de nem mesmo dentro de cada poder haveria necessária convergência de concepções acerca do significado as Constituição.

111. GEWIRTZMAN, Doni. "Glory Days: Popular Constitutionalism, Nostalgia, and the True Nature of Constitutional Culture". *Georgetown Law Journal*, v. 93. p. 911. August 2005; NYU Law School, Public Law Research Paper n. 05-15. Disponível em SSRN: http://ssrn.com/abstract=785947.

112. FORBATH, William. "Popular Constitutionalism in the twentieth century". Op. cit., p. 110.

113. GEWIRTZMAN, Doni N. "Glory Days...". Op. cit. pp. 897 e 901. Por outro lado, há quem defenda que "o povo hoje é muitas vezes irresponsável porque a ele não foi dada responsabilidade" o que teria causado "atrofia por desuso dos músculos constitucionais do povo". AMAR, Akhil Reed. "Philadelphia Revisited: Amending the Constitution outside article V", 55 *U. Chi. L. Rev.* 1988. Argumento semelhante é desenvolvido por Mark Tushnet em sua obra "Taking the Constitution away from Courts".

não seja um juiz, o que poderia levar à ideia de uma entidade desencarnada e mítica cuja análise prescinde o exame de como o sistema político realmente opera.[114] Nessa direção, argumenta-se que o povo como uma unidade orgânica seria uma ficção, e que a diversidade contemporânea impediria uma interpretação constitucional popular única, com autoridade para vincular o governo — o que requereria mecanismos institucionais capazes de traduzir a multiplicidade de vozes em uma única voz. [115] Por sua vez, o uso das instituições governamentais para expressão da vontade popular, como a presidência, poderia levar à ausência de diferenciação entre supremacia presidencial ou legislativa e constitucionalismo popular.[116] Outra dificuldade seria diferenciar a suposta opinião pública de eventual opinião publicada. Ou seja: ao se considerar haver verdadeira opinião do povo sobre determinados assuntos, um obstáculo consistiria em dissociá-la da opinião de determinados grupos sobrerrepresentados nos meios políticos e de comunicação.

Ademais, a defesa de uma interpretação popular da Constituição levaria necessariamente ao uso da regra da maioria, a qual sempre pode inclinar-se para a tirania e para a violação dos direitos fundamentais das minorias. Relacionada ao óbice anterior, está a assertiva de que a adoção desse raciocínio envolveria certa flexibilização da fronteira entre cultura constitucional e Direito Constitucional[117], a qual refletiria e agravaria a fluidez entre Política e Direito, confundindo as duas esferas e os princípios que as regem — respectivamente, a soberania popular e o princípio majoritário, e o primado da lei (*the rule of law*) e o respeito aos direitos fundamentais e, consequentemente, as ideias de Poder Constituinte e Poderes Constituídos.

Nessa linha, autores como Larry Alexander e Frederick Schauer afirmam que o entendimento segundo o qual o Direito é

114. GEWIRTZMAN, Doni N. "Glory Days..." Op. cit. p. 900.

115. ALEXANDER, Larry; SOLUM, Lawrence B. "Popular? Constitutionalism?". *Harvard Law Review*, Forthcoming. Disponível em SSRN: http://ssrn.com/abstract=692224.

116. Ibidem, p.1636.

117. POZEN, David E. "Judicial Elections as Popular Constitutionalism". *Columbia Law Review*, v. 110, 2010, pp. 2047-2134.

– e deve ser – interpretado por diferentes intérpretes não permite que a lei cumpra sua função de "assentamento" (*settlement)*. Para os autores, uma interpretação plural negaria aquela que seria a função mais importante do direito (e da Constituição como a lei suprema do país), sua "capacidade de estabelecer com autoridade o que deve ser feito". Nesse sentido, as ideias de assentamento, estabilidade e contra-majoritarismo justificariam tanto a existência da Constituição quanto a adoção da supremacia judicial: negar a autoritatividade do controle judicial de constitucionalidade seria quase como negar a confiabilidade da própria Constituição.[118]

Assim, além dos problemas apresentados, relativos a um equívoco na percepção da realidade social, que ora supervalorizaria o papel do Judiciário, conclamando o povo a agir, e ora idealizaria o papel desse mesmo povo, visto como dotado de engajamento e compromissado com os direitos e as liberdades, segundo os críticos, algumas questões não seriam plenamente respondidas pelos autores aludidos nos itens anteriores: "Por que meios e em que ocasiões as pessoas podem exercer seu poder interpretativo? Esse poder é exercido pelos representantes eleitos e manifestado na legislação aprovada por eles? Ele deve ser exercido pelos cidadãos através de mecanismo de democracia direta, como referendos e *initiatives*? Há outra maneira, menos formal, por meio da qual os cidadãos devam tornar claras suas interpretações?"[119].

Importante notar que as críticas, em sua maioria, se direcionam ao *constitucionalismo popular*, mas não se aplicam às ideias mais próximas do *constitucionalismo democrático* ou do *constitucionalismo popular mediado*, que consideram a percepção dos indivíduos comuns para a definição do sentido da Constituição não de maneira isolada, mas conectada com outros elementos sociais, reiterando uma noção de diálogo social. Fundamentada nessas duas últimas visões, procurarei responder algumas dessas objeções ao longo do presente trabalho, buscando evidenciar o que considero ser a melhor recepção desse debate para os fins ora pretendidos.

---

118. ALEXANDER, Larry, SCHAUER, Frederick. "On extrajudicial interpretation". *Harvard Law Review*, v. 110, 1997.

119. PETTYS, Todd E. "Popular constitutionalism and relaxing the dead hand. Can people be trusted?" *Washington Law Review*, v. 86, 2008.

1.4. Conclusão

Ambas as discussões acima explicitadas trazem importantes aportes para a ideia de constitucionalismo difuso que ora se pretende desenvolver. O debate de Weimar chama atenção para o fato de que a Constituição não se legitima exclusivamente em função de elementos fáticos ou normativos. Tampouco, exaure o fundamento de sua legitimidade quando da sua promulgação. Trata-se, em realidade, de elemento "resultante e determinante da política".[120] Conforme assinalou Konrad Hesse, a coordenação entre a "Constituição real" e a "Constituição jurídica" consiste em uma relação de condicionamento recíproco, e não de pura e simples dependência de parte a parte.[121] Afirmar o efeito determinante de uma significaria exatamente negar a existência da outra[122]. Por outro lado, a compreensão de sua coordenação mútua fortalece ambas.

A pretensão de eficácia da norma constitucional se transmuda em força ativa somente na medida em que considere a realidade existente e em que haja disposição social para realizar as tarefas que a Constituição propõe (a chamada "vontade de Constituição").[123] Esses elementos, realidade e vontade, não são estáticos, mas renovam-se constantemente. Na manutenção desse equilíbrio dinâmico, é fundamental compreender o papel de cada ator envolvido — sociedade e instituições.

---

120. GRIMM, Dieter, "Die Gegenwartsprobleme der Verfassungspolitik und der Beitrag der Politikwissenschaft" *in Die Zukunft der Verfassung cit.*, pp. 368-373 *apud* BERCOVICI, Gilberto. "Constituição e Política: uma relação difícil". Op. Cit. Luís Roberto Barroso sinaliza essa tensão: "A Constituição é o primeiro e principal elemento na interface entre política e direito. Cabe a ela transformar o poder constituinte originário – energia política em estado quase puro, emanada da soberania popular – em poder constituído, que são as instituições do Estado, sujeitas à legalidade jurídica, à rule of law". BARROSO, Luís Roberto. "Constituição, Democracia e Supremacia Judicial: Direito e Política no Brasil Contemporâneo". *Revista da Faculdade de Direito da UERJ*. v. 2, n. 21, 2012.

121. HESSE, Konrad. *A Força Normativa da Constituição*. Trad. Gilmar Ferreira Mendes. Porto Alegre: Sergio Antonio Fabris Editor, 1991, p. 7.

122. HESSE, Konrad. *A Força Normativa da Constituição*. Op. cit. p. 3

123. HESSE, Konrad. *A Força Normativa da Constituição*. Op. cit. p. 7: "Essa vontade de Constituição origina-se de três vertentes diversas. Baseia-se na compreensão da necessidade e do valor de uma ordem normativa inquebrantável, que proteja o Estado contra o arbítrio desmedido e disforme. Reside, igualmente, na compreensão de que essa ordem constituída é mais do que uma ordem legitimada pelos fatos (e que, por isso, necessita de estar em constante processo de legitimação). Assenta-se também na consciência de que, ao contrário do que se dá com uma lei do pensamento, essa ordem não logra ser eficaz sem o concurso da vontade humana. Essa ordem adquire e mantém sua vigência através de atos de vontade".

Nesse ponto, o debate estadunidense contribui ao ressaltar o papel das pessoas comuns no processo de concretização da Constituição.[124] Em suas melhores versões, as quais contemplam a existência de um diálogo social, conjuga-se o constitucionalismo à democracia, buscando-se, aqui também, um equilíbrio dinâmico.

Nesse sentido, sob o viés descritivo, chama atenção para o papel que os cidadãos têm desempenhado historicamente na conformação do significado constitucional e para o caráter coletivo dessa empreitada. Prescritivamente, aponta para a necessidade de se ajustar, a todo tempo, a balança cujo ponteiro oscila constantemente entre política e jurisdição constitucional, de forma a assegurar a participação democrática na conformação da Constituição evitando-se os riscos de se aderir a um dos extremos incondicionalmente.

Assim, os debates alemão e estadunidense evidenciam a tensão entre diferentes elementos que perpassam o Direito Constitucional e a formação do significado da Constituição: integridade e abertura, constitucionalismo e democracia, norma e realidade constitucionais. Revelam a complexidade da interação entre tais fatores que, ao mesmo tempo em que entram em conflito, reforçam-se mutuamente. Alertam, ainda, para os riscos de um uso idealizado e autoritário da ideia de interpretação constitucional popular que desconsidere essas complexidades. Indicam, por fim, a necessidade da busca de um equilíbrio adequado entre esses elementos, que passa por trazer à luz seu desenrolar concreto. Para tanto, além das aptidões abstratas, é necessário observar o comportamento de cada sujeito constitucional no contexto histórico em que atua de forma a delimitar seu campo de atuação. Nesse ensejo, busco delinear, no próximo capítulo, a atuação de um desses sujeitos, os movimentos sociais.

---

124. O debate vem se expandindo para outras partes do mundo. Roberto Gargarella assinala sua importância no contexto latinoamericano em que o Direito, ao contrário dos EUA, não estaria sujeito escrutínio público constante e em que as desigualdades sociais refletem-se em desigualdade de direitos GARGARELLA, Roberto. "Prólogo - ¿Por qué estudiar el constitucionalismo popular en América Latina?". In: ALTERIO, Ana Micaela; ORTEGA, Roberto Niembro (coord.) *Constitucionalismo popular en latinoamerica*. Mexico: Editorial Porrúa, 2013.

Capítulo

2 DIÁLOGO SOCIAL CONSTITUCIONAL E O PAPEL DOS MOVIMENTOS SOCIAIS

Um galo sozinho não tece uma manhã:
ele precisará sempre de outros galos. De um
que apanhe esse grito que ele e o lance a outro;
de um outro galo que apanhe o grito de um
galo antes e o lance a outro; e de outros galos
que com muitos outros galos se cruzem os
fios de sol de seus gritos de galo, para que a
manhã, desde uma teia tênue, se vá tecendo,
entre todos os galos.

João Cabral de Melo Neto[1]

2.1. Introdução

No capítulo anterior, vimos que o Direito Constitucional oferece aberturas para a participação de diferentes atores na sua construção, atores esses que se caracterizam de diferentes maneiras e atuam a partir de posições diversas. Nesse contexto, os poderes constituídos — Legislativo, Executivo e Judiciário — desfrutam de papel privilegiado por serem detentores de prerrogativas como elaborar normas, controlar o orçamento público, resolver conflitos e aplicar sanções.[2] Nessas atividades, embora possa haver afluxos de elementos extrainstitucionais, cabe aos poderes instituídos decidir sobre a edição de uma lei, previsão e liberação de determinada verba, procedência ou improcedência de uma ação judicial e aplicação de determinada pena a um indivíduo. Entretanto, o significado constitucional não se forja de maneira pontual no momento de uma decisão como essas, mas

1. Trecho do poema "Tecendo a manhã" publicado originalmente na obra *Educação pela pedra*, de 1966.

2. Não se desconsidera o papel que entes privados possam ter no exercício dessas prerrogativas, por exemplo, na elaboração de normas extraestatais (como a *lex mercatoria*) e na resolução de conflitos (como por meio de procedimentos arbitrais).

se constitui ao longo do tempo, por meio da cristalização de entendimentos compartilhados no seio de determinada sociedade. Trata-se, assim, de uma empreitada coletiva da qual fazem parte todos aqueles que vivem sob a égide de determinada Constituição.

Desse processo, portanto, participam também atores sociais que visam a moldar o entendimento comum acerca do sentido constitucional em conformidade com seus objetivos, inclusive por meio da atuação nas referidas ocasiões de decisão estatal, buscando influenciá-las e reagindo a elas. Ao mesmo tempo, esses atores, por existirem em certa realidade social, são por ela influenciados e constituem-se em relação ao sentido vigente atribuído aos preceitos constitucionais. Tais sujeitos podem ser tão variados quanto indivíduos, famílias, grupos econômicos, partidos políticos, *lobbies* e movimentos sociais.

Na prática, a mobilização da Constituição para a defesa de determinado ponto de vista pode se dar de diversas maneiras mais ou menos legítimas, compatíveis ou não com o Estado Democrático de Direito. Além disso, pode ocorrer de forma implícita ou explícita, a depender de quem a reivindica. Os diversos mecanismos utilizados para manifestar certa compreensão também variam, assim como a forma como determinado entendimento penetra e interage com as instâncias institucionais. Procuro, a seguir, delinear o comportamento exercido no processo de diálogo social acerca do sentido da Constituição por um desses sujeitos coletivos: os movimentos sociais, que frequentemente encontram-se tão à margem do Direito institucionalizado quanto próximos das pessoas comuns.

2.2. Movimentos sociais

2.2.1. Trajetória e debate contemporâneo

Os movimentos sociais, sob a forma e denominação reconhecidas atualmente, são conformados com a modernidade.[3] Piotr

3. O termo movimentos sociais é cunhado pela primeira vez em 1842, utilizado na defesa da necessidade de uma ciência da sociedade para o estudo do socialismo emergente na França. GOHN, Maria da Glória. *Novas teorias dos Movimentos Sociais*. São Paulo: Edições Loyola, 2008, p. 20.

Sztompka aponta alguns fatores que teriam contribuído para o caráter notável dos movimentos sociais nesse período, elementos que o autor associa com os teóricos que sobre eles lançaram suas luzes. O primeiro seria a concentração física de indivíduos, que proporciona contato e interação: "A questão de Durkheim". O segundo, o sentimento de desenraizamento e a consequente necessidade de comunhão que esse geraria: "A questão de Tönnies". "A questão de Marx", a seu turno, aponta para o aumento das desigualdades sociais e a verticalização das hierarquias de riqueza, que aumentariam o sentimento de exploração. "A questão de Weber", quarto fator, assinala a transformação democrática do sistema político, tornando a divergência um direito legítimo. Por fim, "A questão de Saint Simon e Comte" aponta para a ênfase no domínio da realidade pelos homens e, logo, para a possibilidade de alterá-la. Além disso, o autor ressalta como fatores relevantes para eminência dos movimentos sociais o aumento generalizado no nível cultural e educacional e a multiplicação dos meios de comunicação de massa, que passaram a permitir a comparação das vidas e o conhecimento dos descontentamentos alheios em larga escala.[4]

Não obstante, na primeira metade do século XX, os movimentos sociais eram frequentemente analisados como problemas sociais, fatores de disrupção da ordem.[5] A partir da segunda metade década de 1960, com os movimentos pelos direitos civis e contra a guerra do Vietnã nos Estados Unidos e de estudantes na Europa, e com o movimento ambientalista, o cenário se modificou e os movimentos sociais passaram a ser enxergados como "construtores de inovações culturais e fomentadores de mudanças sociais"[6], sendo considerados, por muitos teóricos, "a mais poderosa força de mudança em nossa sociedade"[7]. Nesse contexto,

4. SZTOMPKA, Piotr. *A sociologia da mudança social.* Trad. Pedro Jorgensen. 2ª ed. Rio de Janeiro: Civilização Brasileira, 2005, pp. 470-472.

5. GOHN, Maria da Glória. *Novas teorias dos Movimentos Sociais.* Op. cit. p. 22.

6. Ibidem, p. 25. Apontanto a centralidade do movimento pelo meio-ambiente nos EUA e na Europa para a superação de teorias que atribuíam os movimentos sociais a "frustração social, deslocamento, ou anomia" ou a "revoltas populares espontâneas ou a uma cega obediência à demagogia", veja-se RUBIN, Edward L. "Passing through the Door: social movement literature and legal scholarship". *University of Pennsylvania Law Review.* v. 150, i. 1, nov. 2001, p.3.

7. ZTOMPKA, Piotr. *A sociologia da mudança social.* Op. cit. p. 463.

autores passaram a realizar novas abordagens sobre a questão, com destaque para novos sujeitos e temáticas. Ao invés de enfatizarem aspectos como o patológico e o bizarro, que derivavam na concepção tradicional de matriz europeia, ou a luta operária e sindical, associado à noção de luta de classes da tradição marxista, passaram a ressaltar a capacidade dos movimentos sociais de produzir novas formas de vida e significados e, sob um viés pragmático, enxergá-los pela ótica da distribuição de recursos e de escolhas racionais[8], elevando a coletividade ao mesmo nível da autoridade que eventualmente enfrentasse.[9]

A partir da década de 1970, se desenvolveram três grandes ramos teóricos acerca dos movimentos sociais, conforme sistematizado por Angela Alonso.[10] Nos Estados Unidos, a chamada *Teoria de Mobilização de Recursos* enfatizava o racionalismo das mobilizações coletivas e afirmava sua origem não em emoções, mas em uma avaliação individual acerca de custos e benefícios. Sob a perspectiva de mobilização de recursos, os movimentos sociais, como as demais indústrias, agiriam de maneira estratégica.[11] Os adeptos da *Teoria do Processo Político*, por sua vez, afirmavam que, além dos recursos formais disponíveis ao grupo, a ação coletiva dependeria de solidariedade, ou seja, dos vínculos entre seus participantes e suas redes sociais, cuja ativação implicaria o aumento da confiança e do sentido da ação para seus integrantes.[12] Segundo essa vertente, a espécie de mobilização dar-se-ia em função da estrutura de oportunidades/restrições políticas, isto é, da vulnerabilidade do ambiente político, que

---

8. ALEXADER, Jeffrey. "Ação coletiva, cultura e sociedade civil: Secularização, atualização, inversão, revisão e deslocamento do modelo clássico dos movimentos sociais". *Revista brasileira de Ciências Sociais,* v. 13, n. 37, jun. 1998. O autor denomina esse sistema de "sistema secularizado" em oposição "sistema clássico" associado à ideia de revolução.

9. TORRES, Eduardo Cintra. A multidão e a televisão: Representações contemporâneas da efervescência colectiva. Tese de doutorado em Ciências Sociais. Universidade de Lisboa, 2012, p. 106.

10. ALONSO, Angela. "As teorias dos movimentos sociais: um balanço do debate". *Lua Nova*, São Paulo, 76: 49-86, 2009, p. 51.

11. Representativo desse entendimento veja-se McCARTHY, J. D.; ZALD, M. N. "Resource mobilization and social movements: a partial theory". *American Journal of Sociology*, vol. 82, n. 6, 1977. Para uma análise que aponta a necessidade, para gerar uma ação coletiva, de um interesse seletivo positivo para além de um benefício coletivo ainda que identificado pelo interesse racional individual veja-se OLSON, Mancur. *A lógica da ação coletiva*: os benefícios públicos e uma teoria dos grupos sociais. Trad. Fabio Fernandez. São Paulo: Editora da Universidade de São Paulo, 2011.

12. A obra pioneira dessa abordagem é *From mobilization to revolution* de Charles Tilly, 1978.

pode encorajar ou desencorajar a ação do grupo, e do repertório de confronto presente em determinado contexto (em outras palavras, das convenções inscritas culturalmente e socialmente comunicadas, utilizadas para mobilizar as pessoas em determinada época e local).[13]

Na Europa continental, a chamada *Teoria dos Novos Movimentos Sociais* serviu para abrigar autores com visões heterogêneas mas que se estruturaram em torno do argumento central de que as alterações do sistema capitalista fundamentariam as mudanças nas formas de mobilização social.[14] Essas mudanças, relacionadas à expansão do mercado e do tecnicismo, teriam levado a mobilizações, não mais de caráter distributivo, como aquelas de trabalhadores décadas antes, que pugnavam uma distribuição dos recursos materiais existentes na sociedade, mas de caráter cultural, que travariam sua luta em função da disputa por meios simbólicos. Esse seria o caso de movimentos como o ecológico e o negro, que, além de disputarem os valores sociais, seriam também responsáveis por constituir e expressar as identidades de seus participantes.

Autores identificados como expoentes dessa tradição desenvolveram suas próprias abordagens para o tema. Em linhas gerais, para Habermas, a hipertrofia do Estado teria levado a uma colonização do mundo da vida pela lógica econômica, provocando racionalização e padronização das relações sociais.[15] Nesse sentido, os novos movimentos sociais se motivariam pela disputa simbólica da definição de uma vida boa, propondo novas formas

13. TARROW, Sidney. *O poder em movimento*: movimentos sociais e confronto. Petrópolis: Vozes, 2009. O autor, um dos expoentes da corrente, passa a incluir nessa obra de 1998, sob influência de autores da Teoria dos Novos Movimentos Sociais, elementos relativos à identidade.

14. ALONSO, Angela. "As teorias dos movimentos sociais: um balanço do debate". Op. cit. 2009, p. 59. Segundo Rubin, essa abordagem parte de "uma análise neo-marxista da teoria crítica" segundo a qual a sociedade "é dividida entre classes de base econômica e dominada por uma elite que que utiliza seu papel de liderança na esfera econômica para controlar a esfera política. A esfera política, por sua vez, controla a sociedade; crucialmente, contudo o modo primário de controle é ideológico. Mais do que força governamental ou coerção econômica, sistemas de crenças e a afirmação da neutralidade desses istemas de crenças, são os sustentáculos do controle social. Reforma ou transformação social pode ser alcançada e, de fato, só pode ser alcançada, por meio de contra-ideologias que advenham da esfera social, o único setor não dominado pelas elites de base econômica. O aspecto crucial dos movimentos sociais é, portanto, o fato de permitirem que pessoas gerem novas ideologias e re-definam suas próprias identidades". RUBIN, Edward L. "Passing through the Door: social movement literature and legal scholarship". Op. cit. pp. 13-14.

15. HABERMAS, Jürgen. *Mudança estrutural da esfera pública*. Rio de Janeiro: Tempo Brasileiro. 1987, pp. 169 *et seq*.

de organização não hierarquizadas e participativas, ao invés da antiga estruturação em partidos e organizações. A disputa em torno das gramáticas das formas de vida serviria tanto para defender estilos de vida ameaçados quanto para implementar novos modos de vida. [16] Segundo Alain Touraine, na sociedade pós-industrial, o conflito não se apresentaria apenas em um setor considerado fundamental como atividade social – como do trabalho em que se oporiam trabalhadores e patrões – , mas estaria por toda a parte, formando minorias marginalizadas em oposição a um aparelho central e integrador.[17] Nesse contexto, os movimentos sociais seriam muito mais do que grupos de interesse ou instrumentos de pressão política, por serem responsáveis por pôr em questão o modo de utilização de recursos e por propor novos modelos culturais.[18] Alberto Melucci, por sua vez, ressalta que, na ação social, a mediação das oportunidades e constrangimentos se dá pelas percepções dos agentes que, em seu curso, definem cognitivamente seu campo de possibilidades, ou seja, participam ativamente do contínuo processo de negociação e renegociação de todos os aspectos da ação, inclusive aqueles que poderiam ser considerados externos e objetivos. De acordo com o autor, durante esse processo é forjada uma identidade coletiva, na medida em que, nas reflexões acerca de expectativas e limites, o ator se vê impelido a se autodefinir e a definir o ambiente em que se encontra. Além disso, Melucci identifica como uma das dimensões da ação coletiva o investimento emocional de seus participantes, que os permite reconhecerem-se como grupo. [19]

Ao longo do tempo, essa última abordagem — que teve bastante influência no Brasil — sofreu diversas críticas, tendo sido revisitada e aperfeiçoada, inclusive por seus pioneiros.[20]

16. HABERMAS, Jürgen. "New social movements". *Telos*, New York, n. 49, 1981.

17. TOURAINE, Alain. "Os novos conflitos sociais para evitar mal-entendidos". *Lua Nova*, n.17, 1989, pp. 13-14.

18. TOURAINE, Alain. *¿Podremos vivir juntos?*. Trad. Horacio Pons. Buenos Aires: Fondo de Cultura Económica, 1997, p. 100.

19. MELUCCI, Alberto. "Getting involved: identity and mobilization in social movements". In: KLANDERMANS, Bert; KRIESI, Hanspeter; TARROW, Sidney. (eds.) *International Social Movements Research*, v. 1, 1988.

20. Para algumas dessas críticas veja-se ALONSO, Angela. "As teorias dos movimentos sociais: um balanço do debate". Op. cit., 2009, pp. 74 *et seq*.

Além disso, autores procuraram conjugar os aportes de cada um dos ramos teóricos originais, buscando desenvolver teorias que combinassem o estudo da motivação dos indivíduos com a análise dos meios pelos quais esses indivíduos "traduziam suas identidades partilhadas em ação política ou social"[21]. Com a virada do século, novos elementos foram trazidos à tona no debate acerca dos movimentos sociais, como a profissionalização do ativismo e a intensificação da globalização[22].

2.2.2. Conceituação, características e relação com o direito institucionalizado[23]

Como apontado no item anterior, as diferentes teorias acerca dos movimentos trazem abordagens diversas sobre a questão. Para os fins ora pretendidos, uma conceituação ampla e provisória parece adequada, a fim de diferenciar os movimentos sociais de outros sujeitos constitucionais, sem, contudo, limitá-los excessivamente, de modo a evitar-se o risco de perder nuances importantes. Assim, os movimentos sociais se caracterizariam como tentativas coletivas de influir nos arranjos sociais que apresentam algumas peculiaridades em relação a outros comportamentos coletivos. As características doravante enumeradas são um esforço de sistematização de um fenômeno vivo e criativo; portanto, mais do que determinações estanques, devem ser tomadas como indicativos do fenômeno que ora se pretende identificar — por isso, muitas vezes, serão expressas sob a forma de comparações e gradações de um determinado atributo.

Em primeiro lugar, os movimentos sociais apresentam um certo caráter de marginalização das demandas pelas quais lutam, algum grau de organização que não alcança a institucionalização no âmbito estatal, e atuação coletiva extrainstitucional socialmen-

21. RUBIN, Edward L. "Passing through the Door: social movement literature and legal scholarship". Op. cit. pp. 16-17.

22. A esse respeito, veja-se, por exemplo, CASTELLS, Manuel. *A sociedade em rede*. Trad. Roneide Venancio Majer. São Paulo: Paz e Terra, 2009, p. 41; p. 58. MOUFFE, Chantal. LACLAU, Ernesto. *Hegemony and Socialist Strategy*: towards a radical democratic politics. 2ª ed. London: Verso, 2001, pp. 163-165.

23. Muitas das classificações ora utilizadas são mencionadas por SZTOMPKA, Piotr. *A sociologia da mudança social*. Op. cit. pp. 474-475.

te alicerçada, ainda que episódica.[24] Embora relacionem-se com organizações não governamentais, com elas não se confundem pela diferença de grau de capilaridade social, profissionalização e vinculação de seus integrantes e estrutura organizacional. Utilizam-se de lógica expressiva subjacente à sua ação, afirmando valores e modos de vida, em contraste àqueles que operam eminentemente por lógica instrumental, voltados para a conquista do controle político, como partidos políticos e *lobbies*. Nessa linha, os movimentos sociais, muitas vezes, mais do que tomar o poder, buscam a "dissolve[r] o poder por meio da transformação mental".[25] Por se originarem de uma luta sociopolítica, econômica ou cultural e pela solidariedade existente entre seus integrantes, motivam-se menos por movimentos estratégicos e mais por visões de mundo compartilhadas, que são trabalhadas conjuntamente e influenciam a constituição de identidades individuais e compartilhadas. Entretanto, objetivam mudança nas estruturas da sociedade — sociopolíticas ou socioculturais —, e não exclusivamente nos indivíduos, o que seria o caso de movimentos místicos e religiosos ou voltados para o bem-estar pessoal de seus membros.

Tal qual aqui delineados, os movimentos sociais abrangem tanto movimentos revolucionários, que se orientam para a total transformação de todos os aspectos básicos da sociedade, quanto movimentos reformadores, que visam a promover certo resultado na estrutura e/ou nos valores vigentes, sem romper com a ordem jurídica. Naturalmente, os primeiros terão mais dificuldades de traduzir seus pleitos em demandas de interpretação de uma certa ordem constitucional estabelecida, não obstante isso seja possível e, eventualmente, estrategicamente utilizado. Com base na experiência sul-africana, Tshepo Madlingozi afirma que, quanto mais contra-hegemônico for o movimento, com mais suspeita verá as instituições estatais, enxergando-as como repositórios de

24. Caracterização semelhante é apontada em MADLINGOZI, Tshepo. "Social Movements and the Constitutional Court of South Africa". In: VIEIRA, Oscar Vilhena; BAXI, Upendra; VILIJOEN, Frans. *Transformative constitutionalism: Comparing the apex courts of Brazil, India and South Africa*. Johannesburg: Pretoria University Law Press, 2013, p. 533.

25. CASTELLS, Manuel. "A mudança está na cabeça das pessoas". Entrevista a Luís Antônio Giron. Revista Época. 11/10/2013. Disponível em: http://epoca.globo.com/ideias/noticia/2013/10/bmanuel-castellsb-mudanca-esta-na-cabeca-das-pessoas.html

valores das classes dominantes. Movimentos com experiências institucionais prévias desagradáveis tenderiam a deixar visível seu desconforto ao atuar, por exemplo, perante uma Suprema Corte. Por outro lado, movimentos que tivessem sofrido constante repressão extrainstitucional receberiam bem a oportunidade de estar diante de uma "instituição majestosa e de seu edifício fascinante e de entrar em uma batalha de tribunal contra o Estado". Entre esses extremos, muitos movimentos veriam o recurso a instituições apenas como mais uma tática de atuação, que pode vir a ser considerada mais ou menos indispensável.[26]

Quanto à qualidade da alteração ambicionada, entende-se que podem orientar-se tanto para o futuro, visando a introduzir novos valores, crenças, instituições e formas de vida, quanto para o passado, objetivando restaurar formas pretéritas. Nesse sentido, estão incluídos tanto movimentos voltados para mudança quanto movimentos voltados para a conservação de certo *status quo*. Do mesmo modo suas demandas, práticas e discursos podem estar ou não vinculadas a uma ação estatal, podendo voltar-se prioritariamente para a sociedade, onde, veremos abaixo, são capazes de produzir certos efeitos.

O presente tratamento inclui, ainda, seguindo divisão sugerida pela Teoria dos Novos Movimentos Sociais, os ditos "velhos movimentos sociais" — como os movimentos sindicalistas, operário e camponês, de interesses preponderantemente econômicos, organização rígida e centralizada e membros recrutados conforme classe social — e os chamados "novos movimentos sociais" — que enfocam novos interesses, relacionados a todos os aspectos da vida humana, com ênfase nas questões culturais, que são descentralizados e cujos apoiadores não se identificam com uma classe social específica.[27] Na realidade, rejeita-se uma clivagem rígida que divide movimentos polarizando o tipo de dominação combatida (econômica ou cultural), opondo exploração econômica a desrespeito simbólico e separando as possíveis soluções entre remédios universalistas, relativos à equiparação econômica, e

26. MADLINGOZI, Tshepo. "Social Movements and the Constitutional Court of South Africa". Op. cit. pp. 551-552.

27. SZTOMPKA, Piotr. *A sociologia da mudança social.* Op. cit., pp. 477-478.

particularistas, relativos à valorização de certa identidade. Na linha do que afirma Nancy Fraser, entende-se que, na prática (e ainda hoje), os casos são virtualmente bidimendionais. Questões vistas como eminentemente culturais, como as de gênero, também incluem aspectos econômicos, como, no caso específico, a questão do trabalho não remunerado realizado pela mulher.[28] Ao mesmo tempo, questões tidas como preponderantemente econômicas, como as de moradores de favelas, por exemplo, comportariam elementos simbólicos, relacionados ao desprezo a um certo estilo de vida, como ocorre, não raro, com o tratamento desqualificador dirigido ao *funk*. Por isso, como a autora, defendemos uma abordagem integrada que considere interseções entre eixos.

Note-se que as características dos movimentos sociais, bem como sua forma de atuação, agenda, participantes, regras, instituições e formas de organização, não são imanentes nem imutáveis, mas são definidos ao longo da construção do movimento, que passa por diversas etapas, tanto internas — desde sua origem até seu eventual término — quanto externas, relacionadas às modificações introduzidas na sociedade em que surgiu. Ademais, esses processos, por vezes, ocorrem de maneira conflituosa, gerando certo grau de instabilidade no movimento e, frequentemente, influenciam-se mutuamente.[29]

Além disso, por se calcarem em uma articulação contingente, as lutas sociais não são necessariamente progressistas. Ao contrário de advirem de uma verdade imanente e literal, são construídas de maneira relacional, inclusive com outras lutas e demandas sociais.[30] Na medida em que a esfera social é aberta a múltiplas possibilidades, tantas quanto a abertura discursiva potencial, a prática da articulação de sentidos consiste em construir pontos nodais que fixem determinados significados compartilhados, atri-

---

28. FRASER, Nancy; HONNETH, Axel. *Redistribution or recognition?* A political-philosophical Exchange. London/New York: Verso, 2003.
29. SZTOMPKA, Piotr. *A sociologia da mudança social*. Op. cit. pp. 468; 480-490. "Uma parte considerável das mudanças produzidas pelos movimentos sociais são mudanças no próprio movimento (seus participantes, ideologias, regras, instituições, formas de organização etc.), e mesmo as mudanças externas produzidas na sociedade (leis, regime político, cultura etc.) retroagem sobre seus membros e estruturas modificando os ambientes das ações e características dos atores (suas motivações, ideologias, atitudes etc.)". Ibidem, p. 469.
30. MOUFFE, Chantal. LACLAU, Ernesto. *Hegemony and Socialist Strategy*. Op. cit. pp. 86-87; 96-98.

buindo a certas demandas sentidos prevalecentes, mas que, ao fim, são sempre provisórios, porque sempre podem ser revertidos e ressignificados. Nesses termos, a própria prática política constrói os interesses que representa, na medida em que exige no curso da ação que os movimentos estabeleçam sentidos para suas questões e demandas.[31] Esses sentidos são disputados internamente e se tornam hegemônicos em um determinado momento. Ao mesmo tempo, submetem-se a agentes externos que podem desafiá-los e provocar novas articulações internas.

Pode ser o caso, por exemplo, da articulação do princípio constitucional da igualdade por um movimento identitário, como o de mulheres ou de determinado grupo étnico. Esse movimento pode disputar internamente se a demanda de igualdade implica a mera equiparação da situação do grupo ao resto da sociedade não estigmatizada, ou se exige um tratamento diferenciado que leve em conta suas peculiaridades. Essa discussão, que poderia existir no interior do movimento, terá que ser estabilizada, por exemplo, quando da tomada de posição perante determinada política pública. Entretanto, o entendimento prevalecente — que conferirá uma "cara" ao movimento — está sujeito a modificações, tanto em função da concepção hegemônica interna quanto em função de constrangimentos externos, como a inviabilidade prática da posição tomada. Ao mesmo tempo, ao disputar significados sociais, o movimento se abre para que uma tradição que se articula em torno de determinado conceito passe a dialogar com o próprio movimento. No exemplo referido, a concepção do movimento acerca da igualdade provavelmente sofreria influências de categorias ligadas a esse conceito e presentes no Direito Constitucional, como igualdade formal, igualdade material, discriminação direta e impacto desproporcional.

Nesse sentido, o próprio direito institucionalizado se coloca como um desses elementos externos, com fortes efeitos nos movimentos sociais.[32] Ao mesmo tempo em que as relações insti-

31. Ibidem, pp. 112-113; 120.

32. ESKRIDGE, William N. Jr. "Channeling: Identity-Based Social Movements and Public Law" (2001). Faculty Scholarship Series. Paper 1511. p. 420. Disponível em: http://digitalcommons.law.yale.edu/fss_papers/1511

tucionais exigem certos tipos de decisões acerca de identidades, agenda e funcionamento dos movimentos sociais, a definição desses elementos por parte dos movimentos tende a considerar sua receptividade nos fóruns governamentais. Os avanços e retrocessos jurídicos — do próprio grupo ou de outros — podem servir de inspiração ou desestímulo, moldando expectativas e estratégias. As doutrinas jurídicas e a jurisprudência podem, ainda, oferecer categorias e institutos que se incorporem à gramática do movimento e que acabem por definir caminhos de compreensão de mundo e atuação. Além dessas hipóteses, o direito oficial poderá contribuir paera a definição de uma determinada identidade de grupo, ao conceder a determinados indivíduos um mesmo tratamento estigmatizante, por exemplo.[33] Servirá, também, de incentivo à ação coletiva, ao impor custos tão altos à vida do excluído que o levem a agir contra o *status quo*, não obstante as sanções e dificuldades que enfrentará. Exemplos de ônus nesse sentido envolvem a criminalização de condutas, a limitação a formar famílias, o controle do corpo, a exclusão de voto, a exclusão em funções públicas, emprego e educação, a falta de acesso a bens básicos. [34] Por outro lado, as instâncias judiciais podem oferecer espaços onde objetar sua exclusão e discriminação e permitir aos participantes, formar redes informacionais e de atuação. Ainda que não obtenham vitórias em seus pleitos, essas esferas podem permitir aos movimentos sociais perseguir outros objetivos como, por exemplo, modificar o uso de instrumentos jurídicos, criar pressão, documentar injustiças, aumentar a consciência pública sobre um determinado tema ou promover uma educação em direitos[35].

Por fim, atores institucionais hostis podem dar aos movimentos sociais ocasiões dramáticas de crise em que angariem uma mobilização de massa. No contexto estadunidense de movimentos baseados em identidade, William Eskridge identifica episódios em que um mesmo padrão se repete: em um primeiro momento, pessoas comuns estigmatizadas se voltariam ao poder

33 .Ibidem, pp. 425-426.

34 .Ibidem, pp. 457-459.

35. A esse respeito veja-se GOMES, Juliana Cesario Alvim. "Nas encruzilhadas: limites e possibilidades do uso do litígio estratégico para o avanço dos direitos humanos e para a transformação social". *Revista Direito e Práxis*, v. 10, n. 1, 2019, pp. 389-423.

público solicitando a cessação da discriminação injusta da qual são vítimas. Em resposta, as autoridades públicas reafirmariam aplicação draconiana do antigo regime de *status*. Entretanto, os manifestantes recusar-se-iam a voltar atrás, insistindo na igualdade de seus direitos, "dando a cara a tapa". Nesse ponto, a mídia se interessaria pelo confronto, retrataria a reação exacerbada das autoridades como brutalidade e direcionaria a simpatia do público para a minoria, angariando milhares de membros do grupo minoritário e aliados para a atividade, massificando o movimento.[36] Segundo o autor, esse processo poderia ser observado no ocorrido em Birmingham, nos Estados Unidos, na década de 1950, quando imagens da violência policial contra manifestantes pacíficos teriam sensibilizado a opinião pública, alterando a concepção dominante acerca da questão racial em um cenário de segregação, conforme detalharemos doravante.[37]

À luz dessa dinâmica de influência recíproca entre movimentos sociais e fatores exteriores, evidencia-se o risco de tomar-se uma identidade como condição objetiva. Como visto, reificar uma identidade, como se fosse um dado objetivo, congelando determinado sentido, acaba por privilegiar permanentemente uma visão hegemônica em detrimento de outras possíveis,[38] prejudicando seu aprimoramento. Além disso, desfavorece o pluralismo e possibilita a opressão dentro desses conjuntos identitários.[39] Se por

---

36. ESKRIDGE, William N. Jr. "Channeling: Identity-Based Social Movements and Public Law". Op. cit., pp. 457-459.

37. Ibidem, pp. 425-426. Veja-se tópico 2.3.1, ii, b.

38. MOUFFE, Chantal. *The democratic paradox*. London: Verso, 2000, pp. 21; 130.

39. Trata-se de crítica semelhante àquela realizada por Nancy Fraser à teoria do reconhecimento, propagada principalmente por Axel Honneth. Segundo Honneth, as lutas sociais originam-se de uma experiência de desrespeito social. Assim, todas as lutas seriam suscitadas a partir de experiência de violação do reconhecimento jurídico e da estima social do indivíduo — e a luta por reconhecimento, como força moral, seria responsável por promover o desenvolvimento na realidade da vida do ser humano. HONNETH, Axel. *Luta por reconhecimento*: a gramática moral dos conflitos sociais. São Paulo: Ed. 34, 2003 . Segundo o autor, "quanto mais os movimentos sociais conseguem chamar a atenção da esfera pública para a importância negligenciada das propriedades e das capacidades representadas por eles de modo coletivo, tanto mais existe para eles a possibilidade de elevar na sociedade o valor social ou, mais precisamente, a reputação de seus membros. Além disso, uma vez que as relações de estima social, como já havia visto Georg Simmel, estão acopladas de forma indireta com os padrões de distribuição de renda, os confrontos econômicos pertencem constitutivamente a essa forma de luta por reconhecimento". (Ibidem, pp. 207-208). Nancy Fraser, por sua vez, assinala que tratar o reconhecimento como uma questão de ética, como faz Honneth — e não de justiça, como ela propõe — é perigoso pelos aspectos apontados e por poder levar a uma imposição do que seria uma vida boa. FRASER, Nancy. "Reconhecimento sem ética". SOUZA, Jessé. MAT-

um lado pode ocorrer uma cristalização de identidades baseada em uma suposta fixidez e uniformidade, por outro, isso pode levar à desconsideração da "realidade da experiência" de pessoas que não se subsumam às categorias identitárias ou às características que lhes são atribuídas, excluindo-as, marginalizando-as ou forçando a sua assimilação por um estereótipo de grupo.[40] Essas observações têm relevância na discussão de diversos movimentos sociais concretos, inclusive o movimento LGBTIQ+, como veremos no capítulo 3.

Em síntese, os movimentos sociais ora abordados são articulações coletivas com algum grau de marginalização de suas demandas, de organização e de atividade extrainstitucional socialmente alicerçada. Atuam segundo uma lógica expressiva, buscando resultados materiais e simbólicos em sentido conservador, reformador ou revolucionário. Seus integrantes se unem por solidariedade oriunda de uma certa identificação, mas sua identidade de grupo, sua agenda e seu funcionamento são construídos de maneira relacional, influenciados por fatores internos e externos, inclusive direito institucionalizado.

2.2.3. Movimentos e contramovimentos

Um aspecto relevante a ser apontado acerca dos movimentos sociais é que deles frequentemente advêm *contramovimentos* que se articulam em reação crítica e antagônica ao movimento prévio.

Em geral, os contramovimentos organizam-se e passam a atuar de maneira mais veemente quando aqueles que se benefi-

---

TOS, Patrícia. (org.) *Teoria Crítica no século XXI*. São Paulo: Annablume, 2007. Para um aprofundamento do debate entre esses dois autores, veja-se a obra FRASER, Nancy. HONNETH, Axel. *Redistribution or recognition?* A political-philosophical Exchange. London/New York: Verso, 2003. Essa limitação identitária é ainda mais grave na medida em que as categorias de identidade tendem a ser atribuídas de "fora para dentro", a partir da perspectiva dos grupos hegemônicos, como uma marca social que identifica os "outros" subalternizados, em oposição ao neutro/universal. Nesse sentido, Martha Minow aponta que a "'diferença' apenas faz sentido como uma comparação" e que o tratamento jurídico da diferença tende a assumir o "ponto de vista a partir do qual a a diferença é vista, atribuída ou ignorada, ao invés de reconhecer que o problema da diferença pode ser descrito e entendido a partir de múltiplos pontos de vista". (MINOW, Martha. Justice Engendered. In: GOODIN, Robert E.; PETTIT, Philip. *Contemporary Political Philosophy*: an anthology. Malden/Oxford: Blackwell Publishing, 1997. p. 504-524, p. 505).

40. COLLINS, Patricia Hill. "Em direção a uma nova visão: raça, classe e gênero como categorias de análise e conexão". In: MORENO, Renata (org.). *Reflexões e Práticas de Transformação Feminista*. São Paulo: SOF, 2015. p. 13-42, p. 26.

ciam dos entendimentos contestados identificam sinais de efetiva possibilidade de vitória do movimento.[41] No cenário dos Estados Unidos, ao analisar movimentos baseados em identidade, William Eskridge identifica a seguinte tendência: quando um movimento identitário obtém vitórias e se estabelece na arena política, oponentes irão argumentar que as medidas estabelecidas concedem "direitos especiais" a favor daquele grupo, enquanto o grupo minoritário irá justificá-las como "remediais". Diante do êxito sucessivo dos movimentos identitários, os contramovimentos tendem a se dividir. Por um lado, grupos pragmáticos vão estabelecer a paz com um novo consenso, buscando preservar seus espaços privados de tradicionalismo. Por outro lado, aqueles de crença enraizada, os *true-believers*, tendem a se radicalizar na medida em que eles próprios se tornam minorias marginalizadas. [42] Dentre os argumentos utilizados pela retórica reacionária, ao longo dos últimos duzentos anos, contra agendas reformistas e progressistas, Albert. O. Hirschman assinala (i) a tese da perversidade, (ii) a tese da futilidade e (iii) a tese da ameaça. De acordo com o primeiro argumento, sempre que uma ação tenha por objetivo melhorar algum elemento da ordem política econômica ou social, o resultado será o exato oposto do que se objetiva. O segundo dispõe que qualquer tentativa de transformação social será inócua: não importa qual seja, será sempre incapaz de abalar o *status quo.* Por fim, o terceiro tipo de argumento prevê que o custo da reforma é inaceitável, porque ameaçará outras conquistas prévias.[43]

No âmbito dos estudos de Direito Constitucional, o termo *backlash* tem sido utilizado para denominar um contramovimento gerado em função de uma determinada decisão judicial; em outras palavras, "a desaprovação intensa e sustentada de uma decisão judicial, acompanhada por medidas agressivas para resistir àquela

41. SIEGEL, Reva B. "Constitutional Culture, Social Movement Conflict and Constitutional Change: The Case of the de facto ERA". *Faculty Scholarship Series*. Paper 1097, 2006, p. 1362. Disponível em http://digitalcommons.law.yale.edu/fss_papers/1097

42. ESKRIDGE, William N. Jr. "Channeling: Identity-Based Social Movements and Public Law". Op. cit. p. 476.

43. Segundo o autor, deve-se desconfiar do recurso automático a essas linhas argumentativas, frequentemente realizado sem evidências concretas. HIRSCHMAN, Albert. O. *The Retoric of Reaction:* Perversity, Futility, Jeopardy. Belknap Press of Harvard University Press, 1991.

decisão e para remover sua força normativa".[44] No contexto estadunidense, é célebre a análise de Michael Klarman acerca da decisão da Suprema Corte daquele país no caso *Brown v. Board of Education*, que declarou inconstitucional a segregação racial nas escolas. Segundo ele, o julgamento retardou uma reforma racial progressiva no sul dos Estados Unidos na medida em que, em reação à decisão, foi gerada uma *histeria racial* que teria levado à reversão do processo de dessegregação que já estava em curso, por exemplo, nas searas do sufrágio, das universidades e das competições esportivas. Depois de *Brown*, a intensa reação social teria levados a boicotes de produtos de cooperativas inter-raciais e ao desfazimento de uniões afetivas interraciais que há tempos se mantinham. Sobretudo, candidatos teriam se utilizado da decisão para disputar a posição no ponto mais extremo do espectro segregacionista.[45] De acordo com Klarman, o *backlash* teria sido produzido por três razões principais: porque a decisão da Suprema Corte aumentou a saliência da questão, incitou a raiva contra uma "interferência externa" ou "ativismo judicial" e alterou a ordem de uma mudança que iria ocorrer de maneira diversa, tendo como ponto de partida esferas que enfrentavam menor resistência que o casamento interracial e a integração das escolas, como transporte e sufrágio.[46]

Robert Post e Reva Siegel, por sua vez, afirmam que, embora decisões judiciais desempenhem um importante papel no processo de *backlash*, diversos outros fatores sociais o deflagram e integram, inclusive porque a autoridade judicial para interpretar a Constituição depende da confiança e do apoio dos cidadãos para exercer suas atribuições.[47] Ao tratarem da decisão da Suprema Corte dos Estados Unidos que reconheceu o direito de mulheres à interrupção voluntária da gravidez[48]

44. SUNSTEIN, Cass R. "Backlash's Travels. University of Chicago", *Public Law Working Paper No. 157; Harvard Civil Rights-Civil Liberties Law Review*. Disponível em: http://ssrn.com/abstract=970685

45. KLARMAN, Michael J. "Brown and Lawrence (and Goodridge)". 104 Mich. L. Rev. 431 2005-2006, p. 454.

46. Ibidem, pp. 473; 477.

47. POST, Robert C.; SIEGEL, Reva B. "Democratic Constitutionalism and Backlasch". *Harvard Civil Rights-Civil Liberties Law Review*, 2007; Yale Law School, Public Law Working Paper No. 131. Disponível em: http://ssrn.com/abstract=990968

48. Roe v. Wade, 410 U.S. 113 (1973).

e que se fez acompanhada de forte reação contrária, os autores identificam o início da mobilização contra a liberação do aborto anos antes da decisão, em um movimento mais amplo e hostil aos esforços para garantir a igualdade de gênero e a laicidade do Estado.

Conforme trataremos no próximo capítulo, as fortes reações ao estabelecimento de direitos para LGBTIQ+ no Brasil não surgiram somente a partir da decisão do STF que equiparou as uniões homoafetivas às uniões estáveis de pessoas de sexos diferentes, mas têm origens no tratamento discriminatório historicamente enfrentado por esse grupo. Entretanto, a partir da vitória alcançada pelo movimento LGBTIQ+ em âmbito judicial, contramovimentos organizaram-se e ganharam visibilidade institucional.

2.2.4. Movimentos sociais no Brasil

Como no resto do mundo, no Brasil, até a década de 1980, os movimentos com maior visibilidade foram os de trabalhadores, urbanos e rurais, c os populares, com o registro de alguns movimentos messiânicos.[49] Ao longo da história, muitos deles foram, caracterizados como revoltas e rebeliões.[50] Não obstante, muitos desses movimentos apresentavam organização e reivindicações de cunho constitucional.

Gustavo Silveira Siqueira traça interessante relato acerca de greves ocorridas no início do século XX em que houve participação de atores institucionais, que se posicionaram de maneira antagônica. Sob a égide do Código Penal de 1890, a greve era criminalizada, o que foi mitigado pela edição de decreto que alterou substancialmente a norma para criminalizar apenas as situações em que fossem utilizadas ameaça e violência. Àquele tempo, nas companhias responsáveis por escoar o café de São Paulo, foram organizadas greves

---

49. KAUCHAKJE, Samira. "Solidariedade política e constituição de sujeitos: a atualidade dos movimentos sociais". *Sociedade e Estado*, Brasília, v. 23, n. 3set./dez. 2008, p. 676.

50. A esse respeito, veja-se análise do abolicionismo como movimento social, cf. ALONSO, Angela. " O abolicionismo como movimento social". *Novos estudos - CEBRAP*, São Paulo , n. 100, p. 115-127, Nov. 2014 . Disponível em: <http://www.scielo.br/scielo.php?script=sci_arttext&pid=S0101--33002014000300115&lng=en&nrm=iso>

por funcionários que se opunham às "perseguições" e "reduções no ordenado" e fundamentavam-se, conforme manifestos publicados em jornais, na "dignidade humana". Os trabalhadores, acusados de uso de violência e de depredação, alegavam tratar-se de paralisação pacífica e estarem sendo submetidos a violência policial.

Diante das manifestações, o Governo Federal enviou força militar, inclusive navios de guerra que se posicionaram no porto. Nesse contexto, advogados dos grevistas foram impedidos de desembarcar no local e impetraram habeas corpus contra decisão da polícia. No Tribunal de Justiça de São Paulo, a ordem foi negada sob alegação de que a petição não havia sido instruída de modo a demonstrar real ameaça de constrangimento. Apenas após o término da greve, o STF enfrentou o caso, requerendo informações ao chefe de polícia, e, quatro dias depois, concedendo a ordem. Além dos habeas corpus relativos aos próprios advogados, foram impetrados HCs preventivos em favor dos trabalhadores, fundamentados nos princípios da "liberdade de trabalho, de associação e de reunião". As teses foram debatidas em jornais da época, houve manifestações de apoio em outras fábricas, reunião entre grevistas e estudantes da Faculdade de Direito da USP, que foi dissolvida, e cartas dos estudantes discutindo a questão.

Com o fim da greve, surgiram ameaças de demissão e expulsão. Um dos casos destacados trata da expulsão, por portaria do Ministério da Justiça, do português residente no Brasil Manuel Lopes de Carvalho, acusado de incitar greve. Alinhando-se à tese dos grevistas, o STF, na decisão do HC a favor de Manuel de Carvalho, decidiu que a greve pacífica era um direito "que pode ser livremente exercido pelo operário". Por meio do caso relatado, revela-se a precocidade do uso, pelos movimentos sociais no Brasil, de argumentos jurídicos e constitucionais, que eram igualmente manejados pelo Executivo e pelo Judiciário de maneira divergente entre si. Enquanto o Governo Federal e a polícia tratavam a questão como "caso de polícia", enquadrando-a em violação da ordem pública, o Judiciário, ainda que atuando tardiamente, corroborou o direito dos manifestantes.[51]

---

51. SIQUEIRA, Gustavo Silveira. *História dos Direito pelos movimentos sociais:* cidadania, experiências e antropofagia jurídica nas estradas de ferro (Brasil, 1906). Rio de Janeiro: Lumen Juris, 2014, pp. 105-

Muito embora tenham ocorrido episódios como o relatado, parte considerável da literatura registra que a prática associativa no Brasil até a década de 1980 voltava-se para a prática recreativa e para associações comunitárias.[52] Entretanto, há quem afirme que, desde a década de 1950, com a urbanização e o crescimento da concentração populacional, em cidades como São Paulo, já se observaria um conjunto de iniciativas reivindicatórias, como as Associações de Amigos de Bairros e das Sociedades Amigos de Bairros (SABs) que, ligadas a projetos políticos de parlamentares, "constituíam, então, um elo entre as reivindicações populares urbanas e o poder público".[53] Não obstante, com o golpe de Estado ocorrido em 1964, teria ocorrido um esvaziamento de tais instituições, na medida em que passaram a ter sua legitimidade questionada em razão da cooptação de suas lideranças e de suas relações com políticos ligados ao regime ditatorial.[54]

Na década de 1970, registra-se o crescimento de associações civis (em especial comunitárias e profissionais, sobretudo em Porto Alegre, Belo Horizonte e São Paulo) e a reavaliação da ideia de direitos e autonomia organizacional perante o Estado, marca-

159. Veja-se, ainda, para um tratamento da Revolta da Vacina ocorrida no início do século XX no Rio de Janeiro sob o viés do direito à inviolabilidade do domicílio CANTISANO, Pedro Jimenez. "Lares, Tribunais e Ruas: A Inviolabilidade de Domicílio e a Revolta da Vacina". *Revista Direito & Práxis*, v. 6, n. 11, 2015.

52. Para essa visão veja-se AVRITZER, Leonardo. "Sociedade civil e Estado no Brasil: da autonomia à interdependência política". *Opinião Pública*, vol. 18, nº 2, 2012. Para uma crítica pertinente veja-se LAVALLE, Adrian Gurza; SZWAKO, José. " Sociedade civil, Estado e autonomia. Argumentos, contra-argumentos e avanços no debate". *Opinião Pública*. Campinas, vol. 21, nº 1, abril, 2015. "Primeiro, olhamos para o século XIX e, acompanhando a literatura de ponta, mostramos lá uma agitação societal – antiescravagista ou mutualista ou religiosa –, à altura de latitudes 'modernas de nascimento' e, para nós, irreconciliável com um diagnóstico de modernidade e emergência tardias da sociedade civil, entre nós, apenas no final do terceiro quartel do século XX. Essa compreensão, que situa na década de 1970 a emergência da sociedade civil brasileira, a nosso ver, não estima a complexidade própria ao passado, reservando a ele falta de pluralidade e de densidade. Pelos motivos e evidências expostos, esse não é um ponto de partida adequado. Em vez de leituras anacrônicas, as análises dedicadas aos atores civis e às suas relações com o Estado se enriqueceriam se se valessem da riqueza heurística da noção de sociedade civil com a condição de respeitar as formas historicamente existentes de diferenciação entre Estado e sociedade. Sem esse respeito, a um só tempo teórico e empírico, a análise resta comprometida e, alinhada ao senso comum e à idealização do tempo presente, condena o passado àquilo que ele supostamente não foi e sequer pretendeu ser". (Ibidem, p. 181)

53. PERRUSO, Marco Antonio. "A temática dos movimentos sociais urbanos no Brasil dos anos 1970/80". *Revista Mundos do Trabalho*, vol. 4, n. 7, janeiro-junho de 2012, pp. 34-35.

54. Loc. Cit. JACOBI, Pedro, "Movimentos populares urbanos e resposta do Estado: autonomia e controle *vs.* cooptação e clientelismo". In: BOSCHI, Renato Raul (org.). *Movimentos coletivos no Brasil urbano.* Rio de Janeiro: Zahar, 1982, p. 147.

da pela ação voluntária.[55] Sob o viés comunitário, identificam-se associações como os Clubes de Mães de Periferia, voltados para os problemas locais. Tais associações eventualmente se articulavam em face do poder público, politizando-se, ao mesmo tempo em que se aproximavam de partidos políticos e da Igreja Católica.[56] Sob o viés profissional, e no mesmo período, também se faz presente e atuante o movimento de metalúrgicos em São Paulo, que se opunha à tradição autoritária do sindicalismo de cúpula e às condições de trabalho das fábricas, incluindo remuneração, segurança, transporte e alimentação, jornada de trabalho, etc. Depois de organizarem greves e serem reprimidos pelo aparato estatal do regime autoritário, esses trabalhadores adotaram uma estratégia de reafirmação das pequenas lutas diárias, por meio de, por exemplo, boicote aos restaurantes das fábricas, criando uma consciência comum e um novo discurso sobre sua luta, que contribui para a irrupção das greves de 1978-1979.[57] Nesse período, identifica-se o repúdio à institucionalização, encarada como manipulação, e a fragmentariedade política das lutas, conectadas com as práticas cotidianas.[58] Igualmente, começa a se alterar a relação com os partidos políticos, em função dos questionamentos direcionados à estrutura representativa, à hierarquia e às orientações totalizantes.[59]

Na década de 1980, com a redemocratização, ganharam importância os movimentos relacionados à identidade (raça,

55. AVRITZER, Leonardo. "Sociedade civil e participação no Brasil democrático". MELO, Carlos Ranulfo; SÁEZ, Manuel Alcántara (orgs.). *A democracia brasileira*: balanço e perspectivas para o século 21. Belo Horizonte: Editora UFMG, 2007.

56. SADER, Eder. *Quando novos personagens entram em cena:* experiência, falas e lutas dos trabalhadores na Grande São Paulo (1970-1980). Rio de Janeiro: Paz e Terra, 1988, pp. 199-225.

57. SADER, Eder. *Quando novos personagens entram em cena*. Op. cit., pp. 225-261.

58. Ibidem, op. cit., p. 313.

59. CALDERÓN, Fernando; JELIN, Elizabeth. *Clases y movimientos sociales en America Latina*: perspectivas y realidades. Santiago de Chile: Ediciones SUR, 1987. Em síntese, "Num primeiro olhar, é possível caracterizar os novos movimentos sociais urbanos predominantemente como: pró-ação direta (item i); demandantes do Estado (item ii) ; diversificadamente reivindicacionistas (iii); críticos de entidades tradicionais de moradores (iv); autonomistas/antiestatais/anti-institucionais (v); comunitaristas/igualitaristas (vi); bem organizados (viii); valorizadores do trabalho de base e da democracia interna (x); e, por fim, criadores de um novo espaço público para o exercício da cidadania e a luta por direitos (item xiii). Entre as propriedades menos apontadas pelos autores como características dos novos movimentos sociais urbanos, pode-se destacar: interclassistas (item vii); valorizadores da espontaneidade (ix) e das experiências cotidianas; ou que envolvem a subjetividade de seus participantes (xi)." PERRUSO, Marco Antonio. "A temática dos movimentos sociais urbanos no Brasil dos anos 1970/80". *Revista Mundos do Trabalho*, vol. 4, n. 7, janeiro-junho de 2012, p. 43.

gênero e sexualidade) e à sustentabilidade (ecologia e biodiversidade) e aumentou a presença da sociedade civil na política. Na Constituinte de 1987-1988, a participação popular foi intensa em diversas etapas. Para forçar a instauração de uma Assembleia Nacional Constituinte, diversos grupos se mobilizaram; foram escritos cerca de 25 anteprojetos provenientes dos mais diversos setores e diversas cartas de apoio à instauração da Constituinte, como a "Carta das Mulheres Brasileiras aos Constituintes", capitaneada pelo Conselho Nacional dos Direitos da Mulher, a "Carta aos Brasileiros", de acadêmicos da Universidade de São Paulo, a "Declaração de Manaus", da Ordem dos Advogados do Brasil, e o documento "Exigências Cristãs para uma nova Ordem Política", da Conferência Nacional dos Bispos do Brasil.[60]

Do mesmo modo, houve mobilizações em torno de como se processariam os trabalhos. Em 1985, movimentos sociais organizaram uma campanha por uma Constituinte exclusiva, tendo sido enviados 70 mil telegramas e cartas ao deputado Flávio Bierrenbach, relator da Comissão Mista encarregada de dar parecer ao projeto de convocação da Assembleia Nacional Constituinte.[61] Diante da intensa mobilização, o relator sugeriu em seu parecer a realização de um plebiscito[62], mas sua sugestão foi rejeitada pelos parlamentares.[63] Apesar da derrota, as mobilizações continuaram, tendo sido organizados diversos grupos de trabalho e fóruns municipais, estaduais e nacionais. As pessoas engajaram-se na campanha de seus candidatos e organizaram documentos, festas e comícios. Em 1986, por iniciativa do próprio Senado Federal, foram distribuídos, em agências dos correios, formulários para sugestões da sociedade para a Assembleia Nacional Constituinte, dos quais 72.719 foram preenchidos e passaram a

60. BRANDÃO, Lucas Coelho. "Os movimentos sociais e a Assembleia Nacional Constituinte de 1987-1988: entre a política institucional e a participação popular". Dissertação apresentada à Faculdade de Filosofia, Letras e Ciências Humanas da Universidade de São Paulo, para a obtenção do título de Mestre em Sociologia, 2011, p. 46.

61. Projeto de Emenda Constitucional de 28 de junho de 1985.

62. O plebiscito abarcaria as seguintes questões: uma Constituinte congressual ou exclusiva; a coincidência ou não da eleição constituinte com a dos governadores; o funcionamento de uma comissão legislativa simultânea à Constituinte; e a coleta de sugestões para a Constituinte por meio das Câmaras Municipais.

63. BRANDÃO, Lucas Coelho. "Os movimentos sociais e a Assembleia Nacional Constituinte de 1987-1988". Op. cit., pp. 54-55.

integrar o banco de dados do Senado.[64] Houve disputa também acerca das disposições do Regimento Interno, que, após pressões, passou a contemplar mecanismos de participação direta de não constituintes: sugestões e propostas de emendas populares. Além disso, ficou estabelecido, em seu artigo 40, que as sessões seriam públicas e poderiam ser assistidas das galerias.[65]

As emendas populares reuniram mais de 12 milhões de assinaturas e trataram dos mais variados temas.[66] Além da mobilização que geraram para sua formulação e assinatura, ensejaram a ida de caravanas a Brasília, manifestações nos gramados e nas galerias do Congresso — como a de cinquenta anciãos Kayapós que interromperam as atividades do plenário entoando cânticos tradicionais e declamando as exigências dos povos indígenas[67] —, abordagens nos corredores e *sit-ins* nos gabinetes dos parlamentares.[68] Nesse período, cerca de quinhentos ambientalistas tingiram a cúpula do Congresso com balões em forma de gotas de sangue em protesto à falta de patrulhamento marítimo, que acarretava na caça de baleias brancas, e promoveram passeata pelos corredores ostentando balões de gás nas formas de flor, baleia e filhote.[69] Em momento posterior, os movimentos sociais promoveram o acompanhamento dos votos dos parlamentares, difundindo-os por meio de "placares de votações" e de material impresso, como os 50 mil panfletos e 20 mil cartazes produzidos pelo Sindicato dos Bancários de Brasília, identificando os "traidores do povo".[70]

Paralelamente, durante a década de 1980, com a redemocratização, observa-se um processo de institucionalização dos

64. Ibidem, p. 58.
65. Artigo 40: "Será permitido, a qualquer pessoa, assistir às sessões, das galerias, desde que esteja desarmada e guarde silêncio, sem dar sinal de aplauso ou de reprovação ao que se passar no recinto ou fora dele".
66. Sobre o assunto veja-se WHITAKER et. al. *Cidadão Constituinte*: a saga das emendas populares Rio de Janeiro: Paz e Terra, 1989.
67. BRANDÃO, Lucas Coelho. "Os movimentos sociais e a Assembleia Nacional Constituinte de 1987-1988", Op. cit. pp. 131-132.
68. Ibidem, p. 77.
69. Ibidem, pp. 128-129.
70. Ibidem, p. 127.

movimentos sociais com relação ao Estado. Para alguns autores, a cooptação dos movimentos por partidos políticos e agências públicas contrastaria com o espontanísmo e a autonomia dos anos anteriores. Para outros, ao invés de um refluxo, observar-se-ia a intensificação, por meio por exemplo dos recém-criados conselhos sociais, de formas relevantes de participação institucional que já eram praticadas anteriormente, contexto em que teriam surgidos novas discussões como àquela relacionada ao problema da representação de movimentos horizontais e plurais. [71]

Das preparações para a Eco/92, realizada no Rio de Janeiro, originam-se fóruns de organizações não governamentais e movimentos sociais, que culminariam com o Fórum Social Mundial realizado em 2001, 2002 e 2003 em Porto Alegre e, anualmente a partir de então, em diversas partes do mundo, contando com oficinas autogestionadas, seminários, conferências, testemunhos e atividades culturais.[72] Desde 1990, identifica-se a formação e multiplicação de organizações não-governamentais – ONGs[73], que, consideradas "interlocutores confiáveis" por parte do Estado e das agências internacionais, passam a receber apoio financeiro. Destaca-se, nesse momento, o que foi criticamente denominado "onguização dos movimentos sociais", em que o elemento conflitivo é reduzido na medida em que as formas de ação tradicionais dos movimentos são criminalizadas.[74]

---

71. CARDOSO, Ruth. "A trajetória histórica dos movimentos sociais". In: CALDEIRA, Teresa Pires do Rio. *Obra Reunida*. São Paulo: Mameluco, 2011, pp. 351-354; 358. O artigo originalmente foi publicado em 1994, a partir de palestra proferida em 1993. Veja-se também LAVALLE, Adrian Gurza; SZWAKO, José. "Sociedade civil, Estado e autonomia. Argumentos, contra-argumentos e avanços no debate". *Opinião Pública*. Campinas, vol. 21, nº 1, abril, 2015. E, ainda "As características cíclicas dos movimentos não são, a essa luz, um sinal de fraqueza, mas sim um indicador de seu engajamento no processo dialético e, portanto, de sua capacidade de moldar as práticas socioculturais da sociedade" OTTMAN, Götz. "Movimentos Sociais Urbanos e Democracia no Brasil: uma abordagem cognitiva". Trad. Otacílio Nunes. *Novos Estudos*, n. 41, março de 1995, pp. 203-204

72. LAVALLE, Adrián Gurza; CASTELLO, Graziela; BICHIR, Renata Mirándola. "Quando novos atores saem de cena. Continuidades e mudanças na centralidade dos movimentos sociais". *Política & Sociedade*. Outubro, 2005, p. 16.

73. AVRITZER, Leonardo. *Sociedade civil e participação no Brasil democrático*. Belo Horizonte: Editora UFMG, 2007.

74. DAGNINO, Evelina, "¿Sociedade civil, participação e cidadania: de que estamos falando?" En Daniel Mato (coord.), *Políticas de ciudadanía y sociedad civil en tiempos de globalización*. Caracas: FACES, Universidad Central de Venezuela, 2004. p. 99.

Nesse esteio, nos anos 2000, com a ascensão do Partido dos Trabalhadores ao poder, opera-se uma aproximação da sociedade e do Estado, que provoca o aumento dos mecanismos institucionais de participação ao mesmo tempo em que implica a perda de autonomia dos movimentos sociais, tal como tradicionalmente considerada. Constroem-se novas dinâmicas de espaços e ambientes institucionais para a atuação dos movimentos sociais e da sociedade civil como um todo, como os dos conselhos de políticas públicas, dos orçamentos participativos[75], das comissões de planejamento e das assessorias nas administrações federal, estaduais e municipais.[76] Em termos quantitativos, em 2008, existiam na administração pública federal 35 Conselhos Nacionais que contavam com a participação de representantes da sociedade civil, e, calculava-se cerca de 20 mil conselhos municipais para as políticas públicas de assistência social, saúde, criança e adolescente, desenvolvimento rural, habitação e meio ambiente, além de outros relativos a outros temas. [77] Além dos conselhos, ao longo das primeira década e meia dos anos 2000, destacou-se também a realização de conferências nacionais de políticas públicas, que entre 2003 e 2010 ocorreram em 74 oportunidades, com a participação de cerca de 10 milhões de pessoas, cerca de 6,5% da população brasileira[78]. Mais recentemente, contudo, observa-se um movimento contrário, de fechamento das instâncias de par-

---

75. LAVALLE, Adrián Gurza. "Sem Pena nem Glória: o debate sobre a sociedade civil nos anos 1990". *Novos Estudos CEBRAP*, n. 66, julho 2003, pp. 106-109. AVRITZER Leonardo; NAVARRO, Zander (eds.). *A inovação democrática no Brasil: o orçamento participativo*. São Paulo: Cortez Editora, 2003. AVRITZER, Leonardo. "A participação no Brasil democráticoe seu desenho institucional". In: AVELAR, Lúcia; CINTRA, Anônio Octávio (orgs.). *Sistema Político Brasileiro: uma introdução*. 3ª ed. Rio de Janeiro: Konrad Adenauer Stiftung; São Paulo: Editora Unesp, 2015.

76. OTTMAN, Götz. "Movimentos Sociais Urbanos e Democracia no Brasil: uma abordagem cognitiva". Trad. Otacílio Nunes. *Novos Estudos*, n. 41, março de 1995, p. 205.

77. "Segundo estudo recente, estão presentes nesses colegiados [de âmbito federal] mais de 400 organizações representativas de diversos segmentos da sociedade civil. Dessas, 31% são ONGs que têm como área de atuação a defesa dos direitos humanos; 23% são entidades que representam os interesses patronais ou empresarias; 14% são vinculadas aos movimentos sociais do campo e do meio ambiente; 14% são entidades sindicais de trabalhadores urbanos; 8% movimentos populares urbanos; e, 10% de outros (religiosas, culturais, educacionais etc) (IPEA, 2007).". CICONELLO, Alexandre. "A Participação Social como processo de consolidação da democracia no Brasil". In: *From Poverty to Power:* How active citizens and effective states can change the world, Oxfam International, 2008, pp. 5-6.

78. AVRITZER, Leonardo. "A participação no Brasil democráticoe seu desenho institucional". In: AVELAR, Lúcia; CINTRA, Anônio Octávio (orgs.). *Sistema Político Brasileiro*: uma introdução. 3ª ed. Rio de Janeiro: Konrad Adenauer Stiftung; São Paulo: Editora Unesp, 2015, p. 202.

ticipação social por parte do governo federal em seu âmbito por meio de medidas como, por exemplo, a extinção de centenas de órgãos colegiados no âmbito da administração pública federal[79] e a redução da participação da sociedade civil nos remanescentes[80].

Esse complexo cenário articula diversos atores além dos movimentos sociais. De acordo com a síntese de Ilse Scherer-Waren, na base, ou voltados para essas bases, estariam as ONGs, o terceiro setor, as associações civis locais e os movimentos sociais de base, que atuariam como expressões locais da sociedade civil organizada, onde são reafirmados a identidade coletiva, os simbolismos e místicas das lutas, os projetos e os objetivos. Em um segundo nível, seria promovida uma articulação interorganizacional composta de associações nacionais de movimentos sociais e ONGs, fóruns da sociedade civil e redes de organizações, por meio da qual ocorre maior interação da sociedade civil com o Estado e onde são construídas, de maneira mais sistemática, as propostas para participação na esfera pública estatal, como nos conselhos setoriais. Nesse nível, os atores mobilizariam a esfera pública e a mídia, produzindo efeitos simbólicos e visibilidade, sendo capazes de exercer pressão política. Além disso, seriam contemplados com financiamentos de agências não governamentais nacionais e internacionais e, eventualmente, governamentais.[81] O terceiro nível contemplaria a articulação entre os diversos organismos, promovendo uma transversalidade de demandas, que implica também o alargamento da noção de direitos humanos e tem como pano de fundo a articulação de redes transnacionais, como o Fórum Social Mundial e as conferências globais e mundiais. [82]

---

79. SACONI, João Paulo; ALEIXO, Isabela; MAIA, Gustavo. "Decreto do governo Bolsonaro mantém apenas 32 conselhos consultivos". O Globo. 29.06.2019. Disponível em: https://oglobo.globo.com/brasil/decreto-do-governo-bolsonaro-mantem-apenas-32-conselhos-consultivos-23773337.

80. CARVALHO, Daniel. "Bolsonaro reduz participação da sociedade em conselho de políticas sobre drogas". Folha de São Paulo. 2.07.2019. Disponível em https://www1.folha.uol.com.br/cotidiano/2019/07/governo-exclui-sociedade-civil-de-conselho-de-politicas-sobre-drogas.shtml.

81. SCHERER-WAREN, Ilse. "Inclusão social e cidadania: a perspectiva das organizações, redes e movimentos". In: AMARAL JR. Aécio; BURITY, Joanildo A. (orgs.) *Inclusão social, identidade e diferença*: perspectivas pós-estruturalistas de análise social. São Paulo: Annablume, 2006, pp. 126-127. Idem, "Das mobilizações às redes de movimentos sociais". *Sociedade e Estado*, Brasília, v. 21, n.1, p. 109-130, jan./abr. 2006.

82. SCHERER-WAREN, Ilse. "Inclusão social e cidadania: a perspectiva das organizações, redes e movimentos". AMARAL JR. Aécio; BURITY, Joanildo A. (orgs.). *Inclusão social, identidade e diferença*. Op. cit. p. 129.

2.3. Movimentos sociais e o significado da Constituição

Os movimentos sociais interagem com o Direito Constitucional, influenciando-o, ao mesmo tempo em que estão sujeitos às suas influências (item 2.2.2). Os influxos dos movimentos sociais sobre os demais atores sociais, de forma a persuadi-los de sua compreensão acerca do sentido da Constituição, dá-se por vias institucionais e fora delas, como veremos doravante. Note-se que nem todos os mecanismos apresentados são legítimos ou eficazes. Em alguns casos de desobediência civil, por exemplo, será preciso avaliar o caso concreto a fim de verificar a legitimidade do ato à luz da própria Constituição. Em outros, como em certas tentativas institucionais, pode ser que a mobilização não seja efetiva e a meta visada não seja atingida. A maneira como os movimentos sociais mobilizam os recursos existentes para alcançarem seus objetivos varia em função das possibilidades e dos incentivos reais que se apresentam num determinado contexto histórico, bem como da forma como esses agentes os percebem e como eles interagem. Além disso, seu sucesso dependerá não apenas das estratégias adotadas, mas também da atuação dos demais sujeitos sociais.

2.3.1. Influência dos movimentos sociais no Direito Constitucional

2.3.1.1. Atuação institucional

As vias institucionais são os caminhos oficiais utilizados por movimentos sociais para manifestarem seus entendimentos acerca do sentido da Constituição. Trata-se de uma atuação mediada pelos poderes constituídos, que visa a influenciar os entendimentos constitucionais que serão emanados por essas instituições.

Um curso evidente para exercer influência nos poderes eleitos é a disputa eleitoral. Nesse contexto, os movimentos sociais podem interagir com a política partidária, apoiar e mobilizar apoio a candidatos, como também podem procurar pautar os debates durante as eleições, dando visibilidade a temas e demandando o posicionamento dos concorrentes a cargos eletivos. Além disso, o movimento social pode ser de tal modo identificado com alguns agentes que a atuação de tais agentes represente, de certa forma, os interesses do movimento ou de parte dele. Essa identificação tende a acontecer nas eleições proporcionais, que pretendem possibilitar a representação de minorias e a apreensão das nuances ideológicas existentes na sociedade. Todavia, pode ocorrer também em determinadas posições do Executivo, como a chefia de um ministério, por exemplo.

No âmbito do Legislativo, o movimento social pode exercer influência no processo legislativo, elaborando projetos de lei e emendas constitucionais e pressionando a sua tramitação e votação. Um momento de grande atividade no âmbito Legislativo foi a Constituinte de 1987-1988, que contou com ampla participação social (v. item 2.2.4). Posteriormente, outros projetos foram encaminhados, e leis foram aprovadas com o apoio de movimentos sociais, como, por exemplo, a Lei Afonso Arinos, que instituiu o crime de racismo, e a Lei Maria da Penha, que criminalizou a violência doméstica contra a mulher.[83]

Outra forma de participação consiste na mobilização dos mecanismos de democracia semidireta previstos na Constituição de 1988 — plebiscito, referendo e iniciativa popular de Lei.[84] Além disso, mecanismos de democracia participativa existentes, como os conselhos gestores de políticas públicas, o orçamento participativo, e as conferências nacionais de políticas públicas convocadas pelo Executivo e destinadas a formular diretrizes para políticas públicas no âmbito federal, são espaços para participação institucional dos movimentos sociais, que podem atuar, nesses cenários, articulados com ONGs ou outras entidades do chamado terceiro setor.[85] A esse respeito, no âmbito do Executivo, Decreto nº 8.243 em 2014 instituiu a Política Nacional de Participação Social – PNPS e o Sistema Nacional de Participação Social – SNPS

83. No contexto estadunidense, William Eskridge identifica que parte do processo de emergência de um movimento social baseado em identidade se dá por meio de um contínuo de reformas legislativas contra a discriminação. Em um primeiro momento, ocorreria um rechaço ou a anulação de leis que abertamente discriminem uma minoria. Posteriormente, aos agentes privados seria exigida que respeitassem a não discriminação. Em avançando o movimento, a terceira etapa consiste na implementação de subsídios ou proteções beneficiando o grupo minoritário, como as referidas leis que visavam a proteção de negros e mulheres. ESKRIDGE, William N. Jr. "Channeling: Identity-Based Social Movements and Public Law". Op. cit. p. 464.

84. Cf. MELLO, Humberto Laport de. "A democracia participativa e sua institucionalização pela ordem constitucional de 1988: propostas de desenvolvimento e parâmetros de aplicação do plebiscito, do referendo e da iniciativa popular". Dissertação de Mestrado em Direito Público. UERJ, 2013.

85. Veja-se item 2.2.4.

sistematizando diversas iniciativas que objetivavam a atuação conjunta entre a administração pública federal e a sociedade civil como conselhos de políticas públicas; comissões de políticas públicas; conferências nacionais; ouvidoria pública federal; mesas de diálogo; fóruns interconselhos; consultas pública; e ambientes virtuais de participação social. Em 2019, contudo, tal decreto foi revogado pelo Decreto nº 9.759 que, ademais, extinguiu centenas de colegiados no âmbito da administração pública federal[86]. Referido decreto foi, em parte, revertido por liminar do Supremo Tribunal Federal que vedou a extinção de colegiados cuja existência tenha origem em lei[87].

No âmbito do Judiciário, uma das maneiras de influenciar seu entendimento é intervindo na escolha dos membros que irão compor as cortes. Nesse sentido, é possível exercer pressão para a aprovação ou veto de determinados indivíduos nas esferas não eleitas, em que a nomeação é feita por indicação.[88] Igualmente, os movimentos sociais interagem com as instituições por meio do próprio ajuizamento de ações, em que podem manifestar sua compreensão do direito à luz da Constituição. Com a promulgação da Carta de 1988, ações coletivas manejadas por amplo espectro de atores serviram para afirmar novos direitos e garantir participação na construção de uma agenda pública.[89] Igualmente, tiveram grande importância as ações no controle abstrato de constitucionalidade (v. 4.2.2, capítulo 4).

---

86. O art 5º, *caput*, do referido decreto extinguiu os seguintes colegiados previstos no art. 2º: conselhos; comitês; comissões; grupos; juntas; equipes; mesas; fóruns; salas; ou qualquer outra denominação dada ao colegiado, excetuadas as diretorias colegiadas de autarquias e fundações; as comissões de sindicância e de processo disciplinar; as comissões de licitação; as comissões de que trata o art. 10 da Lei nº 12.846, de 1º de agosto de 2013; a Comissão de Ética Pública vinculada ao Presidente da República e às comissões de ética de que trata o Decreto nº 1.171, de 22 de junho de 1994; as comissões de avaliação ou de acompanhamento criadas para analisar contratos de gestão com organizações sociais ou agências executivas qualificadas pelo Poder Executivo federal, serviços sociais autônomos; e comissões de que trata o art. 3º da Lei nº 10.881, de 9 de junho de 2004, além de os previstos no regimento interno ou no estatuto de instituição federal de ensino; e os criados ou alterados por ato publicado a partir de 1º de janeiro de 2019.

87. STF, ADI 6121, Pleno, Rel. Min. Marco Aurélio, julg. 13.06.2019.

88. BALKIN, Jack. "How social movements change (or fail to change) the Constitution: The case of New Departure". *Suffolk University Law Review*, n. 39, 2005, pp. 28; 32-33.

89. VIANNA, Luiz Werneck; BURGOS, Marcelo B. "Revolução processual do Direito e democracia progressiva". In: VIANNA, Luiz Werneck. *A Democracia e os Três Poderes no Brasil*. Belo Horizonte: UFMG; Rio de Janeiro; IUPERJ/ FAPERJ, 2001, p. 484.

Nas cortes, os movimentos sociais atuam, ainda, por meio de *mecanismos de permeabilidade social*, como o *amicus curiae* e as audiências públicas.[90] Seus defensores alegam que tais medidas democratizaram e pluralizaram os debates constitucionais travados no Judiciário ou pelo menos têm o potencial de fazê-lo[91]. Entretanto, pesquisas empíricas questionam esse impacto. Com relação às audiências públicas no âmbito do STF, denuncia-se que os ministros pouco participam e somente se valem dos pronunciamentos das audiências em seus votos para reforçar argumentos de seu interesse.[92] Além disso, aponta-se que o perfil dos participantes e a "inexistência concreta de um debate público e do exercício do contraditório" impediria que conhecimento técnico e cientificamente relevante fosse veiculado por meio desse instituto[93], que acabaria desempenhando a "função de ferramenta de *lobby*"[94].

---

90. No âmbito do STF foram realizadas até hoje dezoito audiências públicas sobre os seguintes temas: uso de células-tronco embrionárias para pesquisas, em 2007; importação de pneus usados e seu impacto no meio-ambiente, em 2008; aborto de fetos anencefálicos, em 2008; judicialização do direito à saúde, em 2009; ação afirmativa para acesso à universidades, em 2010; venda de bebidas alcoólicas em autoestradas e uso de amianto, ambas em 2012. Em 2013, foram realizadas mais sete audiências públicas sobre os seguintes temas: marco regulatórios das televisões por assinatura, queimadas em canaviais, os efeitos do campo eletromagnético de linhas de transmissão de energia, as condições do sistema penitenciário brasileiro, o financiamento de campanhas eleitorais, a questão das biografias não autorizadas e o Programa Mais Médicos. No primeiro semestre de 2014, foram realizadas audiências públicas acerca da gestão coletiva de direitos autorais e da internação hospitalar com "diferença de classe" no Sistema Único de Saúde. Em 2015, foram realizadas audiências públicas sobre o ensino religioso nas escolas públicas e o uso de depósitos judiciais e extrajudiciais pelos entes da federação para o pagamento de despesas diversas.

91. Para uma sistematização da produção bibliográfica brasileira sobre audiências públicas no STF veja-se: GUIMARÃES, Lívia Gil. "Participação Social no STF: repensando o papel das audiências públicas". *Revista Direito e Práxis*, ahead of print, 2019.

92. Para uma crítica das audiências públicas realizadas no STF, veja-se VESTENA, Carolina Alves. "Audiências Públicas: diagnóstico empírico sobre os limites da participação social". *Revista Brasileira de Estudos Constitucionais*, n. 25, 2012, pp. 973-1020. Para ampla pesquisa sobre o assunto vejam-se os estudos em curso de Fernando Leal e Rachel Herdy.

93. "O instituto, que parece ter sido concebido para suprir carências epistêmicas dos ministros, reduziu-se a um foro em que convivem, em pé de igualdade e sem critérios claros de diferenciação, opiniões desinformadas com posições de especialistas. Com isso, sobra desorientação para a justificação epistêmica das decisões. Ademais, como os dados apresentados revelam, não há na prática critérios para a convocação de audiências públicas e para a definição de quem está habilitado para delas participar, há baixos níveis de interação e confronto entre os participantes, presença reduzida de ministros, baixa incorporação das audiências nas decisões dos ministros e usos das falas dos participantes nos votos como indícios de confirmações de crenças ou hipóteses preexistentes, o que tende a revelar uso míope ou estratégico". LEAL, Fernando; HERDY, Rachel, MASSADAS, Júlia. "Uma década de audiências públicas no Supremo Tribunal Federal (2007-2017)". *Revista de Investigações Constitucionais*, v. 5, n. 1, jan./abr. 2018, p. 367.

94. GUIMARÃES, Lívia Gil. "Participação Social no STF: repensando o papel das audiências públicas". Op. cit. p. 11.

No que tange aos *amici curiae*, há estudos demonstrando que sua participação em um certo processo aumenta as chances de conhecimento da ação e a possibilidade de êxito da parte que apoia.[95] Apesar de sua crescente presença processual (tanto no número total quanto na porcentagem de ações que contam com ao menos uma organização se manifestando como *amicus*), ainda observa-se empecilhos quanto à sua admissão e, sobretudo, quanto à sua capacidade de influenciar as decisões do STF.[96] Com efeito, os argumentos contidos nas manifestações escritas de *amici curiae* raramente são enfrentados pelos ministros em seus votos e as sustentações orais são realizadas na data do julgamento quando, em geral, os votos já encontram-se redigidos, o que reduz seu peso na decisão que será tomada.

Outro tipo de atuação dos movimentos sociais se volta para o manejo do apoio social que as instituições em geral recebem. Esse apoio é denominado *específico*, quando relacionado a alguma medida particular que a instituição tome ou pretenda tomar. No caso dos poderes eleitos, a repercussão dessas medidas tende a influenciar o processo eleitoral subsequente. Quanto ao Judiciário, não é menos importante o suporte às suas decisões, na medida em que já foi evidenciado que as supremas cortes são influenciadas pela opinião pública e pelas maiorias políticas nacionais, seja por sua dependência dos outros atores políticos (por exemplo, na execução de suas ordens), seja pelo enraizamento cultural e social de seus membros.[97] Exemplo representativo dessa influência mostra que nos dezessete anos que entremearam as duas decisões da Suprema Corte dos Estados Unidos acerca de leis estaduais que criminalizavam a sodomia — *Bowers v. Hardwick*, de 1986, que declarou a constituciona-

95. DAMARES, Medina. Amigo da Corte ou Amigo da Parte? Amicus Curiae no Supremo Tribunal Federal. Dissertação de Mestrado. Instituto Brasiliense de Direito Público. Brasília, 2008.

96. ALMEIDA, Eloísa Machado de. "Capacidades institucionais dos amici curiae no Supremo Tribunal Federal: acessibilidade, admissibilidade e influência". *Revista Direito e Práxis*, v. 10, n. 1, 2019, pp. 678-707.

97. Sobre a influência da opinião pública e das maiorias políticas sobre o posicionamento das cortes, veja-se o posicionamento de Barry Friedman, pormenorizado no capítulo 1. FRIEDMAN, Barry. *Mediated popular constitutionalism*. Op. cit. e ainda KLARMAN, Michael. "Rethinking the civil rights and civil liberties revolutions". *Virginia Law Review*, n. 82, 1996. Essa percepção já havia sido manifestada na obra de Robert Dahl, *Democracy and its critics* (*La democracía e sus críticos*. Espanha: Paidós, 1992, p. 190).

lidade da medida, e *Lawrence v. Texas*, de 2003, que a declarou inconstitucional —, a opinião pública foi de 55% de opositores e 33% de apoiadores à legalização das relações homossexuais para 35% e 60%, respectivamente.[98]

Por outro lado, o apoio social às instituições é denominado *difuso* quando se direciona à legitimidade da instituição como um todo e não de uma determinada medida. Trata-se de um apoio que é concedido em razão da correspondência entre a conduta de determinada instituição e aquilo que se espera dela. No caso do Judiciário, por exemplo, não necessariamente estará ligado ao resultado concreto deste ou daquele caso, mas poderá se basear em uma compreensão geral segundo a qual a Corte é bem-sucedida em exercer seu papel de guardiã do Estado de Direito e dos princípios democráticos.[99] O apoio difuso a uma determinada instituição é importante para garantir a efetividade das suas decisões, sua melhor implementação e menor chance de reversão por outros poderes. Por esse motivo, o risco de perder seu suporte social pode levar, instituições a adotar certas posições em detrimento de outras.

Os movimentos sociais podem ainda buscar influenciar as instituições por meio de seus agentes. Essa abordagem pode ser direta, como aquela realizada por certa sociedade de amigos do bairro da periferia de São Paulo cujos moradores procuravam abordar pessoalmente políticos de forma a transmitir suas reivindicações[100], ou indireta, buscando influenciar a percepção social acerca desses agentes de forma a pressioná-los a tomar certas decisões no âmbito da instituição. Nessa esfera, podem buscar afetar a estima e popularidade dos agentes que, ainda que não sejam eleitos e não dependam dessa simpatia, têm desejo de

98. "In the seventeen years between Bowers and Lawrence, public opinion went from opposing the legalization of homosexual relations by fifty-five percent to thirty-three percent to supporting legalization by sixty percent to thirty-five percent". KLARMAN, Michael J. "Brown and Lawrence (and Goodridge)". *Mich. L. Rev*. n. 104, 2005-2006, p. 443.

99. CALDEIRA, Gregory A.; GIBSON; James L. "The Etiology of Public Support for the Supreme Court". *American Journal of Political Science*, v. 36, n. 3, Aug., 1992, pp. 635-666.

100. Tratava-se dos moradores do bairro Lar Nacional, na década de 1980. HOLSTON, James. *Cidadania insurgente*: disjunções da democracia e da modernidade no Brasil. Trad. Claudio Carina. São Paulo: Companhia das Letras, 2013, p. 317.

serem gostados e respeitados.[101] Nesse ponto, podem voltar-se, ainda, para os grupos de influência que atuam sobre o agente estatal — grupos de sociabilidade, como família e amigos, e grupos profissionais, como colegas de profissão ou a academia.[102] No primeiro caso, em geral, a origem dos agentes não é aleatória e tende a corresponder a um determinado perfil. Os membros das supremas cortes, por exemplo, costumam advir de elites educacionais e econômicas, que, muitas vezes, podem divergir da opinião da maioria da população.[103] Quanto a grupos profissionais, têm especial relevo em certas áreas, como a jurídica, em que a atuação revela uma formação comum e em que a profissão é uma parte importante da identidade de seus membros.[104] Esses grupos podem ter leituras constitucionais próprias que podem vir a exercer grande influência na conformação do sentido da Constituição. É o caso, por exemplo, do papel da doutrina nos meios judiciários. Os movimentos sociais, ao serem compostos por indivíduos que integram esses grupos e/ou ao influenciarem suas opiniões, também contribuem para a conformação do significado constitucional.

2.3.1.2. Atuação extrainstitucional

A atuação extrainstitucional dos movimentos sociais volta-se não para as instituições estatais, buscando moldar seus entendimentos constitucionais, mas para a sociedade como um todo, visando a influenciar a cultura constitucional compartilhada.[105] Como as instituições estatais e seus integrantes são parte da sociedade, tendem a ser influenciadas pela atuação extrainstitucional, mas não são seu alvo direto. Para a análise dessa atuação,

---

101. BAUM, Lawrence. *Judges and their audiences*: a perspective on judicial behavior. Princeton: Princeton University Press, 2006, p. 25. O autor trata especificamente da relação do judiciário com o público externo.

102. BAUM, Lawrence. *Judges and their audiences.* Op. cit. pp. 87 *et seq.*

103. BALKIN, Jack. *How Social Movements Change (or Fail To Change) the Constitution.* Op. Cit. p. 39. V. GRABER, Mark. "The coming constitutional yo-yo? Elite opinion, polarization, and the direction of judicial decision making". *Howard Law Journal.* n. 56. 2012-2013.

104. BAUM, Lawrence. *Judges and their audiences*. Op. cit., p. 97.

105. Sobre cultura constitucional veja-se SIEGEL, Reva B."Constitutional Culture, Social Movement Conflict and Constitutional Change: The Case of the de facto ERA". Op. Cit.; e POST, Robert C., "Foreword: Fashioning the Legal Constitution: Culture, Courts, and Law" (2003). *Faculty Scholarship Series.* Paper 179. Disponível em: http://digitalcommons.law.yale.edu/fss_papers/179.

utilizo dois institutos tradicionais do Direito Constitucional: as mutações constitucionais e a desobediência civil.

2.3.1.2.1. Mutações constitucionais

O conceito de mutação constitucional, abrigado em diversas denominações[106], consiste na alteração do significado da Constituição sem modificação de seu texto. Integra os processos de mudança na Constituição, mas, diferentemente das reformas e revisões, que se fazem por via formal, a mutação é informal: enquanto o texto constitucional permanece inalterado, o sentido da norma se modifica em função de alterações ocorridas na sociedade, que transformam fatos e valores, inclusive jurídicos.[107] As mutações, assim como as reformas constitucionais em geral, encerram a tensão entre rigidez da Constituição, relacionada à sua normatividade e fundamentalidade no ordenamento jurídico, e sua adaptabilidade à realidade social, de forma que não se converta em um postulado vazio, mera "folha de papel".[108] Todavia, por consistir em instituto que dispensa solenidades, constituiu um caminho aberto para a atuação de atores extrainstitucionais na formação do sentido da Constituição.

Desde o século XIX, quando o tema foi enfrentado pela doutrina de matriz germânica, a mutação constitucional é tratada como uma espécie de alteração constitucional imprevisível e silenciosa, sendo impossível precisar e controlar seu processo e resultado. Georg Jellinek, por exemplo, em obra sobre o assunto, promove uma descrição empírica das hipóteses geradoras de mutação — por prática parlamentar, pela administração e pela jurisdição, por meio da necessidade política, pelas convenções constitucionais, pelo desuso de certas faculdades e em função

106. Nadja Machado Botelho enumera as seguintes denominações para o fenômeno: vicissitude constitucional tácita, mudança material, mudança constitucional, transição constitucional, processo informal de mudança e processos oblíquos. (BOTELHO, Nadja Machado. *Mutação constitucional*: a Constituição viva de 1988. Rio de Janeiro: Lumen Juris, 2011, pp. 26-27).

107. HESSE, Konrad. "Limites da Mutação Constitucional". Trad. Inocêncio Mártires Coelho. In: HESSE, Konrad. *Temas fundamentais do Direito Constitucional*. São Paulo: Saraiva, 2009, p. 48. No mesmo sentido, cf. BARROSO, Luís Roberto. *Curso de Direito Constitucional Contemporâneo*. São Paulo: Saraiva, 2010, p. 137.

108. Na célebre expressão de Ferdinand Lassale. LASSALE, Ferdinand. *A essência da Constituição*. Rio de Janeiro: Lumen Juris, 2011. Sobre o a tensão entre normatividade e realidade cf. o capítulo 1.

de lacunas constitucionais[109] — e conclui por uma capitulação do Direito diante da força dos fatos[110], consagrando, inclusive, a possibilidade de ocorrência de mutação em oposição ao texto constitucional positivado. Em função da noção de separação entre realidade e norma, concluía-se por excluir a análise do instituto do âmbito da ciência jurídica, a qual, ao fim e ao cabo, só poderia constatar seu efeito no ordenamento.[111]

Entretanto, a mudança nessa concepção, pormenorizada no capítulo 1, levou a uma nova abordagem das mutações constitucionais, segundo a qual estariam relacionadas à validade da Constituição, não apenas calcada na vontade do constituinte histórico, mas em sua força normativa atual. Essa "capacidade de produzir efeito determinante e regulador na realidade de vida histórica", por sua vez, dependeria da relação da Constituição com as circunstâncias históricas, econômicas e sociais de uma determinada sociedade e da "vontade de Constituição" dos participantes dessa sociedade, entendida como sua disposição para orientar a própria conduta segundo a ordem estabelecida.[112] Com a crise da concepção formalista de Constituição, passou-se a conceber a realidade constitucional de maneira complexa, abarcando fatores políticos e sociais como forças políticas e novas concepções de mundo e de vida, que, ao mesmo tempo que são configurados pelo texto fundamental, nele se incluem, "condicionando-o, mantendo-o, modulando-o, mudando-o e substituindo-o".[113] Nos Estados Unidos, essa virada inicia-se no começo do século XX e consolida-se a partir da década de 1940 com a emergência do conceito de democracia no constitucionalismo estadunidense. Na medida

---

109. JELLINEK, Georg. *Reforma y Mutacion de la Constitución*. Trad. Christian Föster. Madrid: Centro de Estudios Constitucionales, *1991*, pp. 15-26.

110. Essa crítica é feita por HESSE, Herman. "Limites da Mutação Constitucional". Trad. Inocêncio Mártires Coelho. In: HESSE, Konrad. *Temas fundamentais do Direito Constitucional*. São Paulo: Saraiva, 2009, p. 161.

111. Ernst Böckenförde defende que esse tratamento superficial da questão estaria relacionado ao fato de não haver jurisdição constitucional naquele contexto. Segundo aponta, as competências da Suprema Corte do Reich, previstas no artigo 108 da Constituição de Weimar, eram muito limitadas. BÖCKENFÖRDE, Ernst. "Notas sobre el concepto de 'Cambio Constitucional'". *Estudios sobre el Estado de Derecho y la democracia*. Madrid: Editorial Trotta, 2000, p. 183.

112. HESSE, Konrad. *Elementos de direito constitucional da republica federal da Alemanha*. Trad. Luís Afonso Reck. Porto Alegre: Sergio Antonio Fabris, 1998, p. 44; HESSE, Konrad. *A força normativa da Constituição*. Trad. Gilmar Ferreira Mendes. Porto Alege: Sergio Antonio Fabris, 1998, p. 7.

113. VERDU, Pablo Lucas. *Curso de Derecho Politico*. V. IV. Madrid: Editorial Tecnos, 1984, pp. 159-161.

em que se passou a pugnar pela participação dos cidadãos nas instâncias institucionais e pela rejeição ao governo dos mortos sobre os vivos, operou-se a passagem de uma noção originalista da Constituição de inspiração newtoniana, segundo a qual o Direito se compunha de regras científicas imutáveis já contidas no sentido original do texto constitucional, para uma noção evolucionista de matriz darwiniana, que considerava a necessidade de renovação e adaptabilidade da norma fundamental.[114]

Segundo essa nova concepção, a ideia de mutação constitucional permite articular rigidez e adaptabilidade na Constituição, possibilitando que a Constituição se mantenha viva e longeva, sem que seja necessário romper com a ordem constitucional vigente em função do advento de alterações sociais. Permite, portanto, mobilizar a *fundamentalidade dinâmica*[115] de cada Constituição. Esse processo, por um lado, é facilitado pela abertura semântica de suas normas — os chamados *conceitos eclusas*[116], que permitem que novas circunstâncias e concepções adquiram relevância jurídica na Constituição — e, por outro, limita-se por elementos como o texto constitucional[117] (de forma que não se avance no campo das reformas constitucionais[118]), o sistema constitucional, e as cláusulas pétreas (para que se mantenham aquelas escolhas fundamentais que foram resguardadas, inclusive, do constituinte derivado)[119]. Nesse sentido, a utilização da expressão *poder constituinte difuso*[120] para denominar as mutações constitucionais, não obstante ilumine a abertura à ampla participação nesse fenômeno, obscurece os limites apontados, na medida em que atribui ao

114. HORWITZ, Morton J. "Foreword: the constitution of change legal fundamentality without fundamentalism". *Harv. L. Rev.* n. 107, 1993-1994, pp. 41-43.

115. Ibidem.

116. A expressão é de Ernst Böckenförde, embora o autor não concorde que por meio desses conceitos se opere mudança constitucional, afirmando tratar-se de mera realização da Constituição. ("Notas sobre el concepto de 'Cambio Constitucional'". Op. cit. p. 189).

117. HESSE, Herman. Aponta que não existe realidade constitucional *contra constituicionem* e que a o respeito ao texto é pressuposto da função racionalizadora, limitadora e estabilizadora da Constituição. *Elementos de direito constitucional da republica federal da Alemanha*. Op. cit. pp. 51; 69.

118. BOTELHO, Nadja Machado. *Mutação constitucional*. Op. cit. p. 34.

119. SOUZA NETO, Claudio Pereira de; SARMENTO, Daniel. *Direito Constitucional*: Teoria, história e métodos de trabalho. Belo Horizonte: Forum, 2012, pp. 353-356.

120. BURDEAU, George. *Traité de Science politique*. Paris: L.G.D.J., 1969, pp. 246-247.

fenômeno características conferidas ao poder constituinte originário, tradicionalmente considerado ilimitado e incondicionado.

No que tange às classificações das mutações, muito embora auxiliem na observação da multiplicidade de formas por meio das quais o fenômeno se manifesta, não são unânimes e apresentam-se problemáticas. Um desses problemas[121] relaciona-se à pretensão de identificar o agente responsável pela mudança — Legislativo, Executivo ou Judiciário[122] —, o que acaba por reforçar a ideia de que a mutação ocorre de maneira imprevisível e sem controle, em função de uma vontade emergida de determinada autoridade. Ao pretender fotografar um fenômeno dinâmico, desconsideram tratar-se de um processo que não surge nem termina no momento do ato da autoridade e que, para operar-se, depende da adesão, inclusive da outras autoridades.

Ao tratar da mutação que teria incidido sobre o princípio da igualdade, consagrado nos artigos 3º, IV e 5º da Constituição Federal de 1988, Nadja Machado Botelho mostra como consolidaram-se as ações afirmativas raciais no âmbito daqueles dispositivos.[123] Como demonstra a autora, o longo processo capitaneado pelo Movimento Negro Brasileiro contou com atos de diversas autoridades que, paulatinamente, sinalizaram a adesão à ideia, operando-se, no transcurso do tempo, verdadeira transformação, que hoje aparenta estar consolidada. Segundo Botelho, até o início do século XX, quando passou a perdurar de maneira velada, encoberto pela noção de "democracia racial", o racismo no Brasil era explícito. O mito só começa a ser desconstruído a partir da década de 1950, quando estudo patrocinado pela UNESCO constatou desvantagens sofridas por indivíduos negros na sociedade brasileira. Ao longo dos anos seguintes, protestos e manifestações acadêmicas eclo-

121. Muitas delas utilizam-se concomitantemente de critérios diferentes, como as classificações que confundem os efeitos da mutação com seus agentes. Ernst Böckenförde identifica que sob o termo de "mutação constitucional" se incluem a intepretação jurídica criativa, a analogia, o desenvolvimento do direito mediante decisões judiciais, a concretização da Constituição pelo legislador e o direito constitucional consuetudinário. BÖCKENFÖRDE, Ernst. "Notas sobre el concepto de 'Cambio Constitucional'". Op. cit. p. 192.

122. Veja-se, a título de exemplo, a classificação de Luís Roberto Barroso, que divide as mutações em decorrentes da interpretação constitucional, levada a cabo pelos três poderes, e por via de costume. BARROSO, Luís Roberto. *Curso de Direito Constitucional Contemporâneo*. Op. cit. pp. 129-136.

123. BOTELHO, Nadja Machado. *Mutação constitucional*. Op. cit.

diram, provocando reações dos poderes instituídos: no âmbito internacional, foram assinados tratados contra a discriminação, e, no âmbito interno, o Legislativo editou a Lei Afonso Arinos (Lei nº 1390/51), que definiu como contravenção penal o preconceito de raça ou cor. Na década de 1970, por influência de movimentos estrangeiros, o movimento negro aproximou-se da política de esquerda e o mito da democracia racial passou a ser abertamente questionado. Em 1971, o Grupo Palmares organizou a celebração do Dia da Consciência Negra, no aniversário de Morte de Zumbi, em oposição ao dia da Abolição da Escravatura, dando início a uma "revisão histórica" em prol da transformação da noção de igualdade racial. Posteriormente, a partir dos anos 1980, por sugestão do movimento negro, foram incluídos na Pesquisa Nacional por Amostra de Domicílios – PNAD critérios que permitissem comprovar a desigualdade entre negros e brancos.

Ainda de acordo com o estudo de Botelho, no contexto da redemocratização e da edição da Constituição de 1988, o debate se intensificou, tendo sido organizada a Marcha Zumbi dos Palmares pela Igualdade, a Cidadania e a Vida, que acarretou em novas mudanças. No Legislativo, em 1989, foi promulgada lei que criminalizava o preconceito de raça ou cor e, no Executivo, diversas iniciativas foram implementadas, como a criação de grupos de trabalhos, a realização de seminários sobre racismo e ações afirmativas e a criação do Conselho de Combate à Discriminação. Como resultado desses esforços, em 2000, o Brasil reconheceu oficialmente a existência de racismo no país e se tornou signatário dos documentos finais produzidos no âmbito da Conferência Mundial das Nações Unidas contra a Discriminação Racial, a Xenofobia e Intolerâncias Correlatas em Durban, na África do Sul, a partir da qual se avivou a discussão sobre ações afirmativas, que, em 2002, passaram a ser implementadas em diversas universidades a partir de leis estaduais, sendo precursora a Lei nº 3.708/2001, do Estado do Rio de Janeiro. Com isso, o debate ganhou repercussão na mídia, alcançando o processo eleitoral de 2002. No âmbito do Executivo, as ações se intensificaram, tendo sido estabelecida a Política Nacional de Promoção à Igualdade Racial e indicado o primeiro ministro negro para o Supremo Tribunal Federal, o Ministro Joaquim Barbosa, nomeado após aprovação do Senado Federal.

Nessa corte, em 2012, o plenário, por unanimidade, no âmbito da ADPF 186, considerou constitucional a política de cotas étnico-raciais para a seleção de estudantes da Universidade de Brasília, afirmando-se que a Constituição de 1988 impõe uma reparação de danos pretéritos do país em relação aos negros. Posteriormente, por meio das Leis nº 12.711/2012 e nº 12.990/2014, no âmbito da União, previu-se reserva de vagas para afrodescendentes em universidades e em cargos nos serviços públicos.

Veja-se que, como demonstra a trajetória do conceito de "igualdade" no Brasil, para que ocorresse mutação em seu sentido, foi necessária a mobilização de inúmeros atores sociais — alguns institucionais, outros não. Por esse motivo, falar, nesse caso, em mutação constitucional por "atuação do legislador", em função da edição das leis de cotas raciais, parece-me inadequado. Mais apropriado seria falar em cristalização de mutações por *mecanismos de permeabilidade social* das instituições, ou seja, mecanismos por meio dos quais as transformações são absorvidas pelas instituições[124] — mas, para tanto, é preciso enfatizar o dinamismo do processo de mutação constitucional do qual participam diversos poderes, órgãos e instâncias, os quais podem, inclusive, revertê-lo. No caso das cotas raciais referido acima, o Executivo proporcionou a produção de dados e argumentos para a implementação das ações afirmativas, e o Judiciário teve papel fundamental ao declarar a constitucionalidade da medida. De todo modo, é importante não obscurecer a participação extrainstitucional nesse processo. Com efeito, uma observação empírica do fenômeno revelará a atuação de forças sociais que veem o caminho da mutação como possível e eficaz.

Nesse processo, os movimentos sociais provocam e evidenciam mutações constitucionais, dando visibilidade para demandas e alterando os padrões de plausibilidade relacionados a determinados fatos e argumentos. Atuam, portanto, buscando moldar significados sociais compartilhados acerca do sentido da Constituição. Foi o que aconteceu no Brasil em dois casos de

124. Como fazem Daniel Sarmento e Cláudio Pereira de Souza Neto em obra que ressaltam o papel de análises de viés sociológico no estudo dessas transformações. (*Direito Constitucional*. Op. cit. p. 342).

extrema relevância em que se sustentou uma compreensão mais profunda e abrangente do princípio da igualdade, a qual se tornou a concepção hegemônica, ainda que contramovimentos tenham se mobilizado em sentido oposto. Trata-se do caso das uniões homoafetivas, que iremos abordar em maiores detalhes no próximo capítulo, e o caso das ações afirmativas raciais, descrito acima.

Numa primeira etapa do processo de mutação constitucional, os movimentos sociais agem para retirar o manto de invisibilidade que recobre certas questões, chamando atenção para a existência de uma situação naturalizada de injustiça. Essa ação é voltada tanto para potenciais manifestantes quanto para a sociedade em geral. Nesse primeiro momento, forma-se, no âmbito dos movimentos sociais, uma *arena discursiva paralela*, onde são criados contradiscursos que permitem a construção de novas interpretações sobre suas identidades, interesses e necessidades, em concorrência com as versões hegemônicas.[125] Esse espaço discursivo concorrente tem por objetivo permitir autoentendimento, estabelecimento de laços de solidariedade, preservação de memória do passado de injustiças, interpretação e reinterpretação dos significados daquelas injustiças, formulação de concepções alternativas do ser, da comunidade, de justiça e de universalidade, tentativas de dar sentido aos privilégios que manuseiam e às opressões que enfrentam, tomada de decisões sobre alianças emocionais e estratégicas e sobre como agir, individual e coletivamente.[126]

Posteriormente, os contradiscursos são circulados na sociedade, dando nome ao que era antes inominado: seja um determinado grupo que antes não era identificado como tal, sejam práticas opressivas que passavam desapercebidas. Tem-se como exemplo do primeiro caso a formação de identidades, como as de "vítimas de violência policial", "removidos por barragem" ou "GLS"/"LGBTIQ+" e, do segundo, a partir da prática feminista, por exemplo, a criação de expressões como "sexismo", "assédio sexual" e "dupla jornada de trabalho/turno duplo" (para referir-se

125. FRASER, Nancy. "Rethinking the public sphere: a contribution to the critique of actually existing democracy". *Social Text*, n. 25/26, 1990, pp. 66-67.

126. MANBRIDGE, Jane. "Using Power/Fighting Power". In: BENHABIB, Seyla (ed.) *Democracy and Difference*. Princeton: Princeton University Press, 1996, p. 58.

a trabalho pago acrescido ao trabalho doméstico), "*acquaintance rape*" (para referir-se ao estupro perpetrado por pessoas conhecidas) e "*slut shaming*" (para referir-se ao ato de inferiorizar uma mulher em função de seu comportamento sexual).[127]

Essa ação, ao mesmo tempo que serve para agregar mais pessoas ao movimento[128], opera chamando atenção da sociedade para a existência de uma causa, dando-lhe uma face, uma dimensão concreta e humana às demandas abstratas que pleiteiam, revelando fatos relacionados às experiências reais de quem as vivencia e aventando novos argumentos para o debate público. Esse tipo contribuição é o primeiro passo na mudança dos significados sociais que definem como pensam e se comportam os indivíduos, inclusive os agentes estatais, grupos de influência e a opinião pública.

De acordo com Lawrence Lessig, os significados sociais consistem em uma coleção de entendimentos e expectativas compartilhados num mesmo tempo e lugar, que, para que tenham força e provoquem constrangimento e poder sobre os indivíduos, têm que ser relativamente incontestáveis (*taken for granted*) naquele contexto. [129] É o que acontece, por exemplo, com os estigmas. Um argumento não é suficiente para estigmatizar — para isso, é preciso que as premissas sobre as quais ele se assenta sejam socialmente enraizadas. Em geral, os institutos e as instituições contribuem para manter certos entendimentos compartilhados, reproduzindo códigos de geração para geração e, assim, constituindo um código comum e atribuindo-se o mesmo sentido às mesmas palavras, aos mesmo trabalhos e aos mesmos comportamentos — o que faz com que, por exemplo, situações de opressão se perpetrem no tempo de forma naturalizada. Isso porque a mudança de normas sociais, costumes e instituições não envolve uma única escolha (como aquelas feitas, por exemplo, por

127. FRASER, Nancy. "Rethinking the public sphere: a contribution to the critique of actually existing democracy". Op. cit. p. 67.

128. ESKRIDGE, William N. Jr. "Channeling: Identity-Based Social Movements and Public Law". Op. cit. p. 426.

129. LESSIG, Lawrence. "The Regulation of Social Meaning". *The University of Chicago Law Review*. v. 62. n. 3. 1995, p. 958.

um consumidor no momento da compra), mas respostas a uma multitude de decisões para as quais não existe um mecanismo individual claro de erosão. Por esse motivo, institutos e instituições obsoletos e decadentes permanecem em vigor na medida em que constituem um bem coletivo, um ponto comum, em que todos podem fiar-se. Para que haja uma mudança de contexto, portanto, entendimentos e expectativas inquestionáveis têm que ser substituídos. Entretanto, não basta que a nova concepção, para que se estabeleça como um novo significado social, seja defendida por alguns indivíduos: tem de se tornar relativamente incontestável em um determinado contexto ao mesmo tempo.[130] Trata-se de promover uma alteração no *software cultural*[131] de uma determinada sociedade.

A construção e a alteração de significados sociais, portanto, assim como a linguagem, é uma empreitada coletiva, na qual os movimentos sociais têm papel ativo. Frequentemente, essa modificação se dará por meio de uma intervenção que sirva para desestabilizar o sistema estável de normas — como, por exemplo, mediante associações que clarifiquem alguma dimensão através da criação de uma ligação entre duas situações (*tying*). No contexto estadunidense da luta contra a discriminação de gênero, as sufragistas valeram-se do argumento liberal da autodeterminação, recorrendo a alegações utilizadas na independência dos Estados Unidos contra a dominação inglesa (*no taxation without participation*) para reclamar seu direito ao voto. Em um segundo momento, para questionar a diferença de papel atribuída aos sexos, as feministas recorreram à vedação de discriminação racial. Seus opositores, por sua vez, buscavam vinculá-las a estigmas sociais, como os relacionados ao aborto e à homossexualidade.[132] Outra forma de desestabilização das normas vigentes é a atribuição de um segundo significado a um ato particular que desestabilize os efeitos negativos do primeiro (*ambiguation*). A literatura registra

130. LESSIG, Lawrence. "The Regulation of Social Meaning". Op. cit., pp. 959; 973-974; 993; 1006.

131. A expressão de Jack Balkin designa, segundo o autor, habilidade, associações, heurísticas, metáforas, narrativas e capacidades que nós utilizamos para entender e avaliar o mundo social. (BALKIN, Jack. *Cultural Software*: a theory of ideology. New Haven/London: Yale University Press, 1998, p. 6).

132. SIEGEL, Reva B."Constitutional Culture, Social Movement Conflict and Constitutional Change: The Case of the de facto ERA". Op. cit.

emprego dessa técnica, por exemplo, quando nazistas exigiram que judeus portassem estrelas amarelas e, de forma a esvaziar o significado da imposição, indivíduos que se opunham ao nazismo também passaram a portá-las.[133]

Essa mudança do significado socialmente compartilhado pode se dar, também, por meio de episódios críticos que evidenciem certos aspectos de uma questão. É o caso, por exemplo, do ocorrido na década de 1950 em Birmingham, no sul dos Estados Unidos, como registra Michael Klarman. Tratava-se de localidade fortemente racista, cujo chefe de polícia — Theophilus Eugene "Bull" Connor — era tolerante com ações brutais de discriminação contra negros, inclusive por parte da Ku Klux Klan. Cientes dessa situação, ativistas selecionaram a cidade para produzir cenas televisionadas da violência policial contra protestos pacíficos. Como esperado, as imagens de cães policiais e jatos d'água direcionados a manifestantes, dentre os quais se encontravam crianças, chocaram o país e mobilizaram a opinião pública. Pesquisas evidenciaram, após o episódio, um crescimento de 4% para 52% no número de entrevistados que declaravam ser a questão racial a pauta mais urgente do país, o que levou à aprovação, em 1964, do Civil Rights Act.[134] A sensibilização da opinião pública também pode se dar por canais culturais: um cidadão que assiste a uma novela ou série televisiva em que alguns dos personagens principais são homossexuais, é participante de um debate mais amplo sobre o *status* legal dos *gays* e lésbicas na sociedade contemporânea.[135]

Nesse processo, a atuação dos movimentos sociais pode, ainda, voltar-se não para a sociedade como um todo, mas para grupos que possuam proeminência na consolidação de significados sociais. Um desses grupos, por óbvio, é o de agentes estatais (v. item 2.3.2, i). Movimentos sociais podem buscar influenciá-los, atuando nos ambientes em que circulam e convivem — grupos profissionais, círculos de influência, familiares — ou no âmbito

133. Ibidem, p. 1110.

134. KLARMAN, Michael J. "Brown and Lawrence (and Goodridge)". *Mich. L. Rev.* n. 104, 2005-2006, p. 456.

135. O exemplo, usando a comédia de televisão estadunidense *Will and Grace*, é de GEWIRTZMAN, Doni. "Glory days: popular constitutionalism, nostalgia, and the true nature of constitutional culture", *New York University School of Law Public Law and Legal Research Paper Series*, working paper n. 05-15, p. 912.

da própria instituição a que pertencem. Para tanto, poderão expressar seus pontos de vista utilizando-se dos mecanismos de permeabilidade social que oferecem. Outro grupo com forte influência nos entendimentos sociais compartilhados é a mídia que, além de atuar como intermediária entre os agentes sociais — instituições, movimentos e cidadãos —, configura ela própria um público específico com interesses próprios.

Nesse sentido, como será melhor desenvolvido no capítulo 4, à luz de um *constitucionalismo difuso,* é fundamental que os movimentos sociais possam atuar no processo de construção do significado constitucional por meio da mutação constitucional, sendo necessário para tanto que seja assegurada, no seio da sociedade, sua expressão.

2.3.1.2.2. Desobediência civil

A desobediência civil origina-se no direito de resistência, o qual funda-se na noção de que a aplicação de uma lei superior — invocada por indivíduos em face de determinações oficiais — pode justificar o descumprimento de supostas obrigações jurídicas. Há quem encontre elementos dessa ideia já na Grécia Antiga[136] e na Idade Média[137], e posteriormente, na ideia de tiranicídio, direito do povo de afastar o tirano autoritário pela morte.[138] A partir do século XVI, a questão passa a ser tratada de maneira mais secularizada e as discussões sobre a origem e a legitimidade do poder

---

136. Quando Antígona recusa-se a cumprir a determinação de seu tio Creonte e rouba o cadáver insepulto de Polinice para cumprir os rituais fúnebres e enterrá-lo, para que possa alcançar os reinos dos mortos, Antígona fundamenta-se, acima das leis dos homens, nas leis divinas. Antígona dirige a Creonte a seguinte fala, depois de ele indagar se, mesmo conhecendo suas ordens, Antígona as desobedecera: "Sim, porque não foi a Júpiter que a promulgou; e a Justiça, a deusa que habita as divindades subterrâneas jamais estabeleceu tal decreto entre os humanos; nem eu creio que teu édito tenha força bastante para conferir a um mortal o poder de infringir as leis divinas, que nunca foram escritas, mas são irrevogáveis; não existem a partir de ontem, ou de hoje; são eternas, sim! E ninguém sabe desde quando vigoram! – Tais decretos, eu, que não temo o poder de homem algum, posso violar sem que por isso me venham a punir os deuses!" (SÓFOCLES. *Antigone*. Tradução J.B. de Mello e Souza. Clássicos Jackson, 2005, p. 31)

137. Elementos do direito de resistência são identificados por alguns em institutos da commendatio e do beneficium previam obrigações entre vassalo e senhor, as quais tinham como limites o respeito do primeiro aos direitos do segundo e os fundamentos do cristianismo. BUZANELLO, José Carlos. *Direito de resistência constitucional*. Rio de Janeiro: América Jurídica, 2003, pp. 7-8.

138. COSTA, Nelson Nery. *Teoria e realidade da desobediência civil*. Rio de Janeiro: Forense, 2000, pp. 10-15. SANTOS, Ivanaldo. "Tomás de Aquino e o direito à resistência contra o governante". *Ágora Filosófica*. a.1, n.1, jul./dez.2007.

não gravitam mais em torno das leis divinas, mas da delegação da autoridade do povo para os governantes[139].

Com o advento do constitucionalismo, fundamentado na ideia de limitação do poder, surge como um de seus elementos básicos justamente o "direito de resistir ao direito"[140], o qual suscita questionamentos em torno das circunstâncias que justificariam tal resistência, em que condições e de que modo.[141]

Contemporaneamente, a questão do direito de resistência vem sendo tratada sob dois vieses principais: o da objeção de consciência e o da desobediência civil. Segundo a literatura, em ambos os casos opera-se uma suposta violação do Direito vigente. Entretanto, no caso do Brasil, a objeção de consciência

139. BARROS, Alberto Ribeiro Gonçalves de. "O direito de resistência na França Renascentista". *Kriterion*, Belo Horizonte, n. 113, Jun/2006, p. 107.

140. GARGARELLA, Roberto. "Palabras preliminares". In: GARGARELLA, Roberto. LO VUÓLO, Rubén (dirs.). *El derecho de resistir el derecho*. Buenos Aires: Miño y Dávila, 2005, p. 11.

141. Autores como Thomas Hobbes e John Locke, por exemplo, teorizaram sobre a questão. Com relação ao primeiro, ainda que haja aparente contradição entre a ideia de resistência e a concepção do Leviatã como soberano absoluto, poder-se-ia identificar aquela noção no direito de autoconservação, que, ao mesmo tempo em que motiva a criação do Estado, é entendido como a liberdade de cada homem para utilizar todos os meios para preservar sua vida (HOBBES, Thomas. Leviatã. Trad. Heloisa da Graça Burati. São Paulo: Rideel, 2005, p. 80). Portanto, quando a vida dos indivíduos é ameaçada, esses têm o direito de se oporem a essa ameaça. Contudo, tal prerrogativa não se limitaria à resistência à morte, incluindo também outras formas de garantia da preservação da vida (como a manutenção da integridade física, em oposição, por exemplo, a ferimentos e aprisionamentos e ao serviço militar obrigatório, e da integridade moral, correlacionando-se aos direitos como o de não se autoincriminar, de não incriminar outrem e de não se obrigar pelas próprias palavras). (POGREBINSCHI, Thamy. "Os dois deuses de Hobbes. Limites da obrigação política hobbesiana". dois pontos, Curitiba, São Carlos, vol. 6, n. 3 – especial, abril/2009, pp. 150-152). John Locke, por sua vez, via o Estado como um acordo para a constituição de uma comunidade em que a autoridade pública — e não os particulares — arbitrasse e executasse os conflitos entre os indivíduos, preservando seus direitos naturais de propriedade — a vida, a liberdade e os bens. Quando a vontade arbitrária do governante suplantasse a lei, valendo-se da força (e não do consentimento) para se impor, os indivíduos ver-se-iam de volta ao Estado de natureza e teriam direito de resistir à violação de seus direitos inalienáveis. (LOCKE, John. Segundo Tratado Sobre o Governo. São Paulo: Martin Claret, 2006, p. 109; 147. Cf. GARGARELLA, Roberto. El derecho de resistência en situaciones de carência extrema. In: GARGARELLA, Roberto. LO VUÓLO, Rubén (dirs.). El derecho de resistir el derecho. Buenos Aires: Miño y Dávila, 2005, p. 17). Filiado a matriz teórica diversa, denominada por alguns "iluminismo radical", Baruch Spinoza concebe que o direito natural humano permanece sempre intacto sob a jurisdição do Estado. Isso porque a potência da multidão se preserva — o desejo de cada um é o de não ser governado, e o de governar é constante — e constitui uma espécie de poder constituinte latente. Nesse sentido, o direito de resistência não seria excepcional, mas "parte constitutiva do mundo comum, se inscreve ordinariamente na dinâmica política, baseada na força e na intensidade de afetos, que se contrários configuram os conflitos inerentes à ordem comum". Assim, a multidão, entidade soberana composta pelos múltiplos indivíduos, pode depor os governantes desde que tenha força para fazê-lo, tendo em vista que a paz só existe enquanto se adequar o direito comum ao direito coletivo da multidão. ESPINOSA, Baruch de. Os pensadores, seleção de textos de Marilena de Souza Chauí; traduções de Marilena de Souza Chauí et al. São Paulo: Abril Cultural, 1983; CHAUI, Marilena. Política em Espinosa. 1ª reimp. São Paulo: Companhia das letras, 2009, p. 170.

encontra-se expressamente prevista no texto constitucional.[142] Além disso, opera no plano individual e, fundamentada em princípios de moralidade pessoal ou religiosos, apela a convicções próprias, enquanto a desobediência, baseada em princípios políticos, apela às convicções da comunidade.[143] Enfatizarei a noção de desobediência civil porque, em função da preponderância do elemento coletivo, volta-se para a mudança social — e não somente para a acomodação da divergência — e tem suscitado reflexões importantes acerca do uso da Constituição como seu fundamento.

Ao longo dos últimos séculos, as práticas de desobediência vêm tendo grande relevância no encadeamento de mudanças políticas e sociais. No século XIX, Henry David Thoreau, escreveu o célebre manifesto *A desobediência civil,* após ter sido encarcerado por não pagar impostos como forma de se opor à cumplicidade de seu estado, Massachusetts, com a escravidão vigente no sul dos Estados Unidos.[144] No século XX, Mahatma Gandhi desenvolveu a doutrina da *satyagraha*, baseada na força da alma em oposição à força das armas, que embasou a resistência indiana pacífica contra o domínio britânico[145], e Martin Luther King valeu-se da desobediência, com base na moralidade, para liderar o movimento negro estadunidense na conquista de direitos civis. Na célebre *Carta da prisão de Birmingham,* Martin Luther King justificou a desobediência com base no fato de as leis de segregação raciais

142. Artigo 5º, VIII: ninguém será privado de direitos por motivo de crença religiosa ou de convicção filosófica ou política, salvo se as invocar para eximir-se de obrigação legal a todos imposta e recusar-se a cumprir prestação alternativa, fixada em lei; (...).

143. RAWLS, John. *A theory of justice*: original edition. Cambridge, Massachusetts/London: The Belknap press of Harvard University press, 2005, p. 365. Destacando o aspecto coletivo, Hannah Arendt afirmou que a desobediência civil deve ser vista sob o ponto de vista coletivo e objetivo, fundada no compromisso mútuo de um grupo, que, por sua vez, não pode ser contestado com base em um fundamento subjetivo, como se sujeitaria se calcada em imperativos morais ou apelos à mais alta lei. ARENDT, Hannah. "Desobediência Civil". In: *Crises da República,* São Paulo: Editora Perspectiva, 1973.

144. KIRK, Andrew. *A desobediência civil de Thoreau.* Trad. Débora Landsberg. Rio de Janeiro: Jorge Zahar Editor, 2008. Nessa obra o autor relata que o título original do ensaio de Thoreau era "Resistência ao governo civil", alterado pelos editores na edição póstuma de 1866.

145. Carta de Ghandi para Shankarlal On 'Ideas About Satyagraha', escrita em setembro de 1917. In: Selected Letters from Selected Works of Mahatma Gandhi. Printed and Published by: Jitendra T. Desai. Navajivan Mudranalaya, Ahemadabad-380014, India. Disponível em: http://www.mkgandhi.org/Selected%20Letters/Selected%20Letters1/letter3.htm.

serem injustas, porque consistiam em "código que uma maioria impunha sobre um grupo minoritário, mas não sobre si mesma".[146]

Não obstante, mais recentemente, a ideia de desobediência civil tem sido deixada de lado dos discursos políticos e legais em função da dificuldade que sua articulação apresenta nos tempos atuais. Entre os motivos para tanto, aponta-se a fragmentação do poder político, que inibe a delimitação de sua fonte, a fragmentação social, que divide as situações de opressão, e a organização institucional, que oferece outras ferramentas para a perquirir mudanças políticas, como as eleições periódicas.[147] No âmbito do Direito Constitucional, alguns, por um viés conservador, desqualificariam a desobediência civil como uma resistência de segunda classe que macularia a integridade do Direito e poderia levar a consequências nefastas se adotada como modelo; outros, de matriz progressista, buscariam enquadrá-la em uma moldura restrita de manifestações legítimas que a privaria de seu potencial desestabilizador.[148] No âmbito político, o argumento deslegitimador que, muitas vezes, a qualifica como medida revolucionária e extremista, certamente contribui para sua baixa mobilização, muito embora a discussão acerca da desobediência civil pressuponha a validade geral do direito vigente, já que apela para convicções comunitárias compartilhadas. A desobediência civil não visa, portanto, a refundar a ordem jurídica em vigor, mas a promover, à luz dessa ordem, uma reflexão sobre atos que se considera injustos a fim de que cessem, o que permite pensá-la como mecanismo de mobilização de um determinado sistema constitucional, como sugerem alguns autores contemporâneos.

Afiliado às tradições liberais, John Rawls estabelece que a desobediência civil — segundo sua definição, pública, não violenta, e cujos participantes estejam dispostos a sofrer as consequências

---

146. Carta da prisão de Birmingham, escrita em abril de 1963, disponível em http://www.thekingcenter.org/archive/document/letter-birmingham-city-jail-0.

147. GARGARELLA, Roberto. *El derecho de resistência en situaciones de carência extrema*. In: GARGARELLA, Roberto. LO VUÓLO, Rubén (dirs.). *El derecho de resistir el derecho*. Op. cit. p. 27.

148. FRANKENBERG, Günter. "Disorder is possible: An essay on systems, law and disobedience". In: HONNETH, Axel (ed.). *Cultural-Political Interventions in the Unfinished Project of Enlightenment*. Trad. Barbara Fultner. Cambridge, Mass.: MIT Press, 1992, p. 27.

de agir contra a lei[149] — pode ser utilizada em um Estado democrático cujos cidadãos reconheçam e aceitem a legitimidade da Constituição[150] quando a sociedade romper com suas decisões políticas fundamentais básicas.[151] Assim, o ato de desobediência civil é endereçado ao senso de justiça da maioria, indicando que, na opinião de determinada pessoa ou grupo, os princípios de cooperação social entre homens livres e iguais não estão sendo respeitados.[152] Rawls não chega a afirmar que em uma sociedade quase justa haja uma aceitação pública dos mesmos princípios de justiça. Segundo ele, pode haver diferentes concepções de justiça, desde que essas concepções levem a julgamentos políticos similares, ou, conforme sua própria terminologia, haja um consenso sobreposto nesse sentido.[153]

Segundo o autor, a desobediência civil deve se limitar aos casos de *clara e substancial* injustiça. Outra condição seria aquela que exige que, salvo em casos extremos, a desobediência civil seja o último recurso, adotado somente depois que os meios legais para obter reparação tenham sido esgotados sem resultado satisfatório.[154] A terceira condição relaciona-se ao dever geral de justiça e à exigência de moderação no uso da desobediência civil, levando-se em conta a possibilidade de ocorrência de distúrbios capazes de *solapar a constituição justa* e a limitação do fórum público de lidar com o uso excessivo de tal forma de manifestação.[155] Seria a necessidade de uma espécie de responsabilidade sistêmica das minorias, segundo a qual a desobediência civil não

---

149. Embora os dissidentes ajam contra a lei, e estejam dispostos a sofrer as consequências disso, não necessariamente violam a lei contra a qual estão se opondo através do ato de desobediência civil, sendo possível que haja de violação a uma lei para defender a não aplicação de outra. Além disso, segundo sua definição, o ato deve ser realizado em público de maneira não violenta, de forma a reafirmar a sinceridade e a fidelidade dos dissidentes ao ordenamento jurídico, ainda que se oponham a determinada prática específica. RAWLS, John. *A theory of justice*: original edition. Cambridge, Massachusetts/London: The Belknap press of Harvard University press, 2005, pp. 365-366.

150. Nesse sentido, pressupõe a existência de uma sociedade quase-justa, na qual exista um regime constitucional e uma concepção de justiça publicamente reconhecida. Quanto às sociedades corruptas ou injustas, afirma que, se qualquer meio é justificado para modificá-las, muito mais a oposição não violenta, categoria na qual estaria inserida a desobediência civil. Ibidem, p. 363.

151. Ibidem, p. 388.

152. Ibidem, p. 364.

153. Ibidem, pp. 387-388.

154. Ibidem, p. 373.

155. Ibidem, p. 374.

deveria ser levada a cabo por muitos grupos ao mesmo tempo, de forma que isso inviabilizasse o próprio benefício que poderiam vir a obter ou o próprio sistema de justiça. Por fim, Rawls menciona, além das três condições referidas, ser necessário fazer um juízo estratégico para avaliar se o ato de desobediência não poderia trazer mais prejuízos, sob a forma de uma reação contrária, do que benefícios à minoria dissidente.[156]

Com efeito, a teoria de John Rawls sobre desobediência civil traz importantes contribuições para a teoria constitucional contemporânea. O autor rompe com a ideia de que a desobediência civil seria cabível apenas em sociedades em que houvesse crise de autoridade ou conflito e aproxima a teoria da Desobediência Civil da Teoria Constitucional, ao apelar para uma consciência comum em um contexto de constitucionalismo democrático. Embora o autor exija clara e substancial injustiça, não se pode dizer que essa injustiça se relacione somente a um conjunto restrito de direitos, como a vida ou a liberdade, tal qual sugeriam os contratualistas no século XVII. É possível recorrer à desobediência civil para discutir temas como, por exemplo, direitos sociais, em torno dos quais haja consenso sobreposto na sociedade e, ainda que Rawls não deixe claro, parece que quaisquer práticas injustas poderiam ser objeto de oposição, e não só atos normativos de autoridades estatais. Não obstante, sua abordagem impõe ônus excessivos aos manifestantes, ao estabelecer exigências que criam muitos empecilhos para a utilização deste recurso pelos grupos mais vulneráveis, como recurso à desobediência civil apenas após o esgotamento das vias legais e a necessidade de coordenação entres minorias.

Roberto Gargarella, por sua vez, afirma que as razões que justificam a desobediência civil devem fundar-se em uma situação de alienação legal que envolva questões substantivas e procedimentais.[157] Em outras palavras, a desobediência civil seria legítima sempre que determinados indivíduos e grupos se vissem privados da possibilidade de satisfazer suas necessidades básicas

156. Ibidem, p. 376.

157. GARGARELLA, Roberto. *El derecho de resistência en situaciones de carência extrema*. In: GARGARELLA, Roberto. LO VUÓLO, Rubén (dirs.). Op. cit. p. 35.

e de participar da esfera pública a fim de fazer conhecidos seus pontos de vista e de operar exitosamente mudanças no Direito e na sua aplicação. Quanto à forma de exercício da resistência, *prima facie,* tanto formas passivas (não cooperação) quanto ativas seriam aceitáveis quando pudessem servir, de maneira razoável, para pôr fim a situações de sofrimento extremo.[158] Entretanto, o autor estabelece alguns parâmetros para esse exercício: (i) causalidade, que consiste na presunção relativa de existência de uma relação entre a ordem legal prevalecente e a situação de marginalização; (ii) mútuo respeito, que obsta uma carta branca para atuação contra as autoridades e os particulares; (iii) vínculo ou nexo, que cuida da relação da lesão com a área de protesto, impedindo que os protestantes violem toda e qualquer norma sob pretexto de opressão da ordem jurídica vigente (como, por exemplo, a norma que veda a travessia de via quando o sinal se encontra fechado); e (iv) proporcionalidade, para que o ato não imponha sacrifícios desnecessários a todo o resto da comunidade.[159] Ressalta, ainda, que, no caso de pessoas não desavantajadas solidárias à resistência, sua participação seria legítima desde que não se beneficiassem do ato de resistência com proveito pessoal imediato.[160] Em outras palavras, se, para denunciar violação ao direito de moradia, indivíduos solidários ocupassem um terreno em conjunto com indivíduos desavantajados, seria vedado aos primeiros beneficiarem-se de eventual loteamento posterior daquele espaço pelo poder público.

Os parâmetros apresentados por Gargarella sugerem importantes caminhos para a análise de situações de desobediência sob a égide de uma Constituição democrática. Entretanto, penso que na sua aplicação deve-se conjugar o respeito aos valores do constitucionalismo com o potencial desestabilizador da desobediência civil, de forma a não torná-lo inócuo. Para tanto, tais requisitos podem ser adensados por outros. Um critério possível é o que diferencia resistência autônoma de resistência heterônoma. No

---

158. Ibidem, pp. 38-39.

159. Ibidem, pp. 37-41.

160. GARGARELLA, Roberto. "Comentarios y respuestas finales: pensar y repensar el derecho de resistência". In: GARGARELLA, Roberto. LO VUÓLO, Rubén (dirs.). *El derecho de resistir el derecho.* Op. cit., p. 169.

primeiro caso, a conduta de resistência seria levada a cabo pela própria pessoa que mobiliza certo valor ou argumento. No segundo, haveria uma imposição de vontade no exercício da resistência, como no caso, por exemplo, de ativistas antiaborto, em um ordenamento que legalmente o permitisse, que, como forma de resistência, obrigassem uma mulher a ter um filho indesejado.[161] Outro critério, que se coaduna com os valores da Constituição de 1988, é aquele que leva em conta a natureza do objeto da ofensa — se um bem existencial ou patrimonial[162] — bem como a extensão desse dano — se temporário ou permanente, reversível ou irreversível. Além desses parâmetros genéricos, outros podem ser criados para situações específicas de desobediência, observando-se o peso que determinado ordenamento jurídico atribui a certos direitos em conflito, como foi feito no contexto da transição política na Namíbia por meio dos *Noogard Principles*, voltados para a diferenciação entre situações de crimes políticos e crimes comuns.[163]

Respeitados, portanto, certos parâmetros, a recuperação da noção de desobediência civil é extremamente importante, em um âmbito constitucional, por diversos motivos. Em primeiro lugar, abre a mobilização das normas superiores para diferentes atores — inclusive, e principalmente, os mais vulneráveis, que têm na desobediência o único meio de sensibilizar a sociedade para pôr fim a situações de sofrimento extremo —, relacionando-se à democracia, ao pluralismo e à proteção de minorias. O tratamento constitucional da matéria auxilia, ainda, na desdemonização desses grupos e indivíduos, que, ao invés de se localizarem à margem de um sistema constitucional, são alçados à condição de seus co-

161. Essa ponderação é feita por OLSEN, Francis. "Legitimidad, pobreza y resistência". In: GARGARELLA, Roberto. LO VUÓLO, Rubén (dirs.). *El derecho de resistir el derecho.* Op. cit. p. 144.

162. Parâmetro semelhante é utilizado para aferir a incidência de direitos fundamentais nas relações entre particulares por SARMENTO, Daniel. *Direitos fundamentais e relações privadas*. Rio de Janeiro: Lumen Juris, 2004.

163. Os parâmetros envolviam considerar a motivação, as circunstâncias, a natureza dos motivos políticos (diferenciando mudanças de políticas de derrubadas de regimes), natureza legal e fática da ofensa, incluindo sua gravidade. Objeto da ofensa, se bens pessoas do governo ou de particulares, relação entre a ofensa e o objetivo político inclusive a proximidade da relação e a proporcionalidade. GLOPPEN, Siri. "Sobre el derecho de resistência en contextos de privaciones severas '? Como debería reaccionar el Estado?'". GARGARELLA, Roberto. LO VUÓLO, Rubén (dirs.). *El derecho de resistir el derecho*. Op cit. p. 114.

construtores, afastando-se argumentos relacionados a sua suposta má-fé e abrigando-lhes sob a proteção da liberdade de expressão e de manifestação. Além disso, conferir legitimidade constitucional à desobediência civil reforça a ideia de que os direitos que estão por trás das demandas articuladas por meio desse mecanismo são *trunfos* e não permitem a instrumentalização do indivíduo, nem em função da noção de obediência à lei.[164]

A análise da legitimidade da ação deverá ser realizada na ação concreta, pontual ou continuada, observando-se a presença de certos elementos. Para tanto, será necessário abrir-se para a justificativa dos desobedientes e para a possibilidade de que a ação seja, de fato, uma reivindicação constitucional legítima. Alguns casos exemplificativos servem para ilustrar o que ora se desenvolve.

Em agosto de 2006, o Primeiro Comando da Capital – PCC, notória organização criminosa atuante em São Paulo[165], sequestrou um repórter e um assistente da Rede Globo de Televisão. Como condição para sua libertação, exigiu que fosse transmitido, na aludida emissora, vídeo em que um homem encapuzado criticava o sistema penitenciário à luz da Constituição Federal.

---

164. DWORKIN, Ronald. *Levando os direitos a sério.* Trad. Nelson Boeira. São Paulo: Martins Fontes, 2002, pp. 315-342.

165. Não se defende que a referida organização criminosa deva ser considerada um movimento social, sobretudo porque sua atividade é voltada para obtenção de lucro. Entretanto, optei por manter o documento por pensar que ele é representativo de uma certa demanda de um grupo estigmatizado – os presos. No caso em questão, a facção criminosa funcionou como porta-voz de um grupo que, de tão marginalizado, tem sido incapaz de se autorrepresentar. Por motivos totalmente diferentes, mas levando à mesma conclusão acerca da ilegitimidade do tipo de organização, Antonio Negri e Michael Hard afirmam que haveria uma correspondência "entre as formas de resistência em evolução e as transformações da produção econômica e social". Em uma "genealogia das lutas de libertação", os exércitos populares nas grandes revoluções modernas, atacando as qualidades antidemocráticas das formas anteriores teriam dado lugar à guerra de guerrilha e, finalmente, às formas contemporâneas de luta em redes – pós-fordistas, criativas, cooperativas e auto-organizadas –, que caracteriza as formas de produção econômica e social de hoje. Nesse contexto, a própria noção de legalidade das formas de resistência torna-se também fluída, já que os movimentos agiriam simultaneamente dentro e fora do contexto jurídico. Por isso, segundo afirmam, ao invés do uso da legalidade, seus traços distintivos se concentrariam na sua exigência de democracia. Nesses termos, ao invés de equiparar os zapatistas mexicanos à al-Qaeda, deve-se salientar que os primeiros, assim como como a intifada, tendem a não ter centro de comando e privilegiar a autonomia de todos os elementos participantes, enquanto a segunda, como os cartéis de drogas colombianos, são altamente centralizados e verticais. HARDT, Michael. NEGRI, Antonio. *Multidão*: guerra e democracia na era do Império. Trad. Clóvis Marques. 2ª ed. Rio de janeiro: Record, 2012, pp. 103; 128-129.

"Como integrante do Primeiro Comando da Capital, o PCC, venho pelo único meio encontrado por nós para transmitir um comunicado para a sociedade e os governantes.

A introdução do Regime Disciplinar Diferenciado [RDD] pela Lei 10.792/2003, no interior da fase de execução penal, inverte a lógica da execução penal. E coerente com a perspectiva de eliminação e inabilitação dos setores sociais redundantes, leia-se 'a clientela do sistema penal', a nova punição disciplinar inaugura novos métodos de custódia e controle da massa carcerária, conferindo à pena de prisão o nítido caráter de castigo cruel. O Regime Disciplinar Diferenciado agride o primado da ressocialização do sentenciado vigente na consciência mundial desde o ilusionismo [sic] e pedra angular do sistema penitenciário, a LEP.

Já em seu primeiro artigo, traça como objetivo do cumprimento da pena a reintegração social do condenado, a qual é indissociável da efetivação da sanção penal. **Portanto, qualquer modalidade de cumprimento de pena em que não haja constância dos dois objetivos legais — castigo e a reintegração social —, com observância apenas do primeiro, mostra-se ilegal, em contradição à Constituição Federal.**

Queremos um sistema carcerário com condições humanas, não um sistema falido, desumano, no qual sofremos inúmeras humilhações e espancamentos.

Não estamos pedindo nada mais do que está dentro da lei. Se nossos governantes, juízes, desembargadores, senadores, deputados e ministros trabalham em cima da lei, que se faça justiça em cima da injustiça que é o sistema carcerário, sem assistência médica, sem assistência jurídica, sem trabalho, sem escola, enfim, sem nada.

Pedimos aos representantes da lei que se faça um mutirão judicial, pois existem muitos sentenciados com situação processual favorável, dentro do princípio da dignidade humana.

O sistema penal brasileiro é, na verdade, um verdadeiro depósito humano, onde lá se jogam seres humanos como se fossem animais.

O Regime Disciplinar Diferenciado é inconstitucional. O Estado Democrático de Direito tem a obrigação e o dever de dar o mínimo de condições de sobrevivência para os sentenciados. Queremos que a lei seja cumprida na sua totalidade. Não queremos obter nenhuma vantagem.

Apenas não queremos e não podemos sermos [sic] massacrados e oprimidos. Queremos que, um, as providências sejam

> tomadas, pois não vamos aceitar e não ficaremos de braços cruzados pelo que está acontecendo no sistema carcerário.
>
> Deixamos bem claro que nossa luta é contra os governantes e os policiais. E que não mexam com nossas famílias que não mexeremos com as de vocês. A luta é nós e vocês." (grifou-se)[166]

Embora o sistema carcerário brasileiro enseje gravíssimas violações de direitos fundamentais no país, privando os encarcerados de meios de satisfazer suas necessidades mais básicas[167], o meio empregado pela organização criminosa é francamente incompatível com o Estado de Direito. Isso porque tem como objeto da ofensa um bem existencial — a liberdade — em seu caráter mais fundamental. Além disso, viola o critério de nexo causal sugerido por Gargarella, tendo em vista não haver, entre os jornalistas sequestrados e a situação opressiva e o direito violado, qualquer conexão. Chega a ser paradoxal que, por meio do recurso a um expediente tão extremo, não se busque romper com a ordem vigente, mas, ao contrário, se invoque o respeito à lei e à Constituição. Nesse aspecto, evidencia-se na prática da desobediência civil um elemento de confiança no sistema como um todo.

Caso diverso ocorreu em 1956 em Montgomery, nos Estados Unidos, durante a vigência do regime de segregação racial.[168] A partir da prisão de Rosa Parks, militante do movimento negro que se recusou a ceder seu lugar em um ônibus a um cidadão branco, violando as leis de segregação racial do Alabama, a comunidade negra local articulou-se em uma manifestação de desobediência civil pacífica, liderada por Martin Luther King. Durante os trezentos e oitenta e um dias em que durou o boicote, os cidadãos negros deixaram de usar os ônibus,

166. A lembrança do episódio é feita em HOLSTON, James. *Cidadania insurgente*: disjunções da democracia e da modernidade no Brasil. Trad. Claudio Carina. São Paulo: Companhia das Letras, 2013, pp. 386-387.

167. Tal fato já foi reconhecido, no Brasil, por autoridades três poderes. Em meados de 2015, o Supremo Tribunal Federal julgou uma série de casos em que abordou a questão, dentre os quais se destaca, por sua abrangência, a ADPF n° 347 em que se reconheceu o "estado de coisas inconstitucional" do sistema prisional brasileiro.

168. Thornton, J. Mills, III. "Montgomery, Ala., Bus Boycott." Encyclopedia of African-American Culture and History. Ed. Colin A. Palmer. 2nd ed. Vol. 4. Detroit: Macmillan Reference USA, 2006. 1471-1474. Gale Virtual Reference Library. Web. 24 Aug. 2010. Para relatos e informações detalhadas sobre o episódio veja-se http://www.montgomeryboycott.com/

alternando-se em esquemas alternativos de transporte, como caronas voluntárias, e uso de meios não motorizados, como bicicletas e mulas. Os motoristas de táxi negros passaram a cobrar dez por cento do preço da corrida e diversos grupos e igrejas das comunidades negras ao redor dos Estados Unidos articularam levantamento de fundos para sustentar o boicote e coletaram sapatos novos para substituir os calçados gastos dos cidadãos de Montgomery que passaram a se locomover a pé. Além de sofrerem atentados e violência física, os líderes do boicote foram indiciados, com base em uma lei de 1921, por "conspirar para interferir em um negócio". King chegou a ser preso, tendo declarado que estava orgulhoso de seu crime: "foi o crime de me juntar ao meu povo em um protesto não violento contra a injustiça".[169] O boicote terminou quando o caso chegou à Suprema Corte daquele país e a lei de segregação de ônibus do Alabama foi considerada inconstitucional. [170]

Nesse segundo caso, ao contrário do primeiro, todos os requisitos anteriormente mencionados foram preenchidos, tendo sido reconhecida a legitimidade da ação, inclusive pelo poder Judiciário. No Brasil, o recurso à desobediência civil tem sido utilizado pelo Movimento dos Trabalhadores Rurais Sem Terra – MST, por meio da ocupação de terras e rodovias. Embora a complexidade dos episódios requeira uma análise pormenorizada, que não poderá ser realizada aqui, é importante analisar, à luz das considerações feitas acima, o cerne da discussão que vem sendo travada sobre o tema: o suposto uso da violência por parte do MST.[171]

Em primeiro lugar, conforme visto, a mera indicação genérica de "violência" não é suficiente para afastar a legitimidade das ações, sobretudo porque, com frequência, esse é um argumento utilizado indiscriminadamente por aqueles que pretendem des-

---

169. Para acesso ao processo State of Alabama V. M. L. King Jr., disponível no site do Instituto de Pesquisa e Educação Marthin Luther King da Universidade de Stanford: http://mlk-kpp01.stanford.edu/index.php/encyclopedia/encyclopedia/enc_state_of_alabama_v_m_l_king_jr_1956_and_1960/

170. O caso Browder v. Gayle, 142 F. Supp. 707 (1956). Por força de apelação do estado e da cidade, o caso foi julgado pela Suprema Corte em 17 de dezembro de 1956.

171. GARCIA, José Carlos. *De sem rosto a cidadão: a luta pelo reconhecimento dos sem-terra como sujeitos no ambiente constitucional brasileiro*. Rio de Janeiro: Lumen Juris, 1999.

qualificar movimentos sociais, notadamente quando há recurso à desobediência civil. Antes de tudo, é preciso distinguir, no caso concreto, a violência contra coisas da violência contra pessoas. No primeiro caso, fator relevante na avaliação do ato é sua reversibilidade: a ocupação temporária de uma propriedade pode ser considerada por alguns uma violência a esse bem; contudo, a partir do momento em que a desocupação leva ao fim do alegado dano, tem-se uma mitigação desse elemento. Além disso, no caso de violência física contra pessoas (que, a princípio, é totalmente inadmissível), é preciso avaliar se ocorreu como reação à violência prévia e equivalente. Em outras palavras, é necessário observar se não se trata de um exercício de legítima defesa dos manifestantes. Todavia, para que considerações como essas sejam feitas, é preciso que se leve em conta, no caso concreto, a versão dos autores acerca dos atos de desobediência.

No caso do MST, entretanto, salvo relevantes exceções[172], seus atos, independentemente da análise de suas características concretas, têm sido presumidos pelas autoridades judiciais como violentos, ilegais e ameaçadores da ordem constitucional democrática, sem que seus argumentos sequer sejam considerados.[173]

Conforme será desenvolvido doravante, no capítulo 4, uma abordagem que leve a sério o papel desempenhado por cidadão e movimentos sociais na construção do significado constitucional deverá considerar a desobediência civil como potencial mecanismo de interpretação constitucional difusa e de luta por direitos

172. Veja-se, por exemplo, STJ, HC 4399/SP, 6ª T., Rel. Ministro William Patterson, julg. 12.3.1996, DJ 8.4.1996, p. 10491; E, ainda, "LIBERDADE. FIANÇA CONCEDIDA PELO STJ NÃO PODE SER CASSADA POR JUIZ DE DIREITO, AO FUNDAMENTO DE O PACIENTE HAVER PRATICADO CONDUTA INCOMPATÍVEL COM A SITUAÇÃO JURÍDICA A QUE ESTÁ SUBMETIDO. COMO EXECUTOR DO ACÓRDÃO, DEVERÁ COMUNICAR O FATO AO TRIBUNAL PARA OS EFEITOS LEGAIS. NÃO O FAZENDO, PREFERINDO EXPEDIR MANDADO DE PRISÃO, COMETE ILEGALIDADE. DESPACHO DO RELATOR, NO TRIBUNAL DE JUSTIÇA, NÃO FAZENDO CESSAR ESSA COAÇÃO, POR OMISSÃO, A RATIFICA. CASO DE CONCESSÃO DE MEDIDA LIMINAR. MOVIMENTO POPULAR VISANDO A IMPLANTAR A REFORMA AGRÁRIA NÃO CARACTERIZA CRIME CONTRA O PATRIMÔNIO. CONFIGURA DIREITO COLETIVO, EXPRESSÃO DA CIDADANIA, VISANDO A IMPLANTAR PROGRAMA CONSTANTE DA CONSTITUIÇÃO DA REPÚBLICA. A PRESSÃO POPULAR E PRÓPRIA DO ESTADO DE DIREITO DEMOCRÁTICO".

(STJ, HC 5574/SP, 6ª T., Rel. Min. William Patterson, Rel. p/ acórdão Ministro Luiz Vicente Cernicchiaro, julg. 08.4.1997, DJ 18/08/1997, p. 37916)

173. GARCIA, José Carlos da Silva. "Nas Fronteiras da Constituição: entre reivindicação, protesto e democracia". Tese (doutorado) – Pontifícia Universidade Católica do Rio de Janeiro. Departamento de Direito, 2013.

de indivíduos marginalizados, abrindo-se para a possibilidade de, em casos como esse, enxergar a atuação dos desobedientes como coautores do significado constitucional.

2.4. Conclusão

Como visto no presente capítulo, os movimentos sociais atuam na conformação do significado constitucional tanto institucional quanto extrainstitucionalmente. Essa é uma fronteira fluida, na medida em que as instituições estatais, além de agentes atuantes, erigem-se sobre os significados sociais partilhados pela sociedade. Os entendimentos sociais estão em disputa e, dentre eles, aqueles expressos na Constituição, cujo processo de construção os movimentos sociais buscam influenciar, fazendo prevalecer suas compreensões. Não basta, entretanto, identificar a participação dos movimentos sociais nesse processo: é preciso aclarar o modo de cristalização dos significados constitucionais para identificar suas influências e avaliar sua legitimidade à luz do Direito.

Certos atores, como os movimentos sociais, não podem ser *a priori* excluídos ou demonizados; pelo contrário, devemos enxergá-los lembrando que, historicamente, não obstante todas as dificuldades, foram, muitas vezes, responsáveis pelo avanço do Direito Constitucional em atenção a grupos oprimidos e estigmatizados. Além disso, por meio deles muitos cidadãos brasileiros, em especial quando da Constituinte de 1987-1988, tiveram a oportunidade de entrar em contato, pela primeira vez, com a gramática constitucional.

A ideia de *constitucionalismo difuso* consagra a possibilidade do dissenso na conformação do sentido constitucional. Levar a sério essa possibilidade implica a vedação de medidas que visem a criminalizar expressões reivindicatórias legítimas de manifestantes e movimentos sociais, como tem ocorrido com frequência ao longo da nossa história e, ainda, hoje.

Capítulo

3

O CASO DO MOVIMENTO LGBTIQ+ NO BRASIL

My sobs dislodged something inside me, and I began to understand love is a narrative permission, that stories can be told within its bounds

Kenji Yoshino[1]

3.1. Introdução

Nos capítulos anteriores, procurei mostrar que os movimentos sociais contribuem para a definição do sentido da Constituição por meio da interação com a sociedade e as instituições. Do mesmo modo, ressaltei como os movimentos sociais são influenciados, ao longo de seu desenvolvimento, pela atuação dos atores institucionais e pela gramática constitucional. O processo levado a cabo por cada grupo é particular, mas suas trajetórias auxiliam a compreender como o significado da Constituição se estabelece por meio de diálogos sociais. Assistem a revelar, também, os mecanismos por meio dos quais esse processo se desenvolve, seus efeitos e empecilhos, de forma a poder-se avaliar sua efetividade e desejabilidade. Buscando exemplificar o fenômeno da interação entre os movimentos sociais e o Direito Constitucional, narrarei abaixo, a partir da literatura especializada, a trajetória do movimento nacional das minorias sexuais[2] no Brasil, identificado hoje como movimento LGBTIQ+[3], ao longo da qual poder-se-ão

1. *Covering*: the hidden assault on our civil rights. USA: Random House, 2007. Em tradução livre: Meus soluços desalojaram algo dentro de mim, e eu comecei a entender que o amor é uma permissão narrativa, que histórias podem ser contadas dentro de suas fronteiras.

2. Entenda-se por minoria sexual a definição de Wilets: "Minorias sexuais incluem todos os indivíduos que tradicionalmente têm sido distinguidos pela sociedade por conta de seu comportamento, orientação inclinação sexual ou identidade de gênero (...) sem incluir indivíduos cuja identidade sexual se baseia em comportamento sexual não consensual". WILETS, James D. "International Human Rights Law and Sexual Orientation". *Hastings International & Comparativa Law Review*, n. 18, 1994-1995, p.4.

3. Até 1992, o termo utilizado era "movimento homossexual brasileiro", eventualmente representado pela sigla MHB. O termo "lésbicas" foi incluído em 1993, no Encontro Brasileiro desses grupos, e "gays e lésbicas" em 1995, mesmo ano em que foi promovido o Primeiro Seminário Nacional de Lés-

perceber as contribuições da causa para a conformação de certos sentidos constitucionais preponderantes hoje.

3.2. A trajetória do movimento LGBTIQ+ no Brasil[4]

3.2.1. Criminalização e política da amizade

Historicamente, do advento do cristianismo até o final do século XVIII, os supostos desvios de condutas sexuais eram vistos como pecado, em um período em que três grandes códigos explícitos — o direito canônico, a pastoral cristã e a lei civil — relacionavam o sexo fundamentalmente ao matrimônio.[5] Até então, não existiam figuras desviantes individualizadas, mas condutas condenáveis como perversões. No Brasil Colônia e em Portugal, o travestismo e a sodomia, chamada de "pecado nefando", sujeitavam-se a penas como multas pecuniárias, jejuns, uso de cilícios, açoite público, degredo e morte na fogueira com confisco dos bens e infâmia dos descendentes.[6] Até 1821, quando a inquisição portuguesa foi oficialmente extinta, qualquer cidadão tinha direito e obrigação de fazer denúncias, as quais detalhavam as práticas tidas como condenáveis.[7]

---

bicas. O termo "travestis" foi incluído em 1997 e "bissexuais e transexuais" em 2005. Hoje utiliza-se a sigla LGBT, entendendo-se que o "T" inclui travestis, transexuais e trangêneros, com variações, como mudança de ordem ou inclusão de "I" para intersexual ou "Q" de queer. (SIMÕES, Julio Assis; FACCHINI, Regina. *Na trilha do arco-íris*: do movimento homossexual ao LGBT. São Paulo: Editora Fundação Perseu Abramo, 2008 pp. 146-14)7. Utilizaremos no presente trabalho a versão extendida LGBTIQ+ para evidenciar a diversidade e a não taxatividade da sigla.

4. A tentativa de traçar um panorama nacional sobre o tema esbarra não apenas na diversidade de vivências e experiências ocorridas no país ao longo de décadas, mas também na centralidade, nas narrativas preponderantes, de um sujeito específico: o homem cis homossexual branco que tem como principal cenário para sua atuação a região sudeste do país.

5. FOUCAULT, Michel. *História da Sexualidade I:* a vontade de saber. Trad. Maria Thereza da Costa Albuquerque e J. A. Guilhon Albuquerque. Rio de Janeiro: Edições Graal, 1988, p. 38.

6. Dizia o título XIII do livro quinto das Ordenações Filipinas: "Toda pessoa, de qualquer qualidade que seja, que qualquer pecado de sodomia cometer, seja queimado e feito por fogo em pó, para que nunca de seu corpo e sepultura possa haver memória, e todos os seus bens sejam confiscados para a Coroa de nossos Reinos, posto que tenha decência; e pelo mesmo caso seus filhos e netos ficarão inabilitados e infames, assim como os daqueles que cometem crime de Lesa Majestade". Sobre o travestismo, veja-se o Título XXXI, Livro V das Ordenações Manuelinas e XXXIV, Livro V, das Ordenações Filipinas.

7. TREVISAN, João Silvério. *Devassos no paraíso:* a homossexualidade no Brasil, da colônia à atualidade. São Paulo: Editora Max Limonad, 1986, p. 63. Os processos possuem relatos detalhados das práticas, como, por exemplo, na "história de Baltasar da Lomba, um velho homossexual de 50 anos solteiro conhecido por 'coser, fiar e amassar o pão como mulher' e denunciado em 1594, na Paraíba; além de acusação geral de praticar sodomia com vários índios, Baltasar fora visto especi-

No fim do século XIX, com a consagração do discurso cientificista em detrimento do religioso, procedeu-se à dita "medicalização da homossexualidade e demais desvios", passando a homossexualidade a ser considerada uma doença — primeiro de origem física e, posteriormente, psíquica.[8] Nesse momento, inicia-se a especificação do desviante, que se torna, nas palavras de Foucault, uma personagem dotada de "um passado, uma história, uma infância, um caráter, uma forma de vida".[9]

Os ditos "invertidos" eram sujeitos a internações compulsórias, sendo tratados muitas vezes como inimputáveis, "loucos morais" — a exemplo de Febrônio Índio do Brasil, que, desde 1932, permaneceu internado, por mais de cinquenta e cinco anos, no mesmo manicômio judiciário.[10]

Não que não houvesse tentativa de subversão, mas estavam restritas a iniciativas individuais como a de João Francisco dos Santos, o Madame Satã, que subvertia os códigos de gênero estabelecidos e contava com extensa ficha criminal:

> Eles não se conformavam com a minha valentia, porque eu era homossexual conhecido. Achavam que não podiam perder para mim e por isso estavam sempre querendo me provocar e me bater. Por outro lado os jornais davam destaque para as minhas façanhas exatamente pelo motivo de eu ser homossexual. Mas o que devia fazer? Tornar-me um covarde só para satisfazer as pessoas deles? (...) Eu achava que ser bicha era uma coisa que não tinha nada demais. Eu era porque queria,

ficamente 'com um negro fazendo o pecado nefando em cima de umas ervas fora de casa'; o denunciante contou ainda ao Inquisidor que, noutra ocasião, 'por uma abertura da porta, pôs a orelha e aplicou o sentido e ouviu falar dentro (do quarto) ao dito Baltasar da Lomba e a um negro Brasil (...) que chamava-se sendo pagão Acauí, mancebo de alguns 20 anos, e os sentiu que estavam ambos em uma rede e sentiu a rede rugir e a eles ofegarem como que estavam no trabalho nefando (...) e ouviu do dito índio umas palavras na língua, que queriam dizer 'queres mais?', como coisa que acabavam de fazer o pecado'." TREVISAN, João Silvério. *Devassos no paraíso*. Op. cit. p. 75.

8. BOZON, Michel. *Sociologia da sexualidade*. Op. cit.
9. FOUCAULT, Michel. *História da Sexualidade I*. Op cit., p. 43. E, ainda: "(...) também é morfologia, com uma anatomia indiscreta e, talvez, uma fisiologia misteriosa. Nada daquilo que ele é, no fim das contas, escapa à sexualidade. Ela está presente nele todo: subjacente a todas as formas de conduta, já que ela é o princípio insidioso e infinitamente ativo das mesmas; inscrita sem pudor na sua face e no seu corpo já que é um segredo que se trai sempre." (Ibidem, loc. cit.)
10. TREVISAN, João Silvério. *Devassos no paraíso*. Op. cit. p. 116-120.

> mas não deixava de ser homem por causa disso. E me tornei bicha por livre vontade, não fui forçado pelos outros.[11]

Igualmente, não se pode afirmar que não houvesse, ainda que de caráter não eminentemente político, entidades associativas de pessoas que tinham a homossexualidade como aspecto compartilhado de suas vivências. Era precisamente o caso das turmas de amizade e relacionamento e fã clubes de cantoras de música popular, como Marlene e Emilinha Borba.[12] Havia, ainda, publicações caseiras como *O Snob*, "um jornal para gente entendida", dedicado ao público homossexual masculino, que tratavam de costumes e fofocas.[13] Essa rede de sociabilidade permitia a formação de uma esfera de discurso concorrente, apartada da sociedade, onde os indivíduos homossexuais podiam desenvolver suas identidades e retóricas comuns[14]. Nesse sentido, esses grupos pioneiros tiveram grande importância na conformação do movimento ulterior.

Nesse momento embrionário, em que não havia grupos voltados explicitamente para a militância política, a luta se dava "não por meio da politização da sexualidade e sim pela 'política da amizade'"[15]. Tratava-se de fortalecer os indivíduos como grupo que partilhava uma determinada experiência de marginalização, por

11. PAEZZO, Silvan. *Memórias de Madame Satã:* conforme narração a Sylvan Paezzo. Rio de Janeiro: Lidador, 1972 *apud* GREEN, James N., POLITO, Ronaldo. *Frescos Trópicos*: Fontes sobre a homossexualidade masculina no Brasil (1870 – 1980). Rio de Janeiro: José Olympio, 2006, pp. 142-145.
12. SIMÕES, Júlio Assis. FACCHINI, Regina. *Na trilha do arco-íris*. Op. cit. pp. 66-67. Sobre a célebre Turma Ok, "grupo fundado em 1961, dedicado a promover a sociabilidade entre homens homossexuais no Rio de Janeiro", veja-se SOLIVA, Thiago Barcelos. "Sobre afetos e resistências: Uma análise da trajetória da Turma OK (Rio de Janeiro, Brasil)". *Sexualidad, Salud y Sociedad - Revista Latinoamericana*. n. 31, abr. 2019 , pp. 57-80.
13. Ibidem, pp. 70-71.
14. Como registram Mario Carvalho e Sérgio Carrara, baseados nas observações de Peter Fry, até o final da década de 1960, nos meios homossexuais masculinos prevalecia um "sistema classificatório que identificava o 'passivo sexual' com a mulher e o feminino' que reproduzia essa dicotomia na classificação "bicha" e "bofe". Apenas no final dessa década, buscando a conquista de maior respeitabilidade social "começa a aparecer de forma mais evidente uma nova categoria identitária: "o entendido" (...) [que] passa a designar indistintamente homens que se relacionam sexualmente com outros homens, independentemente dos papéis de gênero e da posição assumida durante o ato sexual". CARVALHO, Mario Felipe de Lima. CARRARA, Sérgio. "Em direção a um futuro trans? Contribuição para a história do movimento de travestis e transexuais no Brasil". *Revista Lationoamerica: Sexualidad, Salud y Sociedad.* Rio de Janeiro: IMS-UERJ, CLAM, n. 14, Dossier n. 2, 2013, p. 322.
15. SANTOS, Sérgio Lima dos. "O movimento homossexual no brasil e a política de enunciação social das homossexualidades: uma reflexão sociológica". In: Anais do VI Congresso Internacional de Estudos sobre a Diversidade Sexual e de Gênero da ABEH. Salvador/Bahia: UFBA, 2012, p. 1-15.

meio do convívio social privado e clandestino.[16] Nesse aspecto, é interessante notar que a experiência desses grupos caracterizava-se por dois fatores que diferenciavam suas experiências daquelas vividas por outras minorias. Por um lado, a possibilidade de "disfarçar" sua condição passando (*passing*) por integrante da maioria no espaço público é facilitada, relegando a visibilidade a códigos intencionais como gestos, gírias e uso de acessórios tais quais pó-de-arroz, carmin e gravatas vermelhas no Rio de Janeiro do início do século XX.[17] Por outro lado, o âmbito privado de realização e estima não era o espaço familiar, mas o das redes de amizade, tendo em vista que o seio familiar, ao invés de proteção e acolhimento, era frequentemente marcado por experiências de subordinação e exclusão.

Note-se que, nesse período, vigia o Código Penal de 1890, que foi amplamente aplicado para reprimir as minorias sexuais por meio dos dispositivos constantes dos artigos 266, que tratava da violência carnal "com o fim de saciar paixões lascivas ou por depravação moral", 282, relativo ao ultraje público ao pudor, e 379, que condenava uso de nome suposto, títulos indevidos e outros disfarces, incluindo "disfarçar o sexo, tomando trajes impróprios do seu, e trazê-los publicamente para enganar"[18]. Nessa atmosfera, em 1937, foi realizada a "Primeira Semana Paulista de Medicina Legal", em que houve ampla discussão sobre a criminalização da homossexualidade e cuja proposta foi retirada da redação final do Código Penal de 1940[19], embora se fizesse presente por meio da aplicação seletiva de outros dispositivos do referido código aos homossexuais por parte das autoridades policiais.

16. "Por isso, certas estratégias, como os 'estalos de dedos' para aplaudir em suas reuniões lúdicas ou representações, com a finalidade de assim evitar suspeitas dos vizinhos, que acabariam em denúncias à polícia; ou também precauções, a fim de evitar a intervenção da força pública para qualquer reunião ou atividade que as turmas fizessem em lugares públicos, ainda que fossem reuniões privadas, e não atos públicos". FIGARI, Carlos. *@s outr@s cariocas*: interpelações, experiências e identidades homoeróticas no Rio de Janeiro". Rio de Janeiro: IUPERJ, 2007, p. 399.

17 .FIGARI, Carlos. *@s outr@s cariocas*. Op. cit., pp. 309; 360.

18. GREEN, James N., POLITO, Ronaldo. *Frescos Trópicos*: Fontes sobre a homossexualidade masculina no Brasil (1870 – 1980). Rio de Janeiro: José Olympio, 2006, pp. 77-79.

19. GREEN, James N., POLITO, Ronaldo. *Frescos Trópicos*. Op cit. pp. 94-97. TREVISAN, João Silvério. *Devassos no paraíso*. Op. cit. p. 115.

3.2.2. O início do movimento organizado

Somente a partir da década de 1970, a homossexualidade foi excluída dos catálogos oficiais de psiquiatria, onde estivera inserida como transtorno mental e de comportamento.[20] Embora entre as décadas de 1910 e 1920 tenha havido forte movimento em prol da "reforma sexual" na Europa, visando à abolição de leis anti-homossexuais, apenas a partir do pós Segunda Guerra iniciou-se a formação ou descoberta de uma identidade desviante, capitaneada pelo movimento gay. Esse processo teve como marco o episódio emblemático conhecido como Revolta de Stonewall, ocorrido em 1969, em Nova Iorque: após uma tentativa da polícia de interditar o bar "Stonewall Inn", frequentado por homossexuais, houve reação da multidão de frequentadores, que atirou pedras, moedas e garrafas, dando início a uma rebelião que prosseguiu noite adentro.[21]

No Brasil, contudo, na década de 1960, estrangeiros relatavam a "ausência mais ou menos total de interesse e atividade intelectual", afirmando que não havia defesa aberta da causa ou tentativa de alterar a opinião pública.[22] Nesse contexto, em dezembro 1962, a revista Fatos & Fotos noticiou casamento de dois indivíduos aos quais se atribuía o sexo masculino. Dois dias após veiculação da notícia, a boate em Copacabana onde foi realizada a comemoração foi fechada pela polícia.[23]

Revelando o tratamento então atribuído ao tema, em 1972, o Instituto Brasileiro de Pesquisa e Informações Parapsicológicas

---

20. O que não significou que não fosse assim vista, inclusive por aplicadores do Direito. João Silvério Trevisan narra a história de um dos editores do jornal Lampião da Esquina, Antônio Chryssóstomo, que foi mantido preso por quase dois anos por conta de sentença, posteriormente reformada por falta de provas, baseada em laudo que afirmava que "a partir do vício do álcool e de desvios sexuais" ele provavelmente teria tomado sua filha adotiva de três anos "como espécie de símbolo para atividades torpes e contrárias à moral e aos bons costumes". (Op. cit. pp. 121-124.)

21. SIMÕES, Julio Assis; FACCHINI, Regina. *Na trilha do arco-íris*. Op. cit. pp. 40-46. Esse episódio é apontado como o "mito de origem" do movimento. FRY, Peter; MACRAE, Edward. *O que é homossexualidade?*. São Paulo: Abril cultural, 1985, p. 97. As batidas policiais eram comuns, mas a resistência excepcional daquele dia pode ter sido motivada pelas fortes emoções provocadas pela morte do ícone gay Judy Garland, cujo funeral ocorrera em Nova Iorque um dia antes. KLARMAN, Michael J. *From closet to the altar*: courts, backlash, and the struggle for same-sex marriage. New York: Oxford Univesity Press: 2014, p. 16.

22. GREEN, James N., POLITO, Ronaldo. *Frescos Trópicos*. Op. cit. pp. 58-59.

23. Ibidem, p. 61.

promoveu o I Simpósio de Debates sobre o Homossexualismo, em que, dos trinta participantes inscritos, apenas um se declarou homossexual. Os tratamentos sugeridos na ocasião envolviam eletrochoques.[24]

A partir da segunda metade da década de 1970, o cenário começou a mudar, chegando-se a afirmar ter havido uma "explosão discursiva gay".[25] Era o período do dito "desbunde", em que se valorizava a contracultura no Brasil, que questionava os padrões sociais convencionais. A esse tempo, surgiram o grupo teatral Dzi Croquetes (que buscava destruir os padrões feminino-masculino), manifestações questionadoras de artistas como Ney Matogrosso, Maria Betânia e Gal Costa, a montagem da peça de teatro de Fernando Melo "Greta Garbo, quem diria, acabou no Irajá" (em que se desenrolava a intimidade de uma relação homossexual), e matérias jornalísticas (como a capa da revista IstoÉ que retratava duas mãos masculinas entrelaçadas).[26] Em 1976, passou a circular coluna jornalística no Jornal Última Hora, pertencente ao influente Grupo Folha, voltada para homossexuais e assinada por Celso Cury, que deu a seguinte declaração em entrevista: "[e]u acho que está havendo não um aumento do homossexualismo, mas um aumento do número de pessoas que já declaram, publicamente, que são homossexuais"[27].

Note-se que a questão das minorias sexuais se torna mais aparente sem que haja, a princípio, um movimento organizado. Em 1976, embora tenha sido marcada comemoração do Dia do Homossexual nos jardins do Museu de Arte Moderna no Rio

24. Ibidem, p. 111. O problema da medicalização da sexualidade persiste. Jane Russo chama atenção para o fato de que, em um primeiro momento, a abordagem médica da sexualidade focava-se nas chamadas "perversões", identificadas como aquelas que perseguiam "prazer sem o ônus da reprodução", e, posteriormente, com o surgimento e a intensa expansão da chamada "psiquiatria biológica", nos anos 1980, houve um declínio da visão psicológica/psicanalítica, passando-se a buscar, desde então, os fundamentos biológicos do comportamento humano (RUSSO, Jane A. "A terceira onda sexológica: Medicina Sexual e farmacologização da sexualidade". *Sexualidad, Salud y Sociedad - Revista Latinoamericana*, n.14, ago. 2013. pp. 176-179). Com relação às pautas LGBTIQ+ têm sido objeto de intenso debate as tentativas de autorização de terapias de reversão sexual e a patologização da identidade trans.

25. SIMÕES, Julio Assis; FACCHINI, Regina. *Na trilha do arco-íris*. Op. cit. p. 78.

26. Sobre o dito "boom guei", cf. TREVISAN, João Silvério. *Devassos no paraíso*. Op. cit. pp. 173-187.

27. Entrevista à Manchete 1977 "São Paulo: os acordes da liberação gay". *apud* GREEN, James N. POLITO, Ronaldo. Op. cit. pp. 168-169.

de Janeiro, seus organizadores não se identificaram e poucos foram os presentes, o que pode ter sido motivado pelo forte aparato policial no local — 20 carros de polícia e 70 policiais.[28] À época, os custos de ser identificado como homossexual ainda eram muito altos. Sob o risco de perseguição e perda do emprego, muitos gays viam-se obrigados a manter-se "no armário". Além disso, muitos tinham internalizada a noção de que eram de fato inferiores e mereciam o tratamento discriminatório que recebiam.[29]

Ademais, a vigência da ditadura militar instaurada em 1964 impunha uma realidade de repressão a todos os indivíduos considerados desviantes e ameaçadores à ordem nacional, categorias nas quais estava incluída a população LGBTIQ+ em geral. Em nome da "moral" e dos "bons costumes", foram praticados pelas autoridades estatais contra pessoas LGBTIQ+s diversas arbitrariedades e atos de violência como demissão de funcionários públicos acusados de serem homossexuais[30], fechamento de estabelecimentos comerciais, vigilância de indivíduos e locais de encontro[31], censura a obras literárias, detenções arbitrárias[32], banimentos de homossexuais de programas televisivos e de travestis da atuação teatral e uso da lei de imprensa para criminalizar jornalistas que tratavam da temática homossexual[33].

No fim de 1977, Wiston Leyland, editor da *Gay Sunshine Press* de São Francisco, veio ao Brasil para recolher material para a publicação de uma antologia de literatura gay latino-americana

28. "Polícia acaba com o dia do homossexual" Jornal Última Hora de 5 de julho de 1976. "Polícia assustou os enxutos que iam ter congresso no MAM". Jornal A Notícia. 05.07.1977 *apud* GREEN, James N. POLITO, Ronaldo. Op. cit.

29. KLARMAN, Michael J. *From closet to the altar*. Op. cit. p. 7.

30. COWAN, Benjamin. "Homossexualidade, ideologia e 'subversão' no regime militar". In: GREEN, James. QUINALHA, Renan (org.). *Ditadura e homossexualidades:* repressão, resistência e a busca da verdade. São Carlos: Edufscar, 2014, pp. 32-33

31. MORANDO, Luiz. "Por baixo dos panos: repressão a gays e travestis em Belo Horizonte (1963-1969). "Lésbicas e a ditadura militar: uma luta contra a opressão e por liberdade". In: GREEN, James. QUINALHA, Renan (org.). *Ditadura e homossexualidades*. Op. Cit.

32. FERNANDES, Marisa. "Lésbicas e a ditadura militar: uma luta contra a opressão e por liberdade". In: GREEN, James. QUINALHA, Renan (org.). *Ditadura e homossexualidades*. Op. Cit. pp 127-128

33. RODRIGUES, Rita de Cassia Colaço. "De Denner a Chrysóstomo, a repressão invisibilizada: as homossexualidades na ditadura". In: GREEN, James. QUINALHA, Renan (org.). *Ditadura e homossexualidades*. Op. Cit. pp. 211-222.

e, em entrevista, declarou: "[t]enho a impressão de que não existe aqui o que se possa definir como movimento 'gay'. Mas por outro lado está havendo uma mudança de comportamento em relação ao machismo, graças ao material que já circula. Já existe uma publicação dedicada ao *gay people*, chamada *Entender*, e que circula em boates. Existe a 'Coluna do Meio', de Celso Cury, além de peças de teatro e livros. Tudo isso me parece uma abertura".[34] Em entrevista ao jornal Pasquim, o norte-americano teve que responder à indagação acerca do fato de se a demanda homossexual seria típica de países desenvolvidos, enquanto a questão no Brasil seria "redistribuir terra e renda nacional". Em sua resposta, afirmou que as lutas poderiam ser feitas simultaneamente e que os problemas da homossexualidade não podiam continuar sendo ignorados: "[n]ão consigo distinguir as duas coisas. O movimento gay é um movimento de mudança, e consequentemente também contribui para as mudanças políticas e sociais[35]". João Silvério Trevisan reafirma ser essa uma das preocupações na "primeira fase do Movimento" — a de se "seria politicamente válido que nos reuníssemos para discutir sexualidade, considerada secundária no contexto da grave situação brasileira" — e aduz que "sem uma resposta clara, qualquer movimento empacava nessa questão. Como se não bastasse, 70% do grupo admitia francamente se achar anormal por causa da homossexualidade".[36]

A vinda de Leyland inspirou a criação por intelectuais, em maio de 1978, no Rio de Janeiro, do irreverente jornal mensal *Lampião da Esquina*, que se propunha explicitamente a "resgatar essa condição que todas as sociedades construídas em bases machistas lhe negou: o fato de que os homossexuais são seres humanos e que, portanto, têm todo o direito de lutar por sua plena realização, enquanto tal"[37], dando início a um movimento

34. "A identidade de uma minoria". Folha de São Paulo, 3 de outubro de 1976, *apud* GREEN, James N. POLITO, Ronaldo. *Frescos Trópicos*. Op. cit.

35. "Os gays estão se conscientizando" O Pasquim. 10.11.1977, *apud* GREEN, James N. POLITO, Ronaldo. *Frescos Trópicos*. Op. cit.

36. TREVISAN, João Silvério. *Devassos no paraíso*. Op. cit. p. 202.

37. "Editorial". *Lampião de Esquina*. n. zero, abril 1978. Todas as 37 edições do jornal estão disponíveis em http://www.grupodignidade.org.br/blog/cedoc/jornal-lampiao-da-esquina/

homossexual no Brasil[38, 39]. *Lampião* funcionava, de certa forma, como o porta-voz do movimento, e tinha participação ativa na constituição desse próprio movimento. Sem se limitar à militância, a publicação abrangia seções de opinião, noticiário geral, cobertura de artes, cartas, poemas e contos, tendo sido idealizada por intelectuais, escritores e artistas de peso como Peter Fry, Jean Claude Bernardet, Aguinaldo Silva, João Antônio Mascarenhas, Darcy Pentado e João Silvério Trevisan. É emblemático da luta contra a invisibilidade que o primeiro editorial do jornal tenha se denominado *Saindo do Gueto*.[40]

Nessa época, em São Paulo, formaram-se grupos "para discussão e atividade liberacionista", cujas primeiras atividades concentravam-se sobre os indivíduos presentes e suas experiências, dúvidas, problemas, projetos, na busca de uma identidade como grupo social. Os encontros tinham caráter confessional e autobiográfico (*gay consciouness-raising groups*).[41] Segundo relatos de seus participantes, eram contestadores, antiautoritários e se opunham a lideranças centrais. Buscavam, por meio da aproximação das esferas pública e privada, "trepadas como atos políticos mesmo porque a atuação política devia 'estar cheia da ternura que tínhamos aprendido fora e debaixo dos lençóis'"[42]. Tinham por norma o consenso e estimulavam a autogestão. Os grupos tinham como bandeira o direito ao prazer e buscavam a transformação da vida quotidiana, o que incluía questionar vivências como a monogamia e promover a experimentação dos

38. Essa afirmação parece ser consensual na literatura sobre o tema.

39. Não obstante a notícia de publicações homoeróticas anteriores no Brasil, como, por exemplo, a história "O menino do Gouveia" publicada provavelmente em 1914 e assinada por autor de pseudônimo Capadócio Maluco. GREEN, James N. POLITO, Ronald. *Frescos Trópicos*. Op. cit. p. 37.

40. Em agosto de 1978, os editores do jornal foram acusados pela polícia de "serem pessoas que sofriam de graves problemas comportamentais", ofensores a moral e aos bons costumes. Foram interrogados e fichados e contaram com o apoio do Sindicato dos Jornalistas de Rio e São Paulo. Celso Curi também foi vítima das mesmas acusações, mas foi absolvido. TREVISAN, João Silvério. *Devassos no paraíso*. Op. cit. pp. 210-211.

41. TREVISAN, João Silvério. *Devassos no paraíso*. Op. cit. p. 205. MACRAE, Edward. "Os respeitáveis militantes e as bichas loucas". In: FRY, Peter; CORREA, Mariza (orgs.). *Caminhos Cruzados. Linguagem, Antropologia. Ciências Naturais*. São Paulo: Brasiliense, 1982, pp. 99-112.

42. "Grupo SOMOS, uma experiência". Lampião da Esquina, n. 12, maio de 1979.

corpos.[43] Nesse momento, prevaleciam a ausência de consistência ideológica e organicidade, a falta de uma proposta objetiva e definitiva. Persistia a acusação de que aquela era uma "luta menor", que escamoteava a questão da luta de classes, tendo o enfretamento com setores da esquerda se explicitado em debate ocorrido na Faculdade de Ciências Sociais da USP em fevereiro de 1979, quando houve enfrentamento verbal entre os militantes.[44]

A partir desse momento, houve certa institucionalização e o surgimento do grupo Somos, que pouco depois aumenta de tamanho, passa a incluir mais mulheres e adota organização em grupos de discussão descentralizados. Surgiram também outros grupos, como Eros e Libertos, também de São Paulo, entre os quais havia relação e tensão. Mesmo no próprio Somos havia divergências das mais diversas — acerca da conduta de travestis, da natureza da homossexualidade, do papel dos bissexuais e do estabelecimento de uma identidade mais fluida ou mais rígida.[45]

Em abril de 1980, ocorreu o I Encontro Brasileiro de Grupos Homossexuais Organizados - EGHO, em São Paulo, com mais de duzentos indivíduos e nove grupos participantes. Na ocasião, discutiu-se a centralização do movimento e houve embate de correntes e aproximação com partidos políticos. A partidarização dos grupos homossexuais gerou divergência, havendo o alinha-

43. TREVISAN, João Silvério. *Devassos no* paraíso. Op. cit. p. 212. MACRAE, Edward. "Os respeitáveis militantes e as bichas loucas". Op. cit.

44. TREVISAN, João Silvério. *Devassos no paraíso*. Op. cit., p. 208. O próprio Lula, à época atuante líder sindical, chegou a declarar que "feminismo era coisa de quem não tinha o que fazer". "ABC de Lula". In: Lampião da Esquina, n. 14 julho de 1979, Rio de Janeiro. Para uma análise da relação da esquerda tradicional e os movimentos em prol dos homossexuais, leia-se GREEN, James "A luta pela igualdade: desejos, homossexualidade e a esquerda na América Latina". In. GREEN, James; MALUF, Sônia (orgs.). *Cadernos AEL: homossexualidade, sociedade, movimento e lutas. IFCH/AEL*, v.10, n. 18/19. Campinas, SP: EDUNICAMP, 2003.

45. SIMÕES, Julio Assis; FACCHINI, Regina. *Na trilha do arco-íris*. Op. cit. p. 102. Sobre o GALF, Soares e Costa assinalam que: "As integrantes do LF [Lésbico Feminista, grupo dissidente do SOMOS], não integradas ao SOS Mulher, criaram o GALF – Grupo de Ação Lésbica Feminista, em 1981. Na primeira fase (1982-1984), o GALF realizou vários eventos, publicou o boletim ChanaComChana (CCC), participou de debates, encontros e "agitos" do Movimento Homossexual e Feminista, fez contatos com grupos do exterior, iniciou aproximação com lésbicas não-organizadas, que vendiam o CCC em bares e boates de São Paulo. O grupo realizou manifestação durante debate sobre violência contra a mulher, em 1982, organizado pelo SOS Mulher. Distribuiu panfleto, denunciando o silêncio do movimento feminista sobre as diversas formas de violência sofridas pelas lésbicas". SOARES, Gilberta Santos; COSTA, Jussara Carneiro. "Movimento lésbico e Movimento feminista no Brasil: recuperando encontros e desencontros". *Labrys, études féministes/ estudos feministas*. julho /dezembro 2011 -janeiro /junho, 2012, p. 36.

mento de alguns deles com os movimentos políticos e partidários e cisões importantes, como a saída de integrantes que fundaram o Grupo de Ação Lésbica Feminista.[46] Não obstante as divergências, foram tomadas por consenso as decisões de apoiar a alteração do código de doenças referente a "transtornos sexuais" e a introdução da proteção de direitos relacionados à opção sexual na Constituição. Ainda no campo jurídico, decidiu-se promover a legalização jurídica dos grupos, a denúncia da discriminação contra homossexuais exercida por empregadores e o acompanhamento de investigações sobre arbitrariedades cometidas por policiais contra homossexuais.[47]

Note-se que a institucionalização dos grupos e a aproximação de alguns deles com os partidos políticos ocorre simultaneamente à elaboração de uma pauta que perpassa questões jurídicas e mobiliza o arcabouço constitucional, tendo como uma de suas demandas principais a inclusão dos direitos à opção sexual na Constituição. Além disso, houve, por volta desse período, o que pode ser considerada a primeira manifestação de rua do movimento homossexual brasileiro, articulada com representantes dos movimentos feminista e negro. Tratava-se de um ato público realizado em frente ao Teatro Municipal de São Paulo, em oposição à Operação Limpeza promovida pela Polícia Civil, que afetava os frequentadores noturnos do centro da cidade, em grande parte homossexuais.[48] O movimento organizado expande, assim, sua atuação para os canais institucionais e para as ruas.[49]

---

46. TREVISAN, João Silvério. *Devassos no* paraíso. Op. cit. pp. 215 a 219. SIMÕES, Julio Assis; FACCHINI, Regina. *Na trilha do arco-íris*. Op. cit. pp. 106-107. Assim como as mulheres, os negros experimentavam desconforto no interior do movimento homossexual. CONDE, Michele Cunha Franco. "O movimento homossexual brasileiro, sua trajetória e seu papel na ampliação do exercício da cidadania". Dissertação de Mestrado em Sociologia e Filosofia da Universidade Federal de Goiás, 2004, p. 97.

47. SIMÕES, Julio Assis; FACCHINI, Regina. *Na trilha do arco-íris*. Op. cit. pp. 106-107. Lampião número 24, maio de 1980, pp. 3-7.

48. Ibidem, pp. 111-112. Lampião da Esquina, n. 26, julho de 1980, p. 13.

49. Evento de protesto pouco mencionado se deu em 1983. Comparado o evento à Revolta de Stonewall, Vange Leonel afirma: "[a]qui em São Paulo, nós tivemos um protesto parecido. Aconteceu no Ferro's Bar, alvo preferencial do delegado José Wilson Richetti, que estacionava ali um camburão para prender gays, lésbicas, prostitutas e travestis, frequentadores decanos do pedaço. Em agosto de 1983, o dono do Ferro's proibiu que as ativistas do GALF (Grupo de Ação Lésbica Feminista) vendessem ali o seu jornal, expulsando-as em seguida. A chapa esquentou. Lideradas por Rosely Roth, as meninas se reuniram em frente ao bar. O protesto teve a cobertura inédita e sem preconceito da imprensa. Contou com os apoios da então vereadora Irede Cardoso e de Zulaiê Cobra Ribeiro, que era conselheira da OAB. Tudo terminou com a invasão do local pelo grupo e um pedido de descul-

Entretanto, pouco depois, o Jornal Lampião entraria em crise por conta de dificuldades financeiras e desentendimentos entre seus membros e circularia sua última edição, a de número 37, em junho de 1981. Sua extinção foi sentida por grupos que o tinham como referência e o utilizavam para acompanhamento de atividades.[50] Observa-se, a partir dos anos 1980, um enfraquecimento do movimento concomitantemente ao início da epidemia de AIDS e ao processo de redemocratização.[51] Em 1983, o pioneiro grupo Somos se dissolveu. Nesse sentido, enquanto no EGHO de 1982 havia vinte e dois grupos participantes, na edição de 1984 havia apenas quatro.[52]

3.2.3. *Aproximação dos poderes instituídos e visibilidade social*

Na década de 1980, além da redução no número de grupos integrantes do então chamado MHB (Movimento Homossexual Brasileiro), alterou-se a forma de militância, que passou a se configurar como ação mais pragmática, menos refratária à ação no campo institucional, menos identificada com a esquerda política e mais preocupada com organização institucional e garantias de direitos.[53] Alguns grupos se aproximaram do serviço de saúde em função da AIDS e começou a ser organizado no país o I Programa de Combate à Aids.[54] Em 1985, foi fundado, por homossexuais que já haviam militado em outros grupos, o Gapa, que visava a um trabalho de doação de cestas-básicas, roupas e remédios para as vítimas do HIV.[55] O Grupo Gay da Bahia, por sua vez, iniciou, em 1981, campanha para que o Ministério da Saúde deixasse de

pas do dono. LEONEL, Vange. "A Revolta do Ferro's Bar". Coluna GLS, Revista da Folha de São Paulo, publicada em 24.8.2008.

50. Ibidem, pp. 110-111.

51. Fatores que poderiam ter contribuído para esse cenário seriam a dificuldade de mobilização dos ativistas por conta da inflação e do desemprego e a ideia de que, em tempos democráticos, os direitos civis de homossexuais poderiam se expandir com maior facilidade. Além disso, o maior espaço nos meios de comunicação convencionais e a expansão de um mercado voltado para homossexuais poderiam ter corroborado essa impressão. FACCHINI, Regina. "Movimento homossexual no Brasil: recompondo um histórico". *Cad AEL*, v. 10, n. 18/19, 2003, p. 95.

52. GREEN, James N.; POLITO, Ronald. *Frescos Trópicos*. Op. cit.

53. SIMÕES, Julio Assis; FACCHINI, Regina. *Na trilha do arco-íris*. Op. cit. p. 61.

54. GALVÃO, Jane. *Aids no Brasil*: a agenda de construção de uma epidemia. Rio de Janeiro: ABIA, 2000.

55. SANTOS, Gustavo Gomes da Costa. "Mobilizações homossexuais e estado no Brasil: São Paulo (1978-2004)". *RBCS*, v. 22, n. 63 fevereiro/2007, p. 127.

adotar o Código 302.0 da Classificação Internacional de Doenças (que incluía, entre elas, o "homossexualismo"), o que foi alcançado em 1985 no âmbito do Conselho Federal de Medicina. Em 1982, poucos meses antes das eleições estaduais e municipais, o Partido dos Trabalhadores incluiu a questão homossexual em sua plataforma.[56] Observe-se que, nesse momento, o Poder Executivo demonstra maior abertura para o movimento homossexual, aproximação que se estreitou nos esforços comuns de combate à AIDS, desencadeando a formação de ONGs e associações de soropositivos. E, no início dos anos de 1990, o Estado brasileiro promoveu sua articulação com o Banco Mundial e a Organização Mundial de Saúde para o combate que incluía a participação da sociedade civil.[57]

No âmbito do Legislativo, o Triângulo Rosa, do Rio de Janeiro, em articulação com o Grupo Gay da Bahia e o Lambda, de São Paulo, capitaneou campanha junto à Assembleia Constituinte para inclusão da proibição de discriminação por orientação sexual — o uso do termo foi uma solução de consenso entre aqueles que adotavam um viés essencialista da condição homossexual e aqueles que a encaravam como uma opção[58]. Essa articulação foi derrotada, inclusive quando da revisão da Constituição, em que foi apresentada emenda pelo deputado Fábio Feldman (PSDB). Não obstante, a demanda foi contemplada nas Constituições Estaduais de Sergipe e Matogrosso e em vinte e sete leis orgânicas municipais.[59]

A partir de 1992, volta a crescer a quantidade de grupos nos encontros nacionais. Nos encontros anteriores, ainda que com o quórum reduzido, importantes deliberações foram aprovadas. Além das lutas pela despatologização e por uma legislação antidiscriminatória, passaram-se a apoiar oficialmente a legalização do casamento gay, um tratamento positivo da homossexualidade na

56. TREVISAN, João Silvério. *Devassos no paraíso*. Op. cit. p. 224.

57. GALVÃO, Jane. *Aids no Brasil*. Op. cit. pp. 135 *et seq*.

58. A esse respeito, Cristina Câmara chama atenção para o fato de que ao utilizar a expressão "'orientação sexual', o Triângulo Rosa marcou sua especificidade frente a outros grupos e, ao mesmo tempo, rompeu simbolicamente o 'gueto homossexual'". (CÂMARA, Cristina. "Um olhar sobre a história do ativismo LGBT no Rio de Janeiro". *Revista do Arquivo Geral da Cidade do Rio de Janeiro*. n.9, 2015, p. 382).

59. GALVÃO, Jane. *Aids no Brasil*. Op. cit. pp. 122-123.

mídia e a inclusão da educação sexual nos currículos escolares.[60] Entre 1989 e 1991, a AIDS foi o tema principal das discussões.[61] A partir de 1992, com o aumento significativo do número de grupos participantes, nota-se, nos encontros nacionais, a presença de ONGs, de grupos lésbicos e de estados que nunca haviam tido representantes, como Rio Grande do Sul e Minas Gerais.

Também nos primeiros anos da década de 1990, verifica-se intensificação dos esforços em prol da afimação de uma identidade lésbica autônoma a partir de "um adensamento da teia de sustentação de grupos exclusivamente formados por lésbicas, o fortalecimento da participação lésbica nos grupos mistos, o surgimento de novos grupos (especialmente ONGs) e de novas lideranças".[62] Adicionalmente, "em resposta à violência policial nos locais de prostituição" e "a partir de projetos de prevenção [contra a AIDS] junto à população de travestis profissionais do sexo"[63], começam a se articular organizações de transexuais e travestis que, "muitas vezes referidas como caricaturas do feminino, associadas à prostituição, pequenos furtos e drogas," por muitos anos foram "apartadas de do movimento 'homossexual' que pretendia a "construção de uma identidade homossexual 'normal'"[64]. Em 1993, capitaneado pela primeira organização de travestis do Brasil, a Associação de Travestis e Liberados do Rio de Janeiro (ASTRAL), é organizado o 1º Encontro de Travestis e Liberados, atualmente Encontro Nacional de Travestis e Transexuais[65], e em 1996, com o apoio do Ministério da Saúde, o Seminário Nacional de Lésbicas (Senale) [66].

A partir dessa época, os encontros passam a se beneficiar de financiamentos de programas estatais de combate à DST/AIDS

60. Idem, p. 128.

61. FACCHINI, Regina. "Movimento homossexual no Brasil: recompondo um histórico". Op. cit. p. 104.

62. ALMEIDA, Gláucia. HEILBORN, Maria Luiza. "Não Somos Mulheres Gays: identidade lésbica na visão de ativistas brasileiras". *Gênero*. v. 9, n. 1, p. 225-249, 2. sem. 2008, p. 227.

63. CARVALHO, Mário Felipe de Lima. CARRARA, Sérgio. "Em direção a um futuro trans? Contribuição para a história do movimento de travestis e transexuais no Brasil". Op. cit. p. 325.

64. CÂMARA, Cristina. "Um olhar sobre a história do ativismo LGBT no Rio de Janeiro". Op. cit. p. 384.

65. Idem, loc. cit.

66. ALMEIDA, Gláucia. HEILBORN, Maria Luiza. "Não Somos Mulheres Gays: identidade lésbica na visão de ativistas brasileiras". Op. cit. 2008, p. 229.

e passam a ocorrer encontros nacionais de gays e lésbicas que trabalham com AIDS, o que faz com que grupos e associações em todo o país se aproximem do terceiro setor e passem a se preocupar com elaboração de projetos para financiamento, formação de quadros profissionais para estabelecer relações com parlamentares, mídia, organizações internacionais, apresentação de resultados, profissionalização de militantes, etc[67]. Além disso, passa-se a contar com a presença de organizações de travestis e com a discussão de temas como religiosidade, transexualidade e com a articulação com o movimento em nível internacional.

Em 1995, a 17ª edição da Conferência Internacional da *International Gay and Lesbian Association* (Ilga) é realizada pela primeira vez no Brasil, no Rio de Janeiro. Não ocasião, é apresentada, pela então deputada Marta Suplicy, presidente de honra da conferência, a primeira versão do projeto de lei de união civil entre pessoas do mesmo sexo.[68] Com participação de cerca de duas mil pessoas, o evento foi encerrado com Marcha pela Cidadania Plena de Gays e Lésbicas, considerada um marco para a consolidação das Paradas LGBT no Brasil.[69]

No final da década de 1990, grupos de combate à AIDS passam a utilizar a estratégia de ajuizamento de ações judiciais para a garantia de tratamento da doença.[70] Em 2000, é julgado o Recurso Extraordinário nº 271.286, em que o Supremo Tribunal Federal reafirma o entendimento de que direito à saúde pode ser demandado por indivíduos judicialmente, garantindo a distribuição gratuita de remédios de combate à AIDS.[71]

---

67. Camilo Brazl *et al.* registram que que os "grupos LGBT criados no interior de Goiás ganharam fôlego a partir do Projeto Somos", projeto "apoiado financeiramente pelo Programa Nacional de AIDS"que, desde 1999, passou a "fomenter a criação de novos grupos LGBT desde 1999 em todas as regiões geográficas do Brasil". BRAZ, Camilo; MELLO, Luiz; PERILO; Marcelo; MAROJA, Daniela. "Para além das fronteiras: parcerias e tensões em torno da construção da cidadania na perspectiva do movimento LGBT em Goiás". Estudos de Sociologia, v. 2, n. 17, 2011.

68. SANTOS, Gustavo Gomes da Costa. "Mobilizações homossexuais e Estado no Brasil: São Paulo (1978-2004)". *RBCS*, v. 22, n. 63, fevereiro/2007, p. 127.

69. CÂMARA, Cristina. "Um olhar sobre a história do ativismo LGBT no Rio de Janeiro". Op. cit. p. 388.

70. SCHEFFER, Mário. (coord.) *O Remédio via Justiça*: Um estudo sobre o acesso a novos medicamentos e exames em HIV/aids no Brasil por meio de ações judiciais / Ministério da Saúde, Secretaria de Vigilância em Saúde, Programa Nacional de DST e Aids. Brasília: Ministério da Saúde. 2005, p. 27.

71. STF, RE 271286 AgR, 2ª T., Rel. Min. Celso de Mello, julg. 12.09.2000.

No mesmo ano, o assassinato por motivações homofóbicas do adestrador de cães Edson Néris da Silva levou a diversas manifestações de militantes, dentre elas uma vigília contra a violência aos homossexuais.[72] Outros atos acompanharam episódios de discriminação. Uma das modalidades de ação coletiva adotadas foi o beijaço (*kiss-in)*, ato em que os militantes se beijam nos espaços públicos ou privados em que essas manifestações são coibidas[73], e outra, talvez a mais conhecida, foi a realização de paradas inspiradas nas estadunidenses *Gay Pride Parade.*[74] A parada do Orgulho LGBT ocorre hoje em mais de cem localidades no Brasil. Em São Paulo, iniciou-se em 1997, quando foi realizada com caixas de som instaladas em uma Kombi emprestada pelo Sindicato das Costureiras.[75] Dados da última edição da parada do Orgulho LGBT de São Paulo indicam a presença de 3 milhões de pessoas na parada que, desde 2001, acompanha o feriado de *Corpus Christi*, aderindo ao calendário da cidade[76]. As paradas — maiores manifestações políticas coletivas do país — tiveram importante papel em atrair a atenção de meios de comunicação e na formação de um "mercado GLS" e de uma "cultura gay".[77] Nesse ponto, nota-se uma confusão entre atores do mercado e militantes o que, numa sociedade de consumo, serve para impulsionar algumas pautas do movimento e, ao mesmo tempo, para moldá-lo e domesticá-lo[78].

72. SANTOS, Gustavo Gomes da Costa. "Mobilizações homossexuais e Estado no Brasil". Op. cit. pp. 127-128.

73. Ibidem, p. 128.

74. Ibidem, p. 129.

75. SIMÕES, Julio Assis; FACCHINI, Regina. *Na trilha do arco-íris*. Op. cit. p. 150. França sistematiza as diferentes fases da Parada em São Paulo em três: uma inicial em que o evento é produzido de maneira "artesanal e como um evento doméstico", a segunda em que se torna um evento esperado "reconhecido pelo movimento como uma estratégia de sucesso" e se abre para a interação social, e uma terceira, que dura até 2005, em que o foco nas reivindicações específicas "GLBT"s é retomado. FRANÇA, Isadora Lins. Cercas e Pontes: O Movimento GLBT e o mercado GLS na cidade de São Paulo. Dissertação de Mestrado em Antropologia Social – Universidade de São Paulo, 2006.

76. PINHONI, Marina. "Parada LGBT de 2019 movimentou R$ 403 milhões em SP, diz prefeitura". G1. 29/06/2019. Disponível em: https://g1.globo.com/sp/sao-paulo/noticia/2019/06/29/23a-parada-lgbt-movimentou-r-403-milhoes-em-sao-paulo-diz-prefeitura.ghtml.

77. SANTOS, Gustavo Gomes da Costa. "Mobilizações homossexuais e Estado no Brasil". Op. cit., p. 129.

78. Como afirma Isadora França: "Embora o discurso presente acima, que indiferencia atores do mercado de militantes pela via da identidade e do enfrentamento com o preconceito, seja uma visão não hegemônica no mercado, é por essa via que se estruturou grande parte da aproximação das relações mercado e movimento, justamente nos pontos de intersecção entre os discursos comuns a ambos os atores. É também por essa via que se justifica o trânsito de pessoas entre atividades relacionadas ao mercado e ao movimento GLBT, sendo comum que profissionais que atuam em se-

O mesmo vale para a relação do movimento com os poderes instituídos. A aproximação e a dependência, especialmente em termos de financiamento, tendem a levar a um abrandamento e alinhamento de posições. No âmbito do Executivo, essa aproximação trouxe, em um primeiro momento, avanços para a implementação de algumas pautas do movimento e a expansão da temática LGBTIQ+ no âmbito estatal para além campo das doenças sexualmente transmissíveis e das políticas de saúde, passando a abranger também debates em torno de direitos humanos, educação e assistência social[79]. Enquanto o Programa Nacional de Direitos Humanos, em sua versão de 1996, não apresentou nenhuma ação governamental voltada para LGBTIQ+s, em 2002 incluíram-se metas nesse sentido.[80] Em 2004, foi lançado o programa "Brasil sem

---

tores do mercado, seja na mídia, noite, turismo ou no setor editorial, tenham em algum momento de sua trajetória participado de atividades do movimento, e vice-versa. A questão da identificação com o público homossexual fica bastante clara quando os entrevistados enfatizam que as dificuldades financeiras encontradas para gerir seus negócios, advindas do preconceito e estigmatização de que são alvo, são ultrapassadas pela identificação que têm com aquele público, como se houvesse a necessidade de lucrar, comum a qual- quer empreendimento do mercado, mas um diferencial em relação a outras atividades comerciais, que aparece quando surgem dificuldades financeiras e há a opção por continuar investindo, movido por um sentimento que transcende a racionalidade do mercado." FRANÇA, Isadora Lins."Identidades coletivas, consumo e política: a aproximação entre mercado GLS e movimento GLBT em São Paulo". *Horizontes Antropológicos*, Porto Alegre, ano 13, n. 28, p. 289-311, jul./dez. 2007, pp. 300-301.

79. MACHADO, Frederico Viana; RODRIGUES, Cristiano Santos. "Movimentos Negros e LGBT no Governo Lula: desafios da institucionalização segmentada". In: MACHADO, Frederico Viana; MASSOLA, Gustavo; RIBEIRO, Maria Auxiliadora Teixeira (orgs.). *Estado, Ambiente e Movimentos Sociais*. Florianópolis: ABRAPSO, Edições do Bosque, 2015. p. 24.

80. ALMEIDA NETO, Luiz Mello de. "Política sexual e conjugalidade homossexual no Brasil contemporâneo", Op. cit. pp. 24-15: "1 - propor emenda à constituição federal para incluir a garantia do direito à livre orientação sexual e a proibição da discriminação por orientação sexual; 2 - apoiar a regulamentação da parceria civil registrada entre pessoas do mesmo sexo e a regulamentação da lei de redesignação de sexo e mudança de registro civil para transexuais; 3 - propor o aperfeiçoamento da legislação penal no que se refere à discriminação e à violência motivadas por orientação sexual; 4 - excluir o termo "pederastia" do código penal militar; 5 - incluir nos censos demográficos e pesquisas oficiais dados relativos à orientação sexual; 6 - promover a coleta e a divulgação de informações estatísticas sobre a situação sócio-demográfica dos GLTB, assim como pesquisas que tenham como objeto as situações de violência e discriminação praticadas em razão de orientação sexual; 7 - implementar programas de prevenção e combate à violência contra os GLTB, incluindo campanhas de esclarecimento e divulgação de informações relativas à legislação que garante seus direitos; 8 - apoiar programas de capacitação de profissionais de educação, policiais, juízes e operadores do direto em geral para promover a compreensão e a consciência ética sobre as diferenças individuais e a eliminação dos estereótipos depreciativos com relação aos GLTB; 9 - inserir, nos programas de formação de agentes de segurança pública e operadores do direito, o tema da livre orientação sexual; 10 - apoiar a criação de instâncias especializadas de atendimento a casos de discriminação e violência contra GLTB no poder judiciário, no ministério público e no sistema de segurança pública; 11 - estimular a formulação, implementação e avaliação de políticas públicas para a promoção social e econômica da comunidade GLTB; 12 - incentivar programas de orientação familiar e escolar para a resolução de conflitos relacionados à livre orientação sexual, com o objetivo de prevenir atitudes hostis e violentas; 13 - estimular a inclusão, em programas de direitos humanos estaduais e munici-

Homofobia", contemplando cinquenta e três propostas voltadas ao combate à discriminação e à violência contra gays, lésbicas e transgêneros, envolvendo diversos ministérios e secretarias. Em maio de 2009, a Secretaria Especial dos Direitos Humanos da Presidência da República divulgou o Plano Nacional de Promoção da Cidadania e Direitos Humanos LGBT a partir dos resultados obtidos na 1ª Conferência Nacional GLBT, que ocorreu em Brasília em junho de 2008. O Plano pretendeu apresentar não só as diretrizes gerais de políticas públicas voltadas para a população LGBT, como também identificar metas e mecanismos de controle dos instrumentos empregados e da produção de resultados, prevendo aproximadamente 180 medidas, fiscalizadas por mais de 10 ministérios e outros órgãos distintos da Administração Pública.

Observe-se que, a essa altura, o movimento já tinha sido capaz de tornar visível, para a sociedade em geral e para os poderes públicos, sua causa, por meio da veiculação das histórias individuais, sensibilizando as pessoas "de fora" para as vidas por trás de uma demanda abstrata, das manifestações públicas como as Paradas Gay e da colaboração com o poder público em ações como as de combate à AIDS. Ao alterar maneiras de ver o mundo, salientando mudanças e atribuindo-lhes juízos valorativos positivos, a articulação do movimento LGBTIQ+ trouxe para o debate público novos argumentos constitucionais e foi responsável por criar um ambiente de plausibilidade, convencimento e, por fim, naturalidade para algumas de suas proposições.

Consolidadas certas medidas de proteção, o movimento passa a articular outras demandas e garantir novas conquistas. Alguns desses avanços foram a criação do Conselho Nacional de Combate à Discriminação[81] e a criação da Coordenação Geral de Promoção dos Direitos LGBT no âmbito da Secretaria de

---

pais, da defesa da livre orientação sexual e da cidadania dos GLTB; 14 - promover campanha junto aos profissionais da saúde e do direito para o esclarecimento de conceitos científicos e éticos relacionados à comunidade GLTB; 15 - promover a sensibilização dos profissionais de comunicação para a questão dos direitos dos GLTB."

81. BRASIL. Secretaria de Direitos Humanos Relatório sobre violência homofóbica no Brasil : ano de 2011 / Secretaria de Direitos Humanos ; Priscila Pinto Calaf, Gustavo Carvalho Bernardes e Gabriel dos Santos Rocha (organizadores). – Brasília, DF. Secretaria de Direitos Humanos, 2012, p. 4.

Direitos Humanos, em 2009[82]. Ainda no âmbito da administração pública federal, entre outras medidas, foi decretado, pela primeira vez, o oferecimento do processo transexualizador pelo Sistema Único de Saúde (2008), foi regulamentado o uso do nome social (2009 e 2019) e foram "lançadas resoluções e decretos regulamentando a emissão de vistos (2008), os direitos relacionados à saúde complementar (2009) aos planos de saúde (2010) e ao Imposto de Renda (2010) para casais do mesmo sexo". No Legislativo, em diversos estados e municípios foram aprovadas leis estabelecendo multas e sanções para casos de discriminação[83].

Finalmente, em 2011, o Supremo Tribunal Federal (STF) reconheceu a união estável entre pessoas do mesmo sexo.[84]

O fato de a decisão do STF ter sido prolatada por unanimidade evidencia a mudança dos valores sociais vigentes. Cerca de vinte anos antes, em certa pesquisa, 56% dos entrevistados disseram que se afastariam de um colega caso descobrissem que ele era homossexual. Em 2011, ano da decisão do Supremo, o número havia diminuído para 24%.[85] Entretanto, pesquisa realizada logo após o julgamento revelou que a as uniões homoafetivas ainda eram contramajoritárias no país, sendo 55% dos brasileiros contra o casamento gay e 45% a favor.[86] Fato notável acerca desse levantamento é que indicou que indivíduos mais escolarizados e pertencentes a classes mais altas — grupos aos quais pertencem

---

82. Para essas e outras medidas entre 2003 e 2014, veja-se: PEREIRA, Matheus Mazzilli. "Movimento LGBT e Políticas Públicas nos Governos Federais do Partido dos Trabalhadores (2003-2014): trajetória e características". *Estudos de Sociologia*. v. 2, n. 23, 2017, p. 205.

83. Segundo dados do Instituto Brasileiro de Geografia e Estatística – IBGE, em 2011, 79 municípios possuíam legislação contra a homofobia.

84 .STF, ADI nº 4.277 e ADPF nº 132, Pleno, Rel. Min. Ayres Britto, julg. 05.05.2011.

85. A pesquisa também indica outras variações: "Há 18 anos, 45% afirmavam que mudariam de médico se ele fosse gay. Hoje, 67% são totalmente a favor de médicos homossexuais no serviço público. A pesquisa divulgada nesta quinta-feira também mostrou que a população aceita que gays sejam professores do ensino fundamental (61%) e policiais (59%). Em 1993, 47% dos eleitores brasileiros afirmavam que mudariam seu voto se ficassem sabendo que o candidato era homossexual". VEJA. Pesquisas revelam que brasileiro se tornou mais receptivo aos homossexuais nos últimos 18 anos. 28.07.2011. Disponível em http://veja.abril.com.br/noticia/brasil/pesquisas-revelam-que-brasileiros-se-tornou-mais-receptivel-aos-homossexuais-nos-ultimos-18-anos

86. ÚLTIMO SEGUNDO. Pesquisa revela que 55% dos brasileiros são contra união gay. 28.07.2011. http://ultimosegundo.ig.com.br/brasil/pesquisa+revela+que+55+dos+brasileiros+sao+contra+uniao+gay/n1597104761368.html

os ministros do STF — tendiam a ser mais favoráveis à demanda homossexual. Nesse sentido, embora tenha sido ligeiramente contramajoritário perante a sociedade como um todo, ao resolver uma questão divisiva em favor de uma minoria estigmatizada, é possível argumentar que o STF atuou majoritariamente perante o meio de convivência de seus integrantes.

Muito embora a vitória tenha sido avassaladora, muitos homossexuais, antes da decisão, não levavam a sério a possibilidade de verem o casamento gay, em tão curto prazo, instituído no Brasil. Nesse ponto, merece destaque a estratégia de decisão adotada pelo STF que, durante o julgamento enfatizou a questão das uniões estáveis, deixando de lado sua consequência legal, o casamento.[87] Evitando tocar no tema que seria mais polêmico, a Corte afastou a suscitação de divergências e, muito provavelmente, atenuou o *backlash* à sua decisão. Mesmo assim, houve resistência da parte de cartórios, que se recusavam a realizar os casamentos homoafetivos. Em virtude disso, o do Conselho Nacional de Justiça editou a Resolução nº 175 visando a dar cumprimento à decisão do STF.[88]

Outro aspecto relevante é que, não obstante a participação nas aludidas ações como *amicus curiae,* tendo havido a intervenção de diversos grupos no curso dos processos, o movimento gay não pôde ele próprio ajuizar nenhuma das ações. Isso porque a jurisprudência restritiva do STF acerca do artigo 103, inciso IX da CF estabelece que "entidade de classe de âmbito nacional" legitimada para a propositura de ações no controle abstrato de constitucionalidade se restringe a categorias "profissionais" ou "econômicas". De forma a atender a jurisprudência do Supremo Tribunal Federal e viabilizar as ações, foram necessárias decisões processuais estratégicas, que, ao mesmo tempo em que possibili-

---

87. Enquanto os demais ministros ressaltavam a necessidade de um tratamento igualitário para os casais homossexuais, três ministros — Min. Gilmar Mendes, Min. Cezar Peluso e Min. Ricardo Lewandowski — indicaram a necessidade de não atribuir às uniões homoafetivas, por equiparação, o mesmo tratamento das uniões estáveis, mas tão somente por analogia no que fosse aplicável, salientando que a equiparação poderia a levar a consequências sobre as quais caberia ao legislador decidir.

88. Segundo a resolução, de maio de 2013, "é vedada às autoridades competentes a recusa de habilitação, celebração de casamento civil ou de conversão de união estável em casamento entre pessoas de mesmo sexo".

taram o julgamento das ações, acabaram por mascarar a atuação do movimento, que sempre esteve presente.

A ADPF nº 132, ajuizada em 2008, teve por autor o Governador do Estado do Rio de Janeiro, Sergio Cabral[89]. Para que pudesse ser proposta, foi preciso que os juristas envolvidos em sua elaboração identificassem uma questão estadual afeta à causa, de modo a cumprir a exigência de "pertinência temática" imposta pelo Supremo para os chamados "legitimados não universais", como os governadores.[90] Com relação à ADI nº 4.277, teve como autora a Procuradora Geral da República, que é considerada pelo STF legitimada universal e, portanto, não precisou demonstrar pertinência temática. Entretanto, sua propositura só foi possível em 2009, em função do exercício interino do cargo pela Vice-Procuradora Geral Deborah Duprat, tendo em vista que o Procurador Geral da República já havia, em momento anterior, optado por não propor a ação.[91] Em uma causa de fundamental interesse para o movimento, que toca nos fundamentos mesmos de sua existência, sua atuação teve de se dar, em um primeiro momento, de maneira sub-reptícia. A referida ação, embora tenha se originado de representação elaborada pelo Grupo de Trabalho em Direitos Sexuais e Reprodutivos do Ministério Público Federal em parceria com diversas organizações do movimento LGBT[92], foi proposta somente em nome da Procuradoria Geral da República. Ao relegar a outros atores o protagonismo na propositura da ação,

89. A literatura registra que a articulação com o governador foi realizada pelo ativista Carlos Tufvesson. CÂMARA, Cristina. "Um olhar sobre a história do ativismo LGBT no Rio de Janeiro". Op. cit. p. 391.

90. Como conta Luís Roberto Barroso, que foi advogado no caso, a solução encontrada foi apontar que o interesse do Governador estaria em determinar se as uniões homoafetivas estariam contempladas nas previsões de licença de servidor em função do cônjuge e de benefícios previdenciários para familiares de servidor previstos pelo Decreto-Lei estadual n. 220, de 18.07.1975, Estatuto dos Servidores Civis do Rio de Janeiro. BARROSO, Luís Roberto. "Uniões homoafetivas: reconhecimento jurídico das uniões estáveis entre parceiros do mesmo sexo". In: BARROSO, Luís Roberto. *O novo Direito Constitucional brasileiro*: contribuições para a construção teórica e prática da jurisdição constitucional brasileira. Belo Horizonte: Fórum, 2013, p. 422.

91. BARROSO, Luís Roberto. "Uniões homoafetivas: reconhecimento jurídico das uniões estáveis entre parceiros do mesmo sexo". Op. cit. pp. 421-423.

92. As organizações foram: ABGLT — Associação Brasileira de Gays, Lésbicas, Bissexuais, Travestis e Transexuais; Associação da Parada do Orgulho dos Gays, Lésbicas, Bissexuais e Transgêneros de São Paulo; IDENTIDADE — Grupo de Ação pela Cidadania Homossexual; e Corsa — Cidadania, Orgulho, Respeito, Solidariedade e Amor.

o movimento privou-se da possibilidade de conceder ao processo a face de seus principais interessados.

Apesar disso, a decisão teve ampla repercussão. Além da garantia do direito em si, levantou a discussão na sociedade, dando visibilidade à causa, obrigou as pessoas a refletirem sobre a questão, inspirou gays, bissexuais e lésbicas a um maior ativismo e estimulou a ação em outras causas das minorias sexuais. Os efeitos do julgamento permitiram rebater argumentos relativos às consequências nefastas que o casamento gay poderia provocar e, conforme as pessoas foram exercendo esse direito, passou a ganhar corpo a realidade concreta de casais do mesmo sexo legalmente reconhecidos. De fato, a vida de muitas pessoas mudou com a saída de uma situação de marginalidade para uma recepção oficial no seio da Constituição. Essa aceitação se espraiou por outros campos da vida e, menos de um ano depois do primeiro beijo gay masculino televisionado no horário nobre, a novela das oito retratou, pela primeira vez, um casamento entre pessoas do mesmo sexo.[93] Possivelmente essa transformação se refletirá no próximo recenseamento em que forem contabilizados os casais do mesmo sexo em coabitação. Em 2010, da primeira vez em que o critério foi incluído pelo Instituto Brasileiro de Geografia e Estatística – IBGE no levantamento, apenas 60.002 domicílios correspondiam a essa hipótese, configurando 0,1% dos domicílios do país.[94] Posteriormente, o mesmo órgão identificou um crescimento no número de casamentos realizados entre pessoas do mesmo sexo[95].

---

93. Não obstante, resultados de pesquisa encomendada pela Confederação Nacional de Transporte (CNT) realizada em 2013 indicam que a maioria da população brasileira é contra a união civil entre pessoas do mesmo sexo. De todos os entrevistados pela pesquisa, quase a metade (49,7%) se posicionou contrária à união civil homoafetiva, contra 38,9% que são favoráveis e 11,4% não souberam opinar ou não responderam. Quando se troca a 'união civil' por 'casamento' entre pessoas do mesmo sexo, a rejeição aumenta para 54,2% e o número de favoráveis cai para 37,5%. As pessoas sem opinião formada a respeito fica em 8,3%.UOL. Maioria dos brasileiros é contra casamento gay e adoção por homossexuais, revela pesquisa da CNT. 11.06.2013. http://portalcorreio.uol.com.br/noticias/brasil/historia/2013/06/11/NWS,225240,3,58,NOTICIAS,2190-MAIORIA-BRASILEIROS-CONTRA-CASAMENTO-GAY-ADOCAO-HOMOSSEXUAIS-REVELA-PESQUISA-CNT.aspx

94. ÚLTIMO SEGUNDO. Brasil tem mais de 60 mil casais homossexuais, indica IBGE. 29.04.2011. http://ultimosegundo.ig.com.br/brasil/brasil+tem+mais+de+60+mil+casais+homossexuais+indica+ibge/n1300118272944.html

95. MARTINELLI, Andréa. Casamento entre pessoas do mesmo sexo cresce 10% em 2017, aponta IBGE. Huffigton Post. 31.10.2018. Disponível em: https://www.huffpostbrasil.com/2018/10/31/casamento-entre-pessoas-do-mesmo-sexo-cresce-10-em-2017-aponta-ibge_a_23576942/INSTITUTO BRA-

Ainda no âmbito do STF, outras questões concernentes a direitos LGBTIQ+ foram enfrentadas nos últimos anos. Em novembro de 2015, o STF iniciou o julgamento de caso, sob relatoria do Ministro Roberto Barroso, que tratava do reconhecimento da identidade de gênero de pessoas trans. O RE 845.779 buscava definir, de maneira ampla, "se uma pessoa pode ou não ser tratada socialmente como se pertencesse a sexo diverso do qual se identifica e se apresenta publicamente" à luz da Constituição de 1988. Na época, o julgamento foi interrompido por pedido de vistas do Ministro Luiz Fux. Dois votos já haviam sido proferidos: na ocasião, os ministros Roberto Barroso e Edson Fachin se manifestaram favoravelmente ao reconhecimento de direitos de pessoas trans, com base nas ideias de dignidade e autonomia. Na ocasião, a discussão no plenário indicava estranhamento dos ministros com relação à situação de pessoas trans e da natureza das violações que sofrem. O recurso a estereótipos dominava o debate. Em determinado momento, a discussão chegou a girar em torno da aparência da pessoa cujos direitos haviam sido violados: pareceria "mesmo" uma mulher? Como havia sido identificada como "transexual"?.

Antes que o julgamento tivesse continuidade, o STF iniciou o julgamento de duas ações menos amplas tratando de alteração de registro civil sem a necessidade de cirurgia, o RE 670.422[96], de relatoria do Ministro Dias Toffoli, e a ADI 4.275[97], de relatoria do Ministro Marco Aurélio. As ações foram propostas num contexto em que a jurisprudência muitas vezes exigia realização de cirurgia de transgenitalização para a alteração do nome. Ao condicionar a retificação do registro a uma intervenção cirúrgica no corpo, o Estado atravessava as fronteiras do público e do privado; ignorava tanto desejos pessoais de não intervenção quanto a precariedade das filas para cirurgia pelo SUS, que duram mais de dez anos. E, ainda, que a possibilidade de alteração de nome já existia e era correntemente realizada no país[98].

SILEIRO DE GEOGRAFIA E ESTATÍSTICA. *Estatísticas do Registro Civil 2017*. Disponível em: https://www.ibge.gov.br/estatisticas/sociais/populacao/9110-estatisticas-do-registro-civil.html?=&t=destaques

96. STF. RE nº 670.422. Pleno. Rel. Min. Dias Toffoli, julg. 15/08/2018, DJe 17/08/2018.

97. STF. ADI nº 4.275. Pleno. Rel. Min. Marco Aurélio, julg. 01/03/2018, DJe 05/03/2018.

98. A esse respeito cf. GOMES, Juliana Cesario Alvim; FABRIS CAMPOS, Ligia. "Direitos de Pessoas Trans e o labirinto do Supremo". In: FALCÃO, Joaquim; PEREIRA, Thomaz; ARGUELHES, Diego Werneck; RE-

Na primeira parte do julgamento, o relator do RE, Ministro Dias Toffoli, julgou procedente o pedido, determinando não ser necessária a realização de cirurgia de transgenitalização para alteração do nome e do gênero no registro civil por pessoa trans. Porém, estabeleceu uma série de exigências para tanto: (i) a necessidade de de haver decisão judicial para que a modificação do gênero no registro fosse realizada; (ii) a anotação nas certidões de que teria havido alteração "por força de decisão judicial", sendo vedada a inclusão do termo transexual; (iii) a averbação sobre a origem do ato no inteiro teor, que ficararia em segredo de justiça, sendo vedada sua expedição, salvo a requerimento do próprio interessado ou por determinação judicial; (iv) que determinação judicial a cargo do magistrado competente por determinar alteração poderia levantar o sigilo do inteiro teor do registro, levando-se em conta interesse de terceiro e o princípio da segurança jurídica; (v) a mesma autoridade judicial, de ofício ou a requerimento, enviaria ofícios determinando a alteração dos registros perante diferentes órgãos públicos, como por exemplo a justiça eleitoral.

Embora o voto tenha representado avanço ao considerar inconstitucional a exigência de cirurgia de transgenitalização às pessoas trans que quisessem alterar seu assento de nascimento para adequar seu registro civil, sua sistemática, supostamente buscando resguardar interesses de terceiros, comprometia direitos de pessoas trans[99]. Por um lado, promovia desnecessária, custosa e excludente judicialização do procedimento, o que provoca gasto de tempo e dinheiro não apenas do interessado, mas também do poder público. Por outro, e o principal, submetia o exercício de um direito fundamental (reconhecido naquele momento pelo próprio STF) à discricionariedade da autoridade judiciária. Nesse sentido, limitava o exercício da autonomia da pessoa trans de modo diverso ao tratamento conferido a pessoas

---

CONDO, Felipe Recondo. (org.). *O Supremo Tribunal Criminal: O Supremo em 2017*. Belo Horizonte: Casa do Direito: Letramento, 2018. pp. 292-295.

99. GOMES, Juliana Cesario Alvim; FABRIS CAMPOS, Ligia; AVILA, Juliana Carreiro. "Direito de pessoas trans no Supremo". In: FALCÃO, Joaquim; PEREIRA, Thomaz; ARGUELHES, Diego Werneck; RECONDO, Felipe Recondo. (org.). *O Supremo Tribunal Criminal: O Supremo em 2017*. Belo Horizonte: Casa do Direito: Letramento, 2018. pp. 321-325.

cisgênero, que, em regra, não se submetiam e não se submetem a qualquer procedimento judicial para ter suas identidades de gênero respeitadas em seus registros.[100]

Posteriormente, o julgamento foi retomado e o próprio ponto de partida da discussão mudou[101]. A inexigibilidade de intervenção corporal foi a base comum sobre a qual se fundamentou a decisão, unânime nesse ponto. A divergência, por sua vez, se concentrou em determinar qual seria a natureza do procedimento exigido: seria necessária intervenção do judiciário, ou bastaria a mera alteração cartorária para garantir o direito de adequação dos registros? Essa última posição prevaleceu, tendo o STF consignado que pessoas trans têm direito a alterar nome e gênero no registro de nascimento de acordo com sua identidade de gênero. E que, para isso, não há necessidade de cirurgia ou intervenção judicial[102].

Na verdade, a mudança do ponto de partida alterou também o ponto de chegada[103]. Três anos antes, a desnecessidade de cirurgia era o horizonte possível. Essa mudança, no entanto, não foi resultado de um processo espontâneo e isolado na consciência individual dos ministros do STF, mas da mudança ocorrida no mundo ao seu redor. Naquele período, as reivindicações relativas a direitos de pessoas trans deixaram de ser invisíveis para a sociedade brasileira como um todo. As mobilizações de movimentos sociais e ativistas, além do avanço do reconhecimento de direitos no plano internacional e em outras instâncias do próprio Judiciário, trouxeram a questão para a agenda pública. Com isso, construíram um novo parâmetro de plausibilidade na discussão do tema. No plano cultural, a temática trans ganhou espaço e repercussão. No plenário do STF, em um momento histórico, Gisele

100. Para críticas adicionais àquela decisão, Ibidem.

101. GOMES, Juliana Cesario Alvim; FABRIS CAMPOS, Ligia. "Pessoas trans: o mundo mudou e o Supremo também". In: FALCÃO, Joaquim; PEREIRA, Thomaz; ARGUELHES, Diego Werneck; RECONDO, Felipe Recondo. (org.). *O Supremo e o Processo Eleitoral*. Belo Horizonte: Letramento; Casa do Direito; FGV Direito Rio ; Supra ; Jota, 2019. pp. 210-211.

102. Para uma análise da exigência cirúrgica como uma interferência indevida do Estado no corpo e na liberdade das pessoas trans confira-se tese de doutorado em direito em desenvolvimento: FABRIS CAMPOS, Ligia. Staatliche Eingriffe in der Privatsphäre: Ein Vergleich von Transrechte in Brasilien und Deutschland., Universidade Humboldt de Berlim.

103. GOMES, Juliana Cesario Alvim; FABRIS CAMPOS, Ligia. "Pessoas trans: o mundo mudou e o Supremo também". Op. cit.

Alessandra Schmidt e Silva, advogada trans, realizou sustentação oral defendendo o reconhecimento da identidade de gênero de pessoas trans.

A decisão do STF foi extremamente relevante, um marco no reconhecimento e na promoção dos direitos de pessoas trans no Brasil, sobretudo em razão do respeito à autonomia da pessoa trans em optar pela retificação do registro a despeito de qualquer intervenção judicial. Entretanto, não esgota as discussões sobre identidade de gênero de pessoas trans no direito brasileiro, inclusive no que tange ao reconhecimento social do gênero de maneira mais ampla e aos direitos de pessoas que eventualmente não tenham alterado seus documentos.

Mais recentemente, em 2019, foi julgada no STF a criminalização da LGBTfobia. Por ocasião do julgamento da ADO 26 e o Mandado de Injunção nº 4.733, o STF declarou a omissão do Congresso Nacional por não elaborar legislação criminal que puna a homofobia e a transfobia. Na ausência dessa legislação, o STF ampliou o tratamento jurídico conferido ao racismo para que se aplique também para LGBTs. Apesar de ser objeto de algumas críticas[104], o caso vem sendo comemorado como uma resposta crucial à discriminação e à violência histórica e sistemática sofrida por esse conjunto de pessoas no Brasil, cujos resultados poderão ser observados nos próximos anos.

Embora as vitórias do movimento LGBTIQ+ tenham se consolidado e ampliado, não significa que não haja pautas a avançar, nem que as já alcançadas estejam eternamente asseguradas. Ainda hoje, diversas violações de direitos ocorrem todos os dias por conta de aspectos relacionados à sexualidade e à identidade de gênero de suas vítimas. Tais violações incluem desde a negação de oportunidades de emprego e educação até estupros, agressões

104. Veja-se, por exemplo, "O primeiro [elemento sensível] é a opção do Supremo em tratar de direitos LGBTIs pela via penal em detrimento de outros caminhos que se apresentam perante o próprio tribunal como o combate à vedação do ensino sobre gênero e educação sexual (...) Um [segundo] risco, no entanto, da opção pela via penal seria reforçar um discurso que encubra o fato de que o aparato repressivo do estado tende a recair, seletiva e desigualmente, sobre os grupos socialmente marginalizados (incluindo, como visto acima, LGBTIs)". GOMES, Juliana Cesario Alvim; FABRIS CAMPOS, Ligia. "A escolha do Supremo e suas consequências: o que se ganha e se perde na discussão da criminalização da LGBTIfobia". JOTA. 19.02.2019. Disponível em: www.jota.info/stf/supra/o-que-se-ganha-e-se-perde-na-discussao-da-criminalizacao-da-lgbtifobia-19022019.

sexuais, tortura e homicídios em razão de sexualidade e identidade de gênero.

Anualmente, o Grupo Gay da Bahia publica relatório acerca das mortes decorrentes de "homotransfobia"[105]. Os dados de 2017 representam os maiores índices da série histórica, com um total de 445 mortes: 387 oriundas de assassinatos e 58 de suicídios. Constata-se um aumento de 30% em relação ao ano de 2016, quando foram computadas 343 mortes[106]. A ONG *Transgender Europe*, por sua vez, identificou no Brasil, entre outubro de 2017 e setembro de 2018, 167 homicídios contra pessoas trans e *gender-diverse*.[107] Entre os países monitorados, o Brasil ocupa a primeira posição tanto durante o período mencionado quanto ao longo dos dez anos de pesquisa, somando 1238 casos dos 2982 assassinatos ocorridos no mundo.[108] Em 2017, a Associação Nacional de Travestis e Transexuais identificou a ocorrência de 179 homicídios de pessoas trans, sendo 168 travestis e mulheres transexuais e 10 homens trans.[109] Especificamente com relação a mulheres lésbicas, o Dossiê sobre Lesbocídio no Brasil, de 2014, lança luzes sobre o modo de execução dos assassinatos e aos seus alvos preferenciais; dos 93 homicídios analisados, 66% correspondem a vítimas lésbicas "não-feminilizadas" e 64% foram cometidos por pessoas conhecidas e com vínculo afetivo e/ou familiares. Majoritariamente, a execução se dá a partir de armas de fogo (47%) "com grande número de tiros". Entre as

105. Consta do relatório que "o banco de dados do GGB se baseia em notícias publicadas na mídia, internet e informações pessoais". GRUPO GAY DA BAHIA. Mortes Violentas de LGBT no Brasil - Relatório 2017. Disponível em: https://homofobiamata.files.wordpress.com/2017/12/relatorio-2081.pdf.

106. Ibidem.

107. TRANSGENDER EUROPE. Transrespect Versus Transphobia Worldwide: between 1 October 2017 and 30 September 2018, 2018. Disponível em: https://transrespect.org/wp-content/uploads/2018/11/TvT_TMM_TDoR2018_SimpleTable_EN.pdf .

108. Idem. Transrespect Versus Transphobia Worldwide: between 1 January 2008 and 30 September 2018, 2018. Disponível em: https://transrespect.org/wp-content/uploads/2018/11/TvT_TMM_TDoR2018_Tables_EN.pdf. No que tange à metodologia, a organização ressalta que o projeto se refere a mortes em geral, não estando adstrito a crimes de ódio, tendo em vista a falta de informação nos casos reportados e a ausência de sistemas nacionais de monitoramento. Disponível em: https://transrespect.org/en/research/trans-murder-monitoring/

109. ASSOCIAÇÃO NACIONAL DE TRAVESTIS E TRANSEXUAIS. Mapa dos assassinatos de Travestis e Transexuais no Brasil em 2017. Disponível em: https://antrabrasil.files.wordpress.com/2018/02/relatc3b3rio-mapa-dos-assassinatos-2017-antra.pdf

causas mais comuns estão também facadas (23%), espancamento (13%) e estrangulamento (9%).[110]

Além dos homicídios, estudos revelam outras dimensões da violência que atinge LGBTIQ+s. Pesquisa de 2015 identificou que 72,6% dos estudantes LGBTs foram verbalmente agredidos, 26,6% fisicamente agredidos (e.g. empurrados/puxados) e 9,8% sofreram violência física (e.g. espancado, chutado, ferido com arma), na instituição educacional, em razão de sua orientação sexual; destes, 22,8% revelaram vivenciar a agressão verbal "quase sempre ou frequentemente", enquanto 6% sofreram agressão física e 2,3% violência física nesta periodicidade.[111] Estudo do Instituto de Segurança Pública do Rio de Janeiro, divulgado em 2018, identificou 431 registros de ocorrências em delegacia por parte de LGBTs. A maior parte da violência apurada foi moral (51,4%), seguida por violência física (22,7%) e psicológica (22,7%); 55% das vítimas tinham alguma relação com os autores[112], enquanto 36,5% não possuíam qualquer vínculo e em 8,6% dos casos não há informação. Destaca-se, ainda, que 43,4% da violência foi cometida em ambientes residenciais – 36,6% no interior da residência e 7,4% no interior do condomínio.[113]

---

110. PERES, Milena Cristina Carneiro; SOARES, Suane Felippe; DIAS, Maria Clara. Dossiê sobre lesbocídio no Brasil: de 2014 até 2017. Rio de Janeiro: Livros Ilimitados, 2018. p. 81-96. Disponível em: https://docs.wixstatic.com/ugd/5f2532_0a37a7bfa6fd4fd9aedc98b564dd1e0d.pdf

111. "Os critérios para participação na pesquisa foram: ter pelo menos 13 anos de idade, ter frequentado o ensino fundamental ou médio no Brasil durante o ano letivo de 2015(...) A amostra final foi composta por um total de 1.016 estudantes com idade entre 13 e 21 anos. Os/as estudantes eram oriundos/as de todos os estados brasileiros e o Distrito Federal, com a exceção do estado do Tocantins". ASSOCIAÇÃO BRASILEIRA DE LÉSBICAS, GAYS, BISSEXUAIS, TRAVESTIS E TRANSEXUAIS. Pesquisa Nacional sobre o Ambiente Educacional no Brasil 2015: as experiências de adolescentes e jovens lésbicas, gays, bissexuais, travestis e transexuais em nossos ambientes educacionais. Curitiba: ABGLT, 2016. p. 18; 38-41. Disponível em: http://static.congressoemfoco.uol.com.br/2016/08/IAE-Brasil-Web-3-1.pdf. O Disque 100 é um canal do Ministério dos Direitos Humanos que recebe, por telefone, denúncia de violações dos direitos humanos. Em 2017, houve 1720 denúncias de violações contra LGBTs, 8,32% a menos do que no ano de 2016. Os tipos de violações mais recorrentes são discriminação (1219), violência psicológica (918), violência física (547), e violência institucional (168). BRASIL. Ministério dos Direitos Humanos. Balanço Disque 100 - 2017 – LGBT. Brasília, 2018. Disponível em http://www.mdh.gov.br/informacao-ao-cidadao/ouvidoria/dados-disque-100/balanco-geral-2011-a-2017-lgbt.xls/view.

112. 15,5% eram familiares, 15,3% demais conhecidos (e.g. amigos e ex-cunhados), 13,5% vizinhos, 8,6% relação de trabalho e 2,1% ex-parceiros.

113. MATOS, Victor Chagas; LARA, Erick Batista Amaral de. Dossiê LGBT+: 2018. Rio de Janeiro: RioSegurança, 2018.

A omissão estatal que permite a ocorrência desses crimes projeta-se, igualmente, para a sua apuração. Com relação à resposta das autoridades, o Grupo Gay da Bahia destaca que em menos de 25% dos relatórios relativos aos homicídios o criminoso foi identificado e em menos de 10% houve abertura de processo criminal.[114] Sérgio Carrara e Adriana Vianna, a partir da análise de processos envolvendo violência contra travestis, registram o descaso e a indiferença dos policiais na apuração desses casos[115]. No contexto das Américas, a Comissão Interamericana de Direitos Humanos identificou os seguintes obstáculos específicos por parte de LGBTs – além das dificuldades que a população em geral também enfrenta – na busca por justiça: falta de atenção e tratamento adequados quando tentam denunciar crimes; comportamento negligente e preconceituoso do pessoal encarregado de fazer cumprir a lei; presunções estereotipadas que se manifestam nas investigações sobre o motivo dos crimes baseados na orientação sexual, identidade de gênero ou expressão de gênero da vítima; maior temor de revitimização ou represálias, que gera um efeito intimidador para denunciar estes crimes; falta de programas especializados de assessoria jurídica; existência de legislação ou precedentes jurisprudenciais que toleram ou justificam a violência contra pessoas LGBT; atitudes discriminatórias de juízes, juízas e de outros funcionários do sistema de administração de justiça; e alto risco de ter sua credibilidade e a de suas denúncias questionadas; dentre outras[116].

Importante observar que, como visto, no interior do movimento grupos minoritários padecem historicamente de situação de invisibilidade jurídica e social ainda mais grave. É o caso de pessoas trans que, além da violência acima referida, estão especialmente vulneráveis à criminalização por parte das autoridades públicas, policiais e judiciais[117]. Além disso, se vêem particular-

114. GRUPO GAY DA BAHIA. Mortes Violentas de LGBT no Brasil - Relatório 2017. Op. cit.

115. CARRARA, Sérgio; VIANNA, Adriana R. B. "Tá lá o corpo estendido no chão...": a violência letal contra travestis no município do Rio de Janeiro. Physis, v. 16, n. 2, p. 233-249, 2006.

116. COMISSÃO INTERAMERICANA DE DIREITOS HUMANOS. Violência contra pessoas lésbicas, gays, bissexuais, trans e intersexo nas Américas, 2015. p. 266. Disponível em: http://www.oas.org/pt/cidh/docs/pdf/ViolenciaPessoasLGBTI.pdf

117. "A população das travestis tem sido alvo de políticas de criminalização por pelo menos dois fatores: a criminalização que cerca a profissão e a proximidade com o mundo das drogas por causa do tra-

mente excluídas do acesso e da permanência no mercado de trabalho em razão de elementos como o preconceito e a transfobia, baixa escolaridade, documentação que não corresponde ao gênero identificado e manifestado, banheiros, uniformes e vestiários segregados segundo os padrões tradicionais de sexo e expectativas sociais quanto à linguagem corporal e verbal[118]. Outros grupos, como por exemplo o de pessoas intersexo, sequer tem sua experiência visibilizada – mesmo que, historicamente, no mundo todo tenham sofrido intervenções cirúrgicas nos primeiros meses de vida a fim de se adequarem ao padrão de um ou outro sexo sem que tenham podido participar desse processo decisório ou ter, posteriormente, conhecimento dos seus históricos médicos[119]. Aqui, nota-se como uma estratégia que fez valer, em um primeiro momento, algumas demandas daqueles que historicamente protagonizaram o movimento — homens cis homossexuais —, não se refletiu de maneira equivalente em melhorias para outros sujeitos do mesmo grupo. No sentido do que foi discutido no capítulo 2 (item 2.2.2) exemplifica-se como um grupo reconhecido por determinada identidade pode abrigar contradições e hierarquias em seu interior.

---

balho sexual; e a representação social que aproxima compulsoriamente todas as travestis e transexuais do universo da prostituição. O primeiro contribui para a sua apreensão, condenação e encarceramento; e o segundo as coloca como suspeitas e potenciais criminosas". PRADO, Marco Aurélio Máximo. (coord.). Relatório do Núcleo de Direitos Humanos e Cidadania LGBT sobre inquéritos policiais envolvendo travestis e transexuais no Estado de Minas Gerais. Belo Horizonte: NUH, abr. 2018. p. 56. Disponível em: https://drive.google.com/file/d/17rUWq6z_ZszU_J0VPK9Dzl5clsqbf0gg/view. No mesmo sentido, "a vigilância e o controle da polícia são uma das consequências mais severas da opressão legal e da criminalização. As mulheres trans e as pessoas transfemininas são muitas vezes percebidas como profissionais do sexo pela polícia, através de estereótipos racializados e generificados que as enquadram como hipersexuais e sexualmente disponíveis. A internalização e a perpetuação destes estereótipos por agentes de segurança pública, combinada com o alto grau de discricionariedade trazido por termos vagos como 'qualidade de vida,' 'incômodo,' 'moralidade pública' e regulamentações sobre a prostituição, resultam na definição de mulheres trans, e mais frequentemente mulheres trans racializadas e/ou imigrantes e profissionais do sexo, como perfis seletivamente definidos para assédio, detenção e prisão". FEDORKO, Boglarka; BERREDO, Lukas. O círculo vicioso da violência: pessoas trans e gênero-diversas, migração e trabalho sexual. Série de publicações TvT, v. 19, out. 2017. p. 10. Disponível em: https://transrespect.org/wp-content/uploads/2018/01/TvT-PS-Vol19-2017.pdf.

118. AMARAL, Cecília Barreto; VASCONCELLOS, Victor Augusto. "Transexuais: transpondo barreiras no mercado de trabalho em São Paulo?". *Revista Direito GV*, v. 14, n. 2, p. 302-333, maio/ago. 2018.

119. A esse respeito cf. CORTEZ, Marina. Dualidade ou Constelação? Intersexualidade, Feminismos e Biomedicina: uma Análise Bioética. Dissertação (Mestrado em Bioética, Ética Aplicada e Saúde Coletiva) – Programa de Pós-Graduação em Bioética, Ética Aplicada e Saúde Coletiva, UFRJ/UFF/UERJ/FIOCRUZ, Rio de Janeiro, 2015.

No próprio Judiciário, não obstante a crescente visibilização da pauta LGBTIQ+, ainda perduram negativas de direitos e visões estereotipadas. No STF, por exemplo, em 2015, a julgou-se dispositivo do Código Penal Militar que tratava como crime sexual a "pederastia ou outro ato de libidinagem" e estabelecia pena de detenção de seis meses a um ano ao "militar que praticar ou permitir que com ele se pratique ato libidinoso, homossexual ou não, em lugar sujeito a administração militar".[120] Ainda que tenha sido aventado durante o julgamento pelo relator Ministro Roberto Barroso o argumento de que a manutenção do crime sob qualquer denominação violaria a igualdade (pois sua aplicação, na prática, afetaria quase que exclusivamente os homossexuais), a posição que prevaleceu foi a de que esse tipo penal era importante para a administração militar e que bastaria excluir a alusão à "pederastia" e à "homossexuais" para compatibilizá-lo com a Constituição. Assim, o STF, ao invés de invalidar o dispositivo em sua integralidade, por maioria, declarou apenas os termos "pederastia ou outro" e "homossexual ou não" como não recepcionados pela Constituição. Assim, o crime previsto no Código Penal Militar, historicamente utilizado para punir homossexuais, permanece em vigor sob a denominação de "ato de libidinagem".

Outros casos tiveram seu julgamento suspenso, sem que o direito em questão fosse assegurado. Além do caso relativo à identidade de gênero de pessoas trans já mecionado, também aguarda retomada ação em que se discute a constitucionalidade de normas Ministério da Saúde e da ANVISA que proíbem que homens que fazem sexo com homens doem sangue por um período de doze meses contados a partir da última relação sexual[121].

120. STF, ADPF 291, Pleno, Rel. Min. Roberto Barroso, julg. 28/10/2015.

121. STF. ADI nº 5.543. Pleno. Rel. Edson Fachin, julgamento iniciado em 19/10/2017 e suspenso em 26/10/2017 por pedido de vistas do Min. Gilmar Mendes. Sobre o julgamento cf. GOMES, Juliana Cesario Alvim; AVILA, Juliana Carreiro. O dissenso do STF no julgamento sobre doação de sangue. In: FALCÃO, Joaquim; PEREIRA, Thomaz; ARGUELHES, Diego Werneck; RECONDO, Felipe Recondo. (org.). *O Supremo Tribunal Criminal*: O Supremo em 2017. Belo Horizonte: Casa do Direito: Letramento, 2018. p. 312-314. Para argumentos a favor da inconstitucionalidade da vedação, veja-se AVILA, Juliana Carreiro. Doação de sangue e o Supremo: saúde e igualdade. In: FALCÃO, Joaquim; PEREIRA, Thomaz; ARGUELHES, Diego Werneck; RECONDO, Felipe Recondo. (org.). *O Supremo Tribunal Criminal*: O Supremo em 2017. Belo Horizonte: Casa do Direito: Letramento, 2018. p. 308-311.

Finalmente, algumas violações de direitos LGBTIQ+, embora questionadas perante o STF, não foram até o presente momento objeto de deliberação por parte do plenário do tribunal. É o caso daquelas que questionam leis aprovadas por diversos municípios restringindo o ensino de temáticas de gênero e sexualidade nas escolas. [122] Embora tenha havido medidas cautelares concedidas, estas se deram pela via monocrática sem que os casos fossem, até o presente momento, apreciados pelo plenário.[123] A esse respeito, em setembro de 2019, a Procuradoria Geral da República ajuizou ADPF 624 requerendo a vedação de qualquer ato do Poder Público que autorize ou promova a realização de vigilância e censura da atividade docente, com base em vedações genéricas e vagas à "doutrinação" política e ideológica e à emissão de opiniões político-partidárias, religiosas ou filosóficas, entre outras.

3.2.4. Contramovimento e resistência

Nos termos do que foi exposto (item 2.2.3 do capítulo 2), o movimento LGBTIQ+ levou a um contramovimento, que reivindica sua própria leitura do Direito e da Constituição. No Brasil de hoje, essas investidas têm se dado, em geral, no âmbito do Poder Legislativo, cuja acolhida às demandas das minorias sexuais tem sido historicamente desfavorável ao movimento LGBTIQ+ — não obstante a criação, em 2003, da Frente Parlamentar pela Livre

---

122. Sobre o tema, aguardam julgamento as ADPFs 460, 462 as ADPFs 460, 462, 465 e 466.

123. Foram a ADPF 526, de relatoria do Ministro Toffoli, a ADPF 461, de relatoria do Ministro Roberto Barroso, e a ADPF 467 de relatoria do Min. Gilmar Mendes.
As normas editadas, respectivamente, pelos municípios de Foz do Iguaçu, Paranaguá e Ipatinga previam "[a proibição d]a adoção, divulgação, realização ou organização de políticas de ensino, currículo escolar, disciplina obrigatória, complementar ou facultativa, ou ainda atividades culturais que tendam a aplicar a ideologia de gênero, o termo "gênero" ou "orientação sexual"; a "promoção dos princípios do respeito aos direitos humanos, à diversidade e à sustentabilidade socioambiental, sendo vedada entretanto a adoção de políticas de ensino que tendam a aplicar a ideologia de gênero, o termo "gênero" ou "orientação sexual"; e a proibição qualquer menção, no sistema de ensino, a questões de diversidade ou "ideologia" de gênero, vedando a "inserção de qualquer temática da diversidade [...] nas práticas pedagógicas e no cotidiano das escolas". Todas as monocráticas declararam a inconstitucionalidade das normas impugnadas. Respectivamente STF. ADPF-MC nº 526. Decisão Monocrática. Relator Min. Dias Toffoli, julg. 28/06/2018, DJe 01/08/2018; STF. ADPF-MC nº 461. Decisão Monocrática. Relator Min. Roberto Barroso, julg. 16/06/2017, DJe 21/06/2017 e ADPF-MC 467, Decisão Monocrática. Rel. Min. Gilmar Mendes, julg. 18/10/2019.

Expressão Sexual, com adesão inicial de 44 parlamentares[124], e da eleição, em 2010, para deputado federal, de Jean Willys, ativista da causa gay[125]. A análise dos discursos dos parlamentares que discutiam a união estável homoafetiva (PL 1.151/95), então chamadas "parcerias civis registradas", na comissão especial e no plenário evidenciam essa resistência[126].

Em 2011, houve forte pressão da Frente Parlamentar Evangélica, composta, à época, por 73 parlamentares, para que o governo revisse a política de distribuição de kits anti-homofobia, proposta pelo Ministério da Educação e Cultura – MEC (o dito "kit gay"), no que foram atendidos.[127] Na ocasião, os argumentos ventilados pelos evangélicos baseavam-se (i) em suposta afronta por parte do kit, que estimularia a homossexualidade, ao direito à liberdade de opção sexual dos indivíduos, (ii) na perenidade das relações homossexuais, que seriam um ônus para o Estado ao causarem um congestionamento nos tribunais quando da separações, (iii) na impossibilidade de reprodução da espécie, (iv) na suposta relação entre homossexualidade e pedofilia, e (v) na ingerência dos organismos internacionais, que teriam interesse em avançar a pauta LGBT, na política brasileira.[128] Para além desse episódio, a literatura aponta que a atuação dessa frente perante o Governo Federal teria acarretado uma diminuição das iniciativas do Executivo voltadas a LGBTIQ+s acompanhada de uma queda de

124. CONDE, Michele Cunha Franco. "O movimento homossexual brasileiro, sua trajetória e seu papel na ampliação do exercício da cidadania". Op. cit. p. 118.

125. SALME, Flavia. "Ex-BBB Jean Wyllys é eleito deputado federal: com pouco mais de 13 mil votos, ele conseguiu a vaga graças ao desempenho de Chico Alencar, o segundo mais votado no Rio". IG. 03.10.2010 . Disponível em http://ultimosegundo.ig.com.br/eleicoes/exbbb+jean+wyllys+e+eleito+deputado+federal/n1237790770320.html, acesso em 3/12/2013.

126. ALMEIDA NETO, Luiz Mello de. "Política sexual e conjugalidade homossexual no Brasil contemporâneo". XXVIII encontro Anual da ANPOCS, Caxambu, 2004. Disponível em: http://www.anpocs.org/portal/index.php?option=com_docman&task=doc_view&gid=3933&Itemid=319

127. Em 2010, foram realizadas audiências públicas acerca do kit anti-homofobia, que ocasionaram fortes reações. O Deputado conservador Jair Bolsonaro proferiu discurso no Plenário acerca da questão e foi sucedido por parlamentares da FPE. Os debates se acirraram na mídia e no Congresso, tendo sido apresentada representação de quebra do decoro parlamentar relativa ao aludido deputado pela Senadora Marinor Brito. Posteriormente, como moeda de troca para a suspensão do kit, foram utilizadas ameaças de convocação ao Congresso do ministro Palocci para prestar esclarecimentos acerca de denúncias de aumento patrimonial que vinha sofrendo. VITAL, Christina; LOPES, Paulo Victor Leite. *Religião e política: uma análise da atuação de parlamentares evangélicos sobre direitos das mulheres e de LGBTs no Brasil*. Rio de Janeiro: Fundação Heinrich Böll, 2012.

128. Ibidem, pp. 109-149.

investimentos em "ações exclusivamente voltadas a pessoas LGBT e em organizações do movimento"[129].

De 1993 a 2003, a Frente Parlamentar Evangélica funcionava informalmente como ambiente de sociabilidade religiosa. A partir de 2003, passou a dispor de regimento interno e estatuto e foram instituídos diretoria, presidência e grupos de trabalho sobre diversos temas, dentre os quais saúde, educação, questão indígena, questão da mulher, pedofilia e questão LGBTQI+. Cada área temática conta com um parlamentar de referência e assessoria específica.[130] A atuação da FPE envolve ocupar comissões estratégicas para tentar barrar projetos de lei em seu momento ainda embrionário. Além disso, busca evitar que movimentos sociais tenham acesso direto ao governo, de forma a impedir que os projetos de lei cheguem à Câmara "já chancelados".[131]

Em 2013, essa bancada passou a ter ingerência em assuntos caros ao movimento LGBTIQ+, quando da posse na presidência da Comissão de Direitos Humanos da Câmara dos Deputados do pastor evangélico e deputado Marco Feliciano, acusado de racismo e homofobia.[132] A posse do deputado gerou protestos de outros deputados[133] e da população nas ruas e nas redes sociais, bem

129. "Excetuando-se seminários e encontros, principalmente, na área da saúde". (PEREIRA, Matheus Mazzilli. "Movimento LGBT e Políticas Públicas nos Governos Federais do Partido dos Trabalhadores (2003-2014): trajetória e características". Estudos de Sociologia. v. 2, n. 23, 2017). A esse respeito Machado e Rodrigues afirmam: "Além do veto ao kit anti-homofobia, também causou espanto o veto presidencial a uma campanha de prevenção às DST/AIDS, coisa que, segundo nossos entrevistados, nenhum president havia feito até então. Importante recordarmos que as eleições que elegeram Dilma Rousseff podem ser lembradas como um momento dramático de moralização dos discursos políticos, sobretudo em torno da descriminalização do aborto e das demandas apresentadas pelos movimentos LGBT". (MACHADO, Frederico Viana; RODRIGUES, Cristiano Santos. "Movimentos Negros e LGBT no Governo Lula: desafios da institucionalização segmentada". In: MACHADO, Frederico Viana; MASSOLA, Gustavo; RIBEIRO, Maria Auxiliadora Teixeira (orgs.). Estado, Ambiente e Movimentos Sociais. Florianópolis: ABRAPSO, Edições do Bosque, 2015. p. 25).

130. Ibidem, p. 157.

131. Ibidem, p. 159.

132. JORNAL NACIONAL. Feliciano vira presidente da Comissão de Direitos Humanos e pede 'voto de confiança'. Deputados lembraram que o pastor Marco Feliciano (PSC-SP) já deu declarações contra negros e homossexuais". 07.03.2013. Disponível em: http://g1.globo.com/jornal-nacional/noticia/2013/03/feliciano-vira-presidente-da-comissao-de-direitos-humanos-e-pede-voto-de-confianca.html, acesso em 03.12.2013.

133. TERRA NOTÍCIAS. "Deputados deixam Comissão de Direitos Humanos em protesto contra Feliciano – Movimento quer inviabilizar o funcionamento da comissão para pressionar pela renúncia de Marco Feliciano (PSC), acusado de racismo e homofobia". 17.04.2013. Disponível em: http://noticias.terra.com.br/brasil/politica/deputados-deixam-comissao-de-direitos-humanos-em-protesto-contra-feliciano,d53e23c21971e310VgnCLD2000000dc6eb0aRCRD.html

como consequentes manifestações de apoio.[134] Um dos primeiros projetos que o referido deputado pôs em pauta foi o Projeto de Decreto Legislativo 234/2011, que previa revogação de trechos de resolução do Conselho Federal de Psicologia, os quais impediam tratamento e cura de homossexuais, a dita "cura gay", e manifestações públicas de psicólogos que reforçassem preconceitos. Diante das fortes manifestações de junho de 2013, o projeto foi novamente arquivado.[135] Em outubro do mesmo ano, a Comissão de Direitos Humanos da Câmara aprovou projeto que permite aos religiosos retirarem de cultos "cidadãos que violem seus valores, doutrinas, crenças e liturgias", o que abre margem para a retirada de homossexuais que tentassem acompanhar seus cultos.[136] Em novembro, aprovou, ainda, a convocação de plebiscito para consultar a população sobre a realização do casamento entre pessoas do mesmo sexo e a suspensão da resolução do CNJ que abriu caminho para o casamento gay.[137]

Em 2015, ainda no âmbito da Câmara dos Deputados, Comissão Especial deu parecer favorável ao Estatuto da Família (PL 6.583/2013) que traz previsões sobre a "valorização e apoio à entidade familiar", a qual define como "união de um homem e de uma mulher, por meio de casamento ou união estável, e a comunidade formada por qualquer dos pais e seus filhos", excluindo famílias como as homo e socioafetivas, em contrariedade com a

134. MELLO, Daniel. "Protesto na Avenida Paulista pede saída de Feliciano da Comissão de Direitos Humanos. Daniel Mello". Agência Brasil. 26.06.2013. Disponível em: http://www.ebc.com.br/noticias/brasil/2013/06/protesto-na-avenida-paulista-pede-saida-de-feliciano-da-comissao-de-direitos; TERRA NOTÍCIAS. Manifestantes protestam contra o deputado Marco Feliciano em Brasília Marcha ocorre no mesmo dia em que milhares de pessoas se reuniram em frente ao Congresso, em manifesto a favor da liberdade religiosa. 05.06.2013. Disponível em: http://noticias.terra.com.br/brasil/politica/manifestantes-protestam-contra-o-deputado-marco-feliciano-em-brasilia,5326e2c1be61f310VgnVCM5000009ccceb0aRCRD.html

135. PASSARINHO, Nathalia. COSTA. Fabiano. "Câmara decide arquivar projeto que autoriza 'cura gay': pedido de retirada da proposta foi protocolado pelo próprio autor do texto. Para João Campos, projeto foi usado para 'desviar foco' de manifestações". G1. 02.07.2013. http://g1.globo.com/politica/noticia/2013/07/camara-decide-arquivar-projeto-que-autoriza-cura-gay.html

136. EBOLI, Evandro. "Comissão aprova projeto que permite a templos vetar gays texto permite que líderes religiosos se recusem a fazer cerimônias, como casamentos entre pessoas de mesmo sexo. O GLOBO. 16.10.2013.

137. NUBLAT, Johanna. FALCÃO, Márcio. "Comissão de Marco Feliciano aprova dois projetos contra gays e rejeita um a favor". Folha de São Paulo. 20.11.2013 Disponível em: http://www1.folha.uol.com.br/cotidiano/2013/11/1374047-comissao-de-marco-feliciano-aprova-dois-projetos-contra-gays-e-rejeita-um-a-favor.shtml

decisão do STF de 2011. Embora tais iniciativas sejam de certa forma incipientes e ainda não configurem a posição do Congresso Nacional como um todo, demonstram uma persistente articulação contrária aos direitos LGBTIQ+ em uma de suas casas. Posteriormente, diversos municípios aprovaram leis restringindo o ensino de temáticas de gênero e sexualidade nas escolas. Como visto, algumas dessas leis foram questionadas no STF sem que tenha havido até o presente momento decisão do plenário a esse respeito, a despeito de algumas cautelares que as declararam inconstitucionais.

Durante as eleições de 2018, houve indícios de um recrudescimento ainda maior no tratamento governamental de questões relativas à sexualidade. Ao longo da campanha presidencial, ganharam destaque declarações do então candidato Jair Bolsonaro que colocaram em estado de alerta ativistas ligados a direitos LGBTIQ+, incluindo aquelas que atribuíram falsamente ao seu oponente a distribuição de materiais em escolas que supostamente estimulavam a pedofilia[138]. Também geraram enorme preocupação os episódios de violência perpetrados contra mulheres e LGBTIQ+s[139]. Indícios adicionais do posicionamento que será encampado pelo novo governo estão contidos no plano de governo do candidato eleito. O plano apresentado não prevê propostas para a população LGBTIQ+ (ao contrário dos programas de outros candidatos[140]), limitando-se a tratar do "combate ao estupro de mulheres e crianças" e, no campo da educação, da necessidade

138. CONGRESSO EM FOCO. TSE diz que "kit gay" não existiu e proíbe Bolsonaro de disseminar notícia falsa. Congresso em foco. Brasília, 16 out. 2018. Disponível em: https://congressoemfoco.uol.com.br/eleicoes/tse-diz-que-kit-gay-nao-existiu-e-proibe-bolsonaro-de-disseminar-noticia-falsa/. Idem. Pesquisa mostra que 84% dos eleitores de Bolsonaro acreditam no kit gay. Congresso em foco. Brasília, 1 nov. 2018. Disponível em: https://congressoemfoco.uol.com.br/amp/eleicoes/pesquisa-mostra-que-84-dos-eleitores-de-bolsonaro-acreditam-no-kit-gay/.

139. GREGORIO, Rafael. Eleição de 2018 será lembrada pelos casos de violência, dizem analistas. Folha de S. Paulo. São Paulo, 28 out. 2018 <https://www1.folha.uol.com.br/poder/2018/10/eleicao-de-2018-sera-lembrada-pelos-casos-de-violencia-dizem-analistas.shtml>. Acesso em: 5 nov. 2018. HOFMEISTER, Naira; OLIVEIRA, Joana. Gays, negros e indígenas já sentem nas ruas o medo de um governo Bolsonaro. El País, São Paulo/Porto Alegre, 21 out. 2018. Disponível em: <https://brasil.elpais.com/brasil/2018/10/18/politica/1539891924_366363.html>. Acesso em: 5 nov. 2018.

140. FÁBIO, André Cabette. As propostas dos presidenciáveis para a população LGBT. Nexo. São Paulo, 2 out. 2018. Disponível em: https://www.nexojornal.com.br/expresso/2018/10/02/As-propostas-dos-presidenci%C3%A1veis-para-a-popula%C3%A7%C3%A3o-LGBT.

de "mais matemática, ciências e português, sem doutrinação e sexualização precoce"[141].

O discurso do novo presidente, refletido no seu plano de governo, alinha-se com um movimento internacional reacionário contrário à promoção dos direitos sexuais, segundo o qual as categorias de "gênero" e "orientação sexual" visariam a negar a diferenciação natural e a complementariedade dos sexos e seriam parte de uma suposta "ideologia de gênero" cujo objetivo seria o de promover "interesse de minorias sexuais subversivas, promotoras de uma cultura antifamília, do colonialismo sexual e da ideologia da morte"[142].

O conceito de "ideologia de gênero" foi inicialmente utilizado como "dispositivo retórico moral"[143] pelo Vaticano e vem sendo disseminado nos últimos anos em diversos países[144], por vezes ganhando contornos secularizados[145], de forma a "deslegitimar os estudos e as lutas feministas e LGBTQ e a reafirmar que as normas sexuais transcendem arranjos históricos e políticos"[146]. Essa estratégica retórica busca "renaturalizar o conceito de gênero (aceitável quando definido como 'fundado na identidade sexual biológica, macho ou fêmea)'" e "se opõe a análises e pleitos que afirmem a imanência da ordem sexual" [147]. Para tanto, seus adeptos retratam os debates e as demandas relativas a gênero como uma ideologia totalitária (parte do projeto de uma "ditadura gayzista") que utilizaria espaços como as escolas

141. BOLSONARO 2018. Caminhos da Prosperidade. Proposta de Plano de Governo. p. 31 e 41, respectivamente. Disponível em: <http://www.tse.jus.br/eleicoes/eleicoes-2018/propostas-de-candidatos>. Acesso em: 04 fev. 2019.

142. JUNQUEIRA, Rogério Diniz. A gênese de uma categoria. Centro Latino-Americano em Sexualidade e Direitos Humanos (CLAM), Rio de Janeiro, 20 dez. 2017. Entrevista concedida a Laura Lowenkron e Claudia Mora. Disponível em: http://clam.org.br/destaque/conteudo.asp?cod=12704.

143. Idem. "Ideologia de gênero": a invenção de uma categoria polêmica contra os direitos sexuais. In: RAMOS, Marcelo M.; NICOLI, Pedro A. G.; ALKMIN, Gabriela C. (orgs.). *Gênero, sexualidade e direitos humanos: perspectivas multidisciplinares*. Belo Horizonte: Initia Via, 2017.

144. Cf., por exemplo, CORRÊA, Sônia. "'Theologies' and contexts in a Latin American perspective". *Religion & Gender*. v. 6, n. 2, p. 256-263, 2016.

145. CASE, Mary Anne. "The Role of the Popes in the Invention of Complementarity and the Vatican's Anathematization of Gender. *Religion & Gender*. v. 6, n. 2, p. 155-172, 2016.

146. GARBAGNOLI, Sara. "Against the Heresy of Immanence: Vatican's 'Gender' as a New Rhetorical Device against the Denaturalisation of the Sexual Order". *Religion & Gender*, v. 6, n. 2, p. 187–204, 2016.

147. Ibidem.

para desvirtuar sobretudo as crianças[148]. Como consequência, combinam argumentos em defesa de uma suposta liberdade religiosa e política para promover o "direito a uma escola não-ideológica", "escola sem gênero", "escola sem partido", ou, nas palavras do plano de governo de Jair Bolsonaro, "*sem doutrinação e sexualização precoce*".

No âmbito do Poder Legislativo, dados da Aliança Nacional LGBTI+ indicam que o número de candidaturas LGBT cresceu 386% em 2018[149]. Além disso, no âmbito federal foi eleito o primeiro senador abertamente gay, Fabiano Contarato (REDE-ES).[150] Jean Wyllys (PSOL-RJ), primeiro deputado federal abertamente gay, se reelegeu para o seu terceiro mandato. Esse aumento da participação de LGBTIQ+s na política não se refletiu, contudo, em um alinhamento do ambiente institucional nesses espaços a essa agenda. Em razão de ameaças que vinha sofrendo por conta de sua atuação política, Jean Wyllys renunciou a seu mandato parlamentar passando a viver fora do país[151]. Note-se que no ano anterior, Marielle Franco, deputada estadual LGBTIQ+ no Rio dc Janciro foi assassinada em circunstâncias não completamente esclarecidas. O suplente de Jean Wyllys, David Miranda (PSOL-RJ), também abertamente LGBTIQ+, denunciou recentemente à polícia federal ameaças de morte das quais vem sendo vítima[152].

148. JUNQUEIRA, Rogério Diniz. "Ideologia de gênero": a invenção de uma categoria polêmica contra os direitos sexuais. Loc. cit.

149. DEARO, Fabio. Número de candidatos LGBT cresce 386% em 2018, diz pesquisa. Exame. 19.08.2018. Disponível em: https://exame.abril.com.br/brasil/eleicoes-2018-numero-de-candidatos-lgbt-cresce-386/ O monitoramento de candidaturas de pessoas LGBTI e aliadas foi realizado pela Aliança LGBT por meio do website: http://aliancalgbti.org.br/eleicoes2018/.

150. Elegeram-se em 2018 para assembleias legislativas estaduais as LGBTIQ+s Erica Malunguinho (PSOL-SP), Erika Hilton (PSOL-SP), Fábio Felix (PSOL-DF), Isa Penna (PSOL-SP), Leci Brandão (PC do B-SP) e Robeyoncé Lima (PSOL-PE). COSTA, Bruno. Quem são os LGBTs eleitos em 2018. Vice. 9.10.2018. Disponível em: https://www.vice.com/pt_br/article/7xm4va/a-periferia-tambem-e-trans.

151. VIVAS, Fernanda; CALGARO, Fernanda. Renúncia de Jean Wyllys ao terceiro mandato é oficializada na Câmara. G1 e Tv Globo. 29.01.2019. Disponível em: https://g1.globo.com/politica/noticia/2019/01/29/renuncia-de-jean-wyllys-ao-terceiro-mandato-e-oficializada-na-camara.ghtml.

152. GOÉS, Bruno. David Miranda diz à Polícia Federal que foi ameaçado de morte. O Globo. 17.06.2019. Disponível em: https://oglobo.globo.com/brasil/david-miranda-diz-policia-federal-que-foi-ameacado-de-morte-23746093.

3.3. Conclusão

A partir da trajetória descrita, nota-se que, ao longo do tempo, diversas estratégias foram utilizadas para dar visibilidade à causa das minorias sexuais no Brasil. Primeiro, as redes privadas de associação serviram para trocar experiências, consolidar identidades e discursos, e, posteriormente, a atuação política definiu bandeiras e agiu no espaço público de modo a implementá-las. Ambas as atividades contribuíram para mobilizar a opinião pública e renovar os valores constitucionais, em especial a igualdade. Além disso, a aproximação do movimento com os poderes instituídos permitiu o avanço de pautas, ao mesmo tempo em que dificultou a permanência de elementos de maior contestação no interior do movimento.

Dois grandes exemplos de reivindicação constitucional explícita do movimento foram a malfadada tentativa de inclusão na Constituição de 1988 da vedação à discriminação por orientação sexual e o bem-sucedido julgamento da constitucionalidade das uniões homoafetivas pelo Supremo Tribunal Federal. No caso da conquista no STF, grande parte da vitória deve ser creditada à mobilização prévia do movimento, que foi capaz de sedimentar, no seio da sociedade – sobretudo no âmbito da mídia e da elite socioeconômica –, plausibilidade e apoio a seu pleito. Por meio do manejo dos significados sociais compartilhados, via atuação política, jurídica e cultural, foi possível passar a compreender o reconhecimento constitucional das uniões homoafetivas como uma exigência da igualdade. O impacto da alteração de contexto também se refletiu no tratamento discursivo e na jurisprudência do STF com relação a direitos de pessoas trans.

Não obstante as vitórias, muitos problemas permanecem tanto no no seio da sociedade em geral quanto das instituições — o que se evidencia pela violência brutal que sofrem indivíduos LGBTIQ+s, inclusive na arena política. Com relação a esse último aspecto, a situação é agravada pelo contramovimento conservador de fundo religioso que tem tido historicamente sua maior projeção por meio do Poder Legislativo, mas que atualmente se projeta com igual ou maior força pela via do Poder Executivo tanto em nível local quanto nacional.

Capítulo 4

FUNDAMENTOS PARA UM CONSTITUCIONALISMO DIFUSO

4.1. Introdução

Busquei, até agora, mostrar como a interpretação constitucional difusa vem ocorrendo de diversas maneiras ao longo do tempo, por meio da atuação dos movimentos sociais. Procuro, no presente capítulo, justificar, sob o aspecto normativo, a importância desse processo para as instituições democráticas, para o constitucionalismo, para indivíduos e grupos e para uma coletividade que seja regida por uma mesma Constituição. Além disso, busco oferecer algumas proposições objetivas decorrentes da ideia de *constitucionalismo* difuso e, ao final, procuro afastar algumas noções que poderiam ser confundidas com o que se ora propõe.

4.2. Democracia e legitimidade das instituições

> *O povo, na América, não obedece à lei apenas porque é obra sua, mas mais ainda porque pode mudá-la*
>
> Alexis de Tocqueville[1]

4.2.1. *Legitimidade e modelos de democracia*

A legitimidade é o que faz com que um ordenamento jurídico seja visto como digno de respeito e que, ainda que o indivíduo discorde de certos elementos desse sistema, com ele não rompa.[2] Em uma ordem democrática, passa pela possibilidade de o cidadão

1. TOCQUEVILLE, Alexis de. *A democracia na América.* Trad. Neil Ribeiro da Silva. 2ª ed. Belo Horizonte: Ed. Itatiaia, 1977, p. 187.

2. MICHELMAN, Frank I. "Ida's Way: Constructing the Respect-Worthy Governmental System", 72 *Fordham L. Rev.* 345 (2003), pp. 346-347. GÜNTHER, Klaus. "Qual o Conceito de Pessoa de que Necessita a Teoria do Discurso do Direito? Reflexões sobre a conexão interna entre pessoa deliberativa, cidadão e pessoa de direito". *Revista Direito GV*. v.2, n.1, pp. 223-240, jan-jun 2006, p. 231.

participar da conformação desse projeto e de nele operar mudanças, como um coautor de uma empreitada coletiva que envolve passado, presente e futuro.[3] Compreende, portanto, a exigência de autogoverno, segundo a qual cabe aos membros de uma sociedade o poder de determinar seu funcionamento e controlar o exercício do poder por seus mandatários. Abrange, ainda, a noção de pluralismo, segundo a qual "a luta de ideias deve processar-se de uma forma tendencialmente desregulamentada e indeterminada quanto ao seu desfecho".[4] Nesse sentido, mesmo que não se tenha a possibilidade de influir no presente, é preciso que haja expectativa de que isso possa ocorrer em um momento futuro.

No âmbito da teoria democrática, até o último quarto do século XX, prevaleceu a noção de que o caráter democrático desse sistema esgotar-se-ia na manifestação individual autointeressada exarada por meio do voto, entendido como uma escolha racional e estratégica. A partir de uma concepção egoísta e individualista do sujeito, considerava-se que a política seria o resultado da agregação de interesses particulares.[5] Pugnando a insuficiência dessa noção agregativa da democracia, duas concepções se destacaram na disputa acerca do modo mais adequado de descrever e viabilizar o sistema de governo "do povo, pelo povo e para o povo".[6], por meio da participação igualitária de seus cidadãos.

Uma dessas versões vem sendo elaborada desde a década de 1970, principalmente por influência das obras de John Rawls e Jürgen Habermas, a partir das quais passou-se a enfatizar o peso do elemento argumentativo nos processos decisórios e a centralidade da troca pública de razões.[7] Trata-se da noção de

3. BALKIN, Jack. "Respect-worthy: Frank Michelman and the legitimate Constitution". 39 *Tulsa L. Rev.* 485 (2004), p. 493.

4. MACHADO, Jónatas E. M. *Liberdade de Expressão*: dimensões constitucionais da esfera pública no sistema social. Coimbra: Coimbra editora, 2002, p. 367.

5. Cf. SOUZA NETO, Cláudio Pereira de. *Teoria Constitucional e Democracia Deliberativa*: Um estudo sobre o papel do Direito na garantia das condições para cooperação na deliberação democrática. Rio de Janeiro: Renovar, 2006, pp. 71-78.

6. Expressão de Abraham Lincoln, em discurso de Gettysburg, em 1863, durante a Guerra Civil ocorrida nos Estados Unidos.

7. AVRITZER, Leonardo. "Teoria democrática e deliberação". *Lua nova*, n. 49, 2000, p. 26. Segundo Jon Elster, trata-se de uma retomada, tendo em vista que a ideia de democracia deliberativa e sua implementação prática é tão antiga quanto a própria ideia de democracia e remonta a Atenas. ELSTER,

democracia deliberativa baseada "na ideia de diálogo social e nas interações travadas pelos cidadãos nos espaços públicos"[8], inclusive, e com grande relevância, nas esferas de poder constituído.

Tal concepção, em geral, compreende que a democracia não trata somente da agregação de interesses que procuram ser maximizados em um processo competitivo eleitoral, mas da verdadeira interação entre indivíduos, de maneira livre e igual, para a tomada de decisões que os afetem, de forma que tais deliberações possam ser consideradas legítimas. Relaciona-se à discussão e à possibilidade de convencimento, enfatizando, para além do resultado, a importância do procedimento intersubjetivo de tomada de decisão.[9]

A justificativa central para a adoção dessa perspectiva calca-se no fato de que, diante do pluralismo das sociedades contemporâneas, em que a autoridade não pode ser extraída de uma pré-compreensão compartilhada, as decisões de cidadãos e representantes têm de ser justificadas publicamente por meio do uso de argumentos acessíveis a todos cidadãos. Nessa toada, valorizam-se os pontos de acordo ao mesmo tempo em que se considera a provisoriedade da solução, tendo em vista a permanência do debate.[10] Nesse sentido, enfatiza-se um processo deliberativo justo, que é constante e deve ser aberto a todos.

Outros argumentos favoráveis a essa visão relacionam-se com a qualidade dos resultados alcançados a partir de sua adoção. Nesse sentido, apontam para o fato de que o diálogo permite

---

Jon. "Introduction". In: ELSTER, Jon (Ed.). *Deliberative Democracy*. Cambridge University Press, 1998, pp. 1-5.

8. SOUZA NETO, Claudio; SARMENTO, Daniel. *Direito Constitucional*: teoria, história e métodos de trabalho. Belo Horizonte: Fórum, 2012, p. 223. Sobre o tema, cf. SANTIAGO NINO, Carlos. *La Constitución de la democracia deliberativa*. Traducción Roberto P. Saba. Barcelona: Gedisa, 1997. Cf. SOUZA NETO, Cláudio Pereira de. Deliberação democrática, constitucionalismo e cooperação democrática. In: SARMENTO, Daniel (org.). *Filosofia e teoria constitucional contemporânea*. Rio de Janeiro: Lumen Juris, 2009.

9. Segundo Habermas, "uma política deliberativa deve ser concebida como uma síndrome que depende de uma rede de comunicação de processos de barganha regulados de maneira justa e de várias formas de argumentação, inclusive discursos pragmáticos, éticos, e morais, cada qual fiando-se em diferentes pressupostos e processos". HABERMAS, Jürgen. "Three normative models of democracy". BENHABIB, Seyla (ed.) In: *Democracy and Difference*. Princeton: Princeton University Press, 1996, p. 25.

10. GUTMANN, Amy; THOMPSON, Dennis. *Why Deliberative Democracy?*. Princeton: Princeton University Press, 2004.

questionar a parcialidade dos debatedores (ampliando suas perspectivas), revelar informações privadas (o que faz com que a decisão final seja melhor informada), e promover a "iluminação recíproca"[11] entre seus participantes (incentivando resultados que não seriam encontrados por nenhum deles individualmente).[12] Do mesmo modo, a discussão faz com que se possam alcançar soluções que contemplem mesmo aqueles que, a princípio, teriam sido derrotados, permitindo-lhes manifestar *second-best options* e contribuir para a decisão final.[13] Outro argumento favorável à deliberação aponta que o debate aumenta a eficiência do trabalho, na medida em que os pontos de consenso podem ser rapidamente encontrados e superados e, a partir daí, os esforços podem ser direcionadas para as divergências e pontos mais complexos.

Não obstante as vantagens apontadas, algumas críticas relevantes são direcionadas a essas noções. Com relação à qualidade das decisões, apontam-se fatores que fariam com que, em democracias, a maioria fosse induzida a alcançar opiniões incorretas. Cass Sunstein, por exemplo, chama atenção para a possibilidade de que o processo deliberativo amplifique a existência de preconceitos irrefletidos *(systematic bias)*. Outro elemento distorcivo, a *polarização,* faria com que, no processo de discussão, muitas vezes as opiniões se tornem mais extremas do que realmente seriam[14]. Outro fator apontado pelo mesmo autor relaciona-se à replicação automática de informações, sem um processo de reflexão privada e detida sobre o tema (*cascatas*). Sunstein chama atenção para essas distorções do sistema deliberativo não para dispensá-lo, mas para corrigi-lo à luz de sua realidade empírica, que exigiria arranjos institucionais que combinassem heterogeneidade

---

11. SILVA, Virgílio Afonso da. "Deciding without deliberating". *International Journal of Constitutional Law* (2013) 11 (3): 557-584.

12. FEARON, James D. "Deliberation as discussion". In: ELSTER, Jon. (org.) *Deliberative Democracy*. Op. cit. Outros argumentos corroboram que a discussão é positiva porque "força ou induz um modo particular de justificar demandas, legitima a última escolha, é desejável por si mesma, faz decisões melhores à luz do ótimo de Pareto e também e, termos de justiça distributiva, promovem um consenso maior, aperfeiçoam as qualidades morais e intelectuais dos participantes. Tais argumentos são listados na introdução da obra em ao longo da qual são mais profundamente desenvolvidos". ELSTER, Jon. "Introduction". Op. cit.

13. SILVA, Virgílio Afonso da. "Deciding without deliberating". Op. cit.

14. SUNSTEIN, Cass R. *A constitution of many minds.* Princeton: Princeton University Press, 2009, pp. 169-173.

e ambientes de enclaves protegidos, onde grupos emudecidos pudessem desenvolver seus próprios discursos. [15]

Igualmente, indicando o silenciamento de certos indivíduos e grupos e procurando combatê-lo, outros autores procuram agregar novas ideias à noção de democracia deliberativa, a fim de torná-la mais inclusiva. Aponta-se, nesses termos, para a necessidade de garantir os pressupostos substantivos que viabilizariam a participação no processo democrático, como liberdade de expressão e de religião.[16] Além disso, a fim de não privilegiar, sob o manto da neutralidade racional, um tipo de discurso — formal, generalizante, assertivo, literal e desapaixonado[17] — identificado com um determinado sujeito que historicamente ocupou os espaços de debate e tomada de decisão, enfatiza-se a necessidade de promover, para além da igualdade política e econômica, uma igualdade discursiva, incluindo e valorizando formas de expressão não hegemônicas como a retórica, a saudação e a narrativa.[18] Dessa forma, procura-se denunciar a existência de um senso internalizado de quem pode ou não falar e de que maneira essa fala deve ser expressada a fim de que seja considerada no espaço público. Outra crítica relevante, de matriz feminista, aponta para a ênfase da democracia deliberativa na esfera pública e sua completa segregação do âmbito privado, que também abriga relações políticas de dominação.[19] Tais críticas, embora incisivas, não rompem com a ideia de deliberação, mas procuram aprofundá-la, tornando-a mais inclusiva e plural.

Partindo de outro pressuposto, há quem questione a própria noção de democracia deliberativa, afirmando que uma real deferência à democracia e à possibilidade de divergir geraria um pluralismo incapaz de ser harmonizado por meio dos consensos que

15. SUNSTEIN, Cass R. *Designing Democracy:* What Constitutions Do. New York: Oxford University Press, 2001, pp. 13-46.

16. COHEN, Joshua. "Procedure and Substance in Deiberative Democracy". In: BENHABIB, Seyla (ed.). *Democracy and Difference*. Op. cit.

17. YOUNG, Iris. "Communication and the other: Beyond deliberative democracy". In: BENHABIB, Seyla (ed.). *Democracy and Difference*. Op. cit. p. 124.

18. Ibidem.

19. V. COHEN, Jean L. "Democracy, Difference, and the right of Privacy". In: BENHABIB, Seyla (ed.). *Democracy and Difference*. Op. cit.

a democracia deliberativa exige. Os adeptos desse outro modelo, denominado *agonístico*, entendem, portanto, que a diversidade — e a própria divergência e o conflito — é constitutiva da noção de democracia, que pressupõe uma multiplicidade de discursos, instituições e formas de vida.[20]

Sob essa ótica, é preciso dar visibilidade à dimensão de poder existente na política — que se manifesta toda vez em que se constitui uma objetividade — para que suas práticas possam ser questionadas e redefinidas em sentidos cada vez mais democráticos. Nessa linha, os momentos de decisão a partir dos quais se constrói a política sempre trariam um elemento de força e violência.[21] O obscurecimento dessas situações reais de poder e de antagonismo sob o argumento da neutralidade dos procedimentos contribuiria para a opressão de determinados grupos, na medida em que invisibilizaria sua exclusão e as relações de poder nas quais estão inseridos.

Tem-se, portanto, que a verdadeira função do espaço político seria não a de eliminar o dissenso, mas a de "domesticar as hostilidades" em uma arena simbólica compartilhada à qual se tem uma adesão comum e na qual eventuais consensos construídos seriam sempre conflituosos e temporários.[22] Reconhecer a necessidade de coerção e o fato de que nenhuma coerção é indiscutivelmente justa, faz do espaço político objeto de questionamento e crítica[23] e possibilita que aqueles que hoje não conseguem fazer prevalecer a sua visão possam fazê-lo no futuro.

Ambas as visões, deliberativa e agonística, trazem importantes fundamentos para uma noção de interpretação constitucional difusa. A ideia de deliberação leva a uma postura de alteridade e incentiva a compreensão do ponto de vista do outro. Assim,

20. MOUFFE, Chantal *The Democratic Paradox*. London: Verso, 2000, pp. 94-97. A autora argumenta que a eliminação do conflito da vida pública levaria, ainda, à ascenção de outras formas de identificação coletiva, o que poderia levar ao crescimento de fundamentalismos étnicos e religiosos.

21. MOUFFE, Chantal. *The Democratic Paradox*. Op. cit. p. 130.

22. Ibidem, p. 103. Nesse sentido, a partir de uma perspectiva da Teoria dos Sistemas veja-se CAMPILONGO, Celso Fernandes. *Interpretação do Direito e Movimentos Sociais*. Rio de Janeiro: Elsevier, 2012, pp. 96 *et seq*.

23. MANBRIDGE, Jane. "Using Power/Fighting Power". In: BENHABIB, Seyla (ed.). *Democracy and difference*, p. 46.

valoriza a leitura que cada um faz da Constituição e busca, por meio da troca e do questionamento, encontrar pontos de convergência. Além disso, estimula práticas e procedimentos que visam à participação daqueles que sofrerão os efeitos das decisões[24], incentivando uma penetração da sociedade nas intuições e em suas instâncias decisórias. Valoriza, ainda, a atuação de associações, redes e organizações como ligas essenciais na construção de uma "conversa pública"[25] e, com ênfase, no desenvolvimento de um processo justo, um debate mais inclusivo e plural.

Noutro giro, a abordagem agonística chama atenção para a realidade política concreta. Ao evidenciar o conflito, essa abordagem revela a existência de diversos interesses em jogo e as relações reais de poder que promovem a prevalência de um em detrimento de outro, que pode se ver até mesmo excluído da discussão. Nesse ponto, o enfoque agonístico tende à atribuição de uma face aos interesses contrapostos, revelando do que e por quem são compostos. Ambos os pontos de vista trabalham com a relevante ideia de aprofundamento da democracia, mas, ao privilegiar a permanência do conflito — ainda que marcado por consensos temporários — a visão agonística permite pensar o processo democrático não como uma caminhada evolutiva ascendente — como sugere o modelo deliberativo —, mas como um caminho tortuoso cheio de curvas, declives e retrocessos. Nesse sentido, captura melhor a dinâmica social concreta — uma vez que, por exemplo, movimentos sociais ensejam contramovimentos que podem ser ainda mais fortes do que os primeiros. Esse modelo privilegia também o *outsider* completo — muitas vezes acometido pela pior injustiça, que é a que decorre da naturalização de sua situação — e que não preenche sequer os requisitos para participação no debate deliberativo. Nesse sentido, quanto maior for o grau de desigualdade entre as partes que atuam em determinado processo decisório, maior será a importância de se atentar para o perigo da imposição do consenso e do entendimento como formas neutras de legitimar certa decisão.

24. BENHABIB, Seyla. "Toward a deliberative model of democracy legitimacy. In: BENHABIB, Seyla (ed.). *Democracy and difference*. Op. cit. p. 73.

25. Ibidem, p. 74.

Com efeito, as pessoas em geral podem agir mais ou menos comunicativamente ou autointeressadamente em função do ambiente em que estão. Um partido político ou movimento social, por exemplo, podem, internamente, funcionar como um "enclave protegido"[26] em que discussões mais francas são levadas a cabo, enquanto na esfera pública se apresentam de maneira coesa e atuam de forma mais autointeressada e combativa.[27] Do mesmo modo, as instituições podem oferecer incentivos para uma ou outra postura.[28] Em cada situação, as reflexões trazidas pelas teorias deliberativa e agonística de democracia serão mais ou menos válidas.

Em comum, por meio da reafirmação do autogoverno e do pluralismo, busca-se, em ambas as hipóteses, a participação e a inclusão do maior número de atores no processo decisório, a fim de conferir-lhe maior legitimidade sob uma perspectiva democrática, seja para ampliar os participantes da deliberação, seja para revelar os interesses por trás das reivindicações. Nessa perspectiva, a inclusão do cidadão comum e dos movimentos sociais no processo de interpretação constitucional tornam-no mais legítimo e democrático.

4.2.2. Participação e inclusão no processo decisório

A inserção no processo decisório deve ocorrer em diversas frentes, institucionais e extrainstitucionais. As instituições estatais e, sobretudo, os três poderes, encarnam certas prerrogativas que as fazem espaços privilegiados de criação e aplicação do Direito, tendo fundamental importância na definição do sentido da Constituição. Além da relevância de suas funções, seu papel social

26. MANBRIDGE, Jane. "Using Power Fighting Power". In: BENHABIB, Seyla (ed.). *Democracy and Difference*. Op. cit., p. 56.

27. Como ressaltou Jack Balkin, "[o] sistema com múltiplos intérpretes constitucionais funciona (...) em parte por meio de diplomacia, em parte por meio de agressões; em parte por meio de ameaças veladas, em parte por meio de concessões; em parte por meio de argumentos racionais, em parte por meio de protestos". (*Living Originalism*. Op. cit. p. 68).

28. Essa discussão de mecanismos incentivos à deliberação pode ser vista, por exemplo, no debate acerca da relação entre fator deliberativo de uma corte constitucional e a maneira por meio da qual a decisão é apresentada, seja por meio de uma única voz (decisão *per curiam*) ou em várias vozes (decisão *seriatim*). A esse respeito, veja-se MENDES, Conrado Hübner. "O projeto de uma corte deliberativa". In: VOJVODIC, Adriana; PINTO, Henrique Motta; PAGANI, Rodrigo (orgs.). *Jurisdição Constitucional no Brasil. Jurisdição Constitucional no Brasil.* 1ª ed. São Paulo: Malheiros Editores, 2012.

simbólico faz com que suas decisões tenham enorme autoridade na conformação do significado constitucional. Por esse motivo, é extremamente importante que tais espaços estejam franqueados à participação cidadã, que pode servir como "recurso administrativo" para apontar problemas e como mecanismo de ampliação da competência cognitiva das instituições.[29]

Para que indivíduos e grupos possam contribuir com os entendimentos constitucionais emanados pelas instituições, antes de tudo, é preciso que tenham acesso a informações acerca de suas funções, procedimentos e decisões. Por isso, são indispensáveis medidas informativas e plataformas de comunicação eficazes, em linguagem acessível, que contenham dados relativos à organização, à competência, à composição e ao funcionamento das instituições estatais. Ainda no aspecto da acessibilidade, a linguagem institucional frequentemente apresenta-se como um empecilho para o diálogo social. Conrado Hübner Mendes aponta "o estilo prolixo e arrevesado" que compõe o "bacharelismo beletrista" do Judiciário, sinalizando que pode comprometer a força normativa e educativa da Constituição.[30] Tal observação vale igualmente para os demais poderes, que devem, em seus atos institucionais, buscar a aproximação com a realidade e com os demais intérpretes constitucionais, por meio, sempre que possível, do uso de linguagem inteligível ao cidadão comum, de forma a viabilizar um diálogo social.

Especificamente no que concerne ao Poder Judiciário, o fato de não ser composto por agentes eleitos impõe um ônus ainda maior ao seu processo decisório à luz da teoria democrática. No que tange ao exercício da jurisdição constitucional, em que o Judiciário, por meio do controle de constitucionalidade, possui a prerrogativa de invalidar leis elaboradas pelo legislador eleito evidencia-se a chamada "dificuldade contramajoritária", a qual

---

29. NONET, Philippe; SELZNICK, Philip. *Law and society in transition*: Toward responsive Law. New York: Harper & Row, 1978, p. 106.

30. MENDES, Conrado Hübner. "Para o bom juiz, meia palavra não basta". Opinião publicada no jornal o Estado de São Paulo, disponível em: http://opiniao.estadao.com.br/noticias/geral,para-bom-juiz--meia-palavra-nao-basta-imp-,1047024; e ainda MENDES, Conrado Hübner. "O projeto de uma corte deliberativa". In: Adriana Vojvodic; Henrique Motta Pinto; Rodrigo Pagani (orgs.). *Jurisdição Constitucional no Brasil*. Op. Cit.

revela um desconforto em relegar a instâncias não eleitas o poder de decisão em casos complexos e controversos.[31] No Brasil, essa questão ganhou proeminência no cenário pós-Constituição de 1988 em que se observou a expansão da jurisdição constitucional e de seu papel político e social, no que se convencionou chamar de "judicialização da política".[32] O fenômeno, que é global, encontrou no contexto brasileiro fatores que o favoreceram como o extenso catálogo de direitos e a ampliação do rol de ações para controle abstrato de constitucionalidade, bem como de seus legitimados, previstos pela Constituição de 1988, a penetração da ideia de eficácia normativa da Constituição e do neoconstitucionalismo e a postura ativista do Supremo Tribunal Federal.[33]

Neste cenário, pugna-se a abertura das cortes para um diálogo social como forma de amenizar a "dificuldade contramajoritária" e exige-se a justificação racional das decisões judiciais, que devem ser informadas e municiadas com o máximo possível de argumentos e informações. Nesse processo, é partilhada com a comunidade de intérpretes a tarefa densificar e corporificar os princípios abstratos da Constituição.[34] Entretanto, conforme assinalam Gisele Cittadino e Helena Colodetti, esse panorama de reforço dos direitos fundamentais e empoderamento do cidadão não se confunde com o protagonismo autoritário das cortes, que visa a estabelecer e impor o ritmo da agenda política nacional. Nesse último caso, o Judiciário, ao pretender funcionar como

31. A expressão é de BICKEL, Alexander. *The least dangerous branch*: the Supreme Courts and the bars of Politics. 2ª ed. New Heaven/London: Yale University Press, s/a.

32. Veja-se, no contexto global, TATE, C. Neal; TORBJÖRN, Vallinder. *The global expansion of judicial power*. Nova York: New York University Press, 1995; HIRSCHL, Ran. *Towards juristocracy*: the origins and consequences of the new constitutionalism. Cambridge: Harvard University Press, 2007. E no Brasil, CITTADINO, Gisele. "Judicialização da Política, Constitucionalismo Democrático e Separação de Poderes". In: VIANNA, Luiz Werneck. *A Democracia e os Três Poderes no Brasil*. Belo Horizonte: UFMG; Rio de Janeiro; IUPERJ/ FAPERJ, 2001; VIANNA, Luiz Werneck (et al.). *A judicialização da política e das relações sociais no Brasil*. Rio de Janeiro: Ed. Revan, 1999; BARROSO, Luís Roberto. "Judicialização, ativismo judicial e legitimidade democrática". *Cadernos [SYN]THESIS*. v. 5, n. 1, 2012; BRANDÃO, Rodrigo. "A Judicialização da Política: teorias, condições e o caso brasileiro". *Revista de Direito Administrativo*, v. 263, 2013.

33. Para essas e outras justificativas veja-se BRANDÃO, Rodrigo. *Supremacia judicial versus diálogos constitucionais*: a quem cabe a última palavra sobre o sentido da Constituição?. Rio de Janeiro: Lumen Juris, 2011, pp. 89-180.

34. CITTADINO, GISELE. "Judicialização da Política, Constitucionalismo Democrático e Separação de Poderes". In: VIANNA, Luiz Werneck. *A Democracia e os Três Poderes no Brasil*. Belo Horizonte: UFMG; Rio de Janeiro; IUPERJ/ FAPERJ, 2001, p. 39.

"oráculo da República", exerce a "administração da justiça de costas e na contramão do público deliberativo", subtraindo dos cidadãos a possibilidade de ditar os rumos políticos e sociais.[35]

Como apontado na Introdução do presente trabalho, a discussão acerca da participação democrática nas cortes tem sido centralizada nos mecanismos permeabilidade das instâncias judiciais, como as audiências públicas e o *amicus curiae*, que como visto, sofrem críticas por sua insuficiência que ocorre, em especial, em razão da desimportância atribuída na prática pelos ministros aos argumentos aventados nessas ocasiões (item 2.3.1.i, capítulo 2).

A proposta de participação e inclusão do constitucionalismo difuso, todavia, não abrange somente esses mecanismos, mas se abre, no âmbito da Corte Constitucional, para outras exigências, relacionadas, por exemplo, ao acesso ao controle de constitucionalidade. No caso do STF, sua atuação sofre de um paradoxo. Enquanto o tribunal ativamente esforça-se para apresentar-se como uma Corte aberta e em diálogo com a sociedade, essa abertura opera de maneira socialmente seletiva: acessível a uns e não a outros. Em outras palavras, a permeabilidade do STF à sociedade é seletiva e essa seletividade se manifesta por meio de mecanismos formais e informais. A jurisprudência acerca da legitimidade para a propositura de ações no controle abstrato de constitucionalidade é um desses mecanismos[36].

Na conjuntura da redemocratização brasileira pós-1988, o Supremo Tribunal Federal, composto em sua maioria por ministros nomeados antes do advento da Constituição[37] adotou, em algumas

35. "Separação de Poderes no Brasil Contemporâneo". *Boletim CEDES*, abril-junho 2013, p. 11. As autoras identificam o primeiro cenário como correspondendo à "judicialização da política" e o segundo ao "ativismo judicial".

36. A ideia que foi apresentada na primeira edição deste trabalho foi posteriormente desenvolvida no artigo GOMES, Juliana Cesario Alvim. "Por quem os Sinos Dobram? 'Embargos auriculares', legitimidade ativa e a permeabilidade social seletiva do Supremo Tribunal Federal". *Revista Estudos Institucionais*, no prelo. No artigo, argumento que inúmeras normas e práticas supostamente neutras podem funcionar como cancelas invisíveis que condicionam de maneira desigual o acesso ao tribunal: regras processuais, linguagem utilizada, práticas cotidianas. Analiso pormenorizadamente os chamados embargos auriculares – audiências informais privadas entre ministros e advogados ou partes – e a jurisprudência acerca da legitimidade para a propositura de ações no controle abstrato de constitucionalidade.

37. Defendendo a hipótese de que os próprios Ministros do Supremo estabeleceram certos limites ao quanto o STF poderia participar do processo decisório político veja-se ARGUELHES, Diego Werne-

searas, certa "jurisprudência defensiva", mantendo uma "uma indevida fidelidade em relação aos valores do passado, sabotando, ainda que nem sempre de forma consciente, a efetivação da nova Constituição, com a qual não mantêm afinidade ideológica".[38] É precisamente o que se deu com relação à jurisprudência relativa aos legitimados para a propositura de ações no controle abstrato de constitucionalidade, que limita as "entidades de classe de âmbito nacional", previstas no artigo 103, inciso IX, da Constituição Federal, àquelas de caráter econômico e profissional.

Como revela Diego Werneck Arguelhes, os Ministros do STF, ao longo dos trabalhos da Assembleia Nacional Constituinte, manifestaram-se contrariamente a um modelo de controle de constitucionalidade com acesso mais amplo, tendo enviado, em 1986, mensagem pública, formal e oficial em nome do Tribunal à Comissão Afonso Arinos, recém-convocada para elaborar um projeto de constituição, manifestando entendimento de que a legitimidade ativa para arguir inconstitucionalidade de lei ou ato normativo deveria permanecer exclusivamente com a Procuradoria Geral da República.[39]

Não obstante, a Constituição de 1988 consagrou a ampliação dos legitimados e, em diversos momentos, evidenciou seu compromisso com a democracia e participação política da sociedade.[40] Entretanto, a postura conservadora, afinada com a ordem anterior, ecoou no entendimento prevalecente acerca da amplitude do dispositivo constitucional referido, e a jurisprudência restritiva desenvolvida logo após a entrada em vigor da Constituição permanece em voga até hoje. A ideia de que a noção de classe se restringia a categorias econômicas ou profissionais promoveu uma leitura da carta magna à luz de uma compreensão retrospectiva e serviu para limitar o acesso à jurisdição constitucional.

No caso pioneiro em que se consignou a jurisprudência restritiva e corporativa do vocábulo "classe" à luz de diplomas

---

ck. "Poder não é querer: preferências restritivas e redesenho institucional no Supremo Tribunal Federal pós-democratização". *Universitas Jus (UniCEUB Law Journal)*. v. 25, n. 1, 2014.

38. SOUZA NETO, Cláudio Pereira de; SARMENTO, Daniel. *Direito Constitucional:* Teoria, história e métodos de trabalho. Belo Horizonte: Ed. Fórum, 2012, pp. 558-559.

39. ARGUELHES, Diego Werneck. "Poder não é querer". Op. cit. p. 31.

40. Veja-se, por exemplo, a consagração do plebiscito, do referendo e da iniciativa popular de lei como instrumentos, ao lado do voto, de exercício da soberania popular (Art. 14, CF).

normativos anteriores desenvolvidos meio século antes, como a CLT[41], já alguns ministros sinalizaram sua divergência. Na ocasião, o Ministro Sepúlveda Pertence, mesmo acompanhando a maioria no caso concreto, afirmou que "o novo texto fundamental quis efetivamente fazer a grande válvula de abertura e descentralização social de iniciativa do controle direto da constitucionalidade das leis"[42] e que "a interpretação mais adequada àquela regra será a que dê ao conceito de 'entidade de classe de âmbito nacional' toda abrangência que ela comporte, sem violência, de modo a estender a legitimação ao maior plexo possível de associações representativas de setores significativos da estrutura plural da sociedade (...)".[43] Na ocasião, contra a interpretação restritiva do inciso IX do artigo 103, ficaram vencidos os ministros Celso de Mello e Célio Borja. O primeiro manifestou o temor que a interpretação restritiva pudesse limitar o exercício pelo STF "da mais expressiva, fundamental e relevante competência que lhe outorgou à Assembleia Nacional Constituinte: a guarda e defesada Constituição". O segundo afirmou que "para compatibilizar-se com uma Constituição que põe entre os objetivos fundamentais da República a construção de uma sociedade e livre e solidária (art. 3º, I,), deve a classe ou categoria ser espécie ou gênero de interesses que as pessoas elegem, a cada momento".

Com base na posição restritiva que, não obstante, acabou prevalescendo, o STF acabou por rejeitar, ao longo dos anos, o

41. "Assim, valendo-se, *mutatis mutandis*, das definições legais do art. 511, CLT, entidades de classe serão as associações cuja base social e cuja orientação finalística partam, ou (a) da pressuposta "solidariedade de interesses econômicos dos que empreendem atividades idênticas, similares ou conexas" (categoria econômica ou empresarial) ou do reconhecimento dos interesses comuns derivados (b) do exercício da mesma atividade profissional ou de profissões similares ou conexas ou ainda, finalmente, (c) do trabalho em comum, ainda que em profissões diversas, na mesma atividade econômica ou em atividades econômicas similares ou conexas.". Voto do Min. Sepúlveda Pertence em STF, ADI 42/DF, Pleno, Rel. Min. Paulo Brossard, julg. 24.9.1992. O ministro Sepúlveda Pertence acompanhou a maioria no caso concreto mas deixou consignada sua visão favorável à abertura do acesso à jurisdição constitucional para a sociedade.

42. Voto do Min. Sepúlveda Pertence em STF, ADI 42/DF, Pleno, Rel. Min. Paulo Brossard, julg. 24.9.1992.

43. Em momento posterior corroborou esse entendimento: "De outro lado – considerando que a legitimação para a ação direta de inconstitucionalidade das 'entidades de classe de âmbito nacional' é a abertura mais significativa do acesso da sociedade civil ao controle abstrato de normas – sou dos que ainda resistem à tendência de reduzir o alcance da inovação ao âmbito puramente corporativo das classes profissionais ou econômicas, a rigor, já contemplado, no mesmo inciso IX do art. 103 da Constituição, com a legitimação das confederações sindicais". STF, ADI 894-MC/DF, Rel. Min. Néri da Silveira, Pleno, julg. 19.11.1993.

acesso à jurisdição constitucional por parte de diversas associações, como a Associação Brasileira de Consumidores[44], Associação dos Ex-Combatentes[45], Associação Brasileira de Defesa do Cidadão – ABRADEC[46] e a União Nacional dos Estudantes – UNE.[47] Além disso, tantas outras entidades deixaram de acionar o controle abstrato de constitucionalidade, ainda que tivessem plena identificação com a causa em questão e representatividade social. Nesse movimento, o STF fechou suas portas para a sociedade e, sobretudo, para seus grupos mais vulneráveis, frequentemente representados por movimentos sociais.

Tal visão é corroborada por pesquisa empírica coordenada por Juliano Zaiden Benvindo e Alexandre Araújo da Costa. A partir do exame de todas as ADIs julgadas pelo STF no período de 1988 até 2012, contatou-se que, em função de seus legitimados ativos, sobretudo partidos políticos, governadores de estado e o Conselho Federal da OAB – que juntos somam 90% das demandas –, as ações diretas julgadas pelo Tribunal têm por objeto a garantia de interesses institucionais ou corporativos, em detrimento do interesse público e dos direitos fundamentais.[48]

Os atores corporativos com forte influência política e econômica costumam ter franqueado o acesso às vias institucionais à jurisdição constitucional para fazer valer seus interesses, na medida em que conseguem cooptar certos legitimados para que os representem.[49] Além disso, frequentemente valem-se com maior facilidade de vias menos formais, como audiências privadas com ministros, ou informais, como encontros sociais com agentes estatais e a própria mídia, para buscar pautar a agenda e a prestação jurisdicionais. Por outro lado, as minorias e os grupos socialmente vulneráveis e marginalizados são excluídos

44. STF, ADI 1693, Pleno, Rel. Min. Marco Aurélio, julg. 23.10.1997.

45. STF, ADI 2073, Pleno, Rel. Min. Moreira Alves, julg. 09.03.2000.

46. STF, ADI 61, Rel. Min. Sepúlveda Pertence, Pleno, julg. 29.8.1990.

47. STF, ADI 894-MC/DF, Rel. Min. Néri da Silveira, Pleno, julg. 19.11.1993.

48. COSTA, Alexandre Araújo da. BENVINDO, Juliano Zaiden. (Coord.) *A quem interessa o controle de constitucionalidade:* O Descompasso entre Teoria e Prática na Defesa dos Direitos Fundamentais. Relatório de Pesquisa da Universidade de Brasília, financiada pelo CNPQ. Disponível em <http://fd.unb.br/images/stories/FD/Eventos_e_Noticias/Relat%C3%B3rio_Divulgacao_-_Pesquisa_CNPq.pdf>.

49. Ibidem, p. 78.

das vias de acesso à jurisdição constitucional tanto formal quanto informal e veem-se diante de muitos obstáculos para comunicar suas interpretações constitucionais.

Além do caso das uniões homoafetivas narrado no capítulo 3, na Arguição de Descumprimento de Preceito Fundamental nº 54, relativa ao aborto de feto anencefálico, houve uma decisão deliberada em propor a ação por meio de legitimado ativo que não suscitasse maiores questionamentos à luz da jurisprudência do STF.[50] Na ação relativa à possibilidade de interrupção da gravidez de feto anencefálico, a iniciativa da causa teve origem em entidade de defesa do direito das mulheres, o Instituto de Bioética, Direitos Humanos e Gênero – ANIS. Em virtude da impossibilidade de sua aceitação como legitimado, foi feita pesquisa na jurisprudência do STF entre todas as entidades que já haviam sido admitidas como legitimadas, buscando uma cujo objeto tivesse relação a causa, até que se chegou à Confederação Nacional dos Trabalhadores na Saúde – CTNS. A estreita relação do caso com a luta das mulheres evidencia-se na própria petição inicial, em que se indica que a ANIS forneceu apoio técnico e institucional para a elaboração da ADPF, solicitando, de pronto, sua admissão como *amicus curiae*.

Em ambos os casos, durante a elaboração das ações, estiveram envolvidas entidades representativas dos interesses em jogo — respectivamente, entidades LGBTIQ+ e de mulheres. Entretanto, na hora de propor a ação, foi necessário mascarar a demanda com a indumentária institucional, acionando-se os legitimados à luz da jurisprudência restritiva do STF, sem que as entidades representativas das categorias em questão pudessem elas próprias veicular seus entendimentos constitucionais. A sujeição de seus interesses a intermediários, por submeterem-nas a ponderações externas e a todo tipo de barganha, frequentemente leva à perda de sua autonomia no processo.[51] Isso pode implicar não só restrição de argumentos, mas perda de protagonismo e

50. BARROSO, Luís Roberto. "Uniões homoafetivas: reconhecimento jurídico das uniões estáveis entre parceiros do mesmo sexo". In: BARROSO, Luís Roberto. *O novo Direito Constitucional brasileiro*: contribuições para a contrução teórica e prática da jurisdição constitucional brasileira. Belo Horizonte: Fórum, 2013, pp. 331-332.

51. VIANNA, Luiz Werneck (et al.). *A judicialização da política e das relações sociais no Brasil*. Rio de Janeiro: Ed. Revan, 1999, p. 105.

respaldo social. Além disso, a necessidade de mascaramento por meio de intermediários pode levar a uma excessiva demora para que determinada questão chegue ao STF. Isso sem falar daquelas que sequer alcançam a jurisdição constitucional em razão das referidas restrições jurisprudenciais.

O atual tratamento conferido pelo STF ao inciso IX do artigo 103 desequipara certas entidades perante outras, abrindo as portas do controle abstrato a alguns interesses e fechando-as a outros. Sob o manto de uma suposta neutralidade, determinados interesses e grupos, em detrimento de outros, conseguem fazer ecoar seus argumentos constitucionais, funcionando como "detentores oficiosos ou invisíveis do poder".[52] Nas palavras de Luiz Werneck Vianna, a jurisprudência dominante do STF "tem levado à confirmação de um velho traço de nossas raízes autoritárias, que sempre recusou ao interesse o acesso à dimensão da razão, monopólio do Estado e da classe política".[53]

A injustificada desequiparação vai de encontro à ideia de abertura das instituições e de legitimidade democrática, e, conforme desenvolverei neste capítulo, à possibilidade de renovação do constitucionalismo, ao empoderamento do cidadão comum e à narrativa para a transformação. Para que o projeto constitucional brasileiro se aperfeiçoe no sentido de uma leitura emancipatória e voltada para a proteção dos direitos fundamentais, é necessário que o processo de definição do significado de nossa Constituição esteja aberto às pessoas comuns, suas experiências concretas e visões de mundo — sobretudo as minoritárias, cuja participação garante um sentido de Constituição abrangente, plural e inclusivo.

Igualmente, no que concerne ao acesso à jurisdição constitucional, questões aparentemente prosaicas também contribuem para a exclusão da sociedade - ou de parte dela - deste destacado espaço de construção do significado da Constituição. A fixação da pauta do Supremo Tribunal Federal é uma delas. A pauta das sessões, que é elaborada pelo presidente da Corte, em passado

---

52. LOEWENSTEIN, Karl. *Teoría de la Constitución*. Trad. Alfredo Gallego Anabitarte. Barcelona: Editora Ariel, 1976, p. 423.
53. VIANNA, Luiz Werneck (et al.). *A judicialização da política e das relações sociais no Brasil*. Loc. cit.

recente, era divulgada no *site* do tribunal com a curtíssima antecedência de cerca de uma semana, sem que houvesse notificação expressa das partes e dos *amici curiae* e tampouco registro deste acontecimento nos andamentos processuais relativos aos casos. Atualmente, a maior parte da pauta de julgamentos é divulgada com antecedência de alguns meses e, em regra, a inclusão de um processo em pauta é registrada nos andamentos do caso. Essa alteração sem dúvidas constitui um louvável avanço que melhor possibilita a mobilização dos grupos envolvidos para, por exemplo, ir a Brasília acompanhar certo julgamento e realizar sustentações orais, sobretudo grupos sociais com recursos escassos que precisam mobilizar-se vigorosamente para arcar com os custos desta empreitada. Entretanto, a fixação da pauta do STF ainda apresenta problemas. De um lado, nem todos os processos pautados são efetivamente levados a julgamento. Muitos deles entram e saem de pauta inúmeras vezes, inclusive em anos diferentes[54]. De outro lado, o processo de elaboração da pauta não é justificado ou transparente. Em outras palavras, as razões pelas quais um processo é incluído (ou excluído) da agenda do STF não são conhecidas o que dificulta a possibilidade de serem questionadas.

Outros aspectos supostamente triviais que dificultam e desequiparam o acesso ao Supremo são a falta de critérios objetivos e claros para o agendamento de audiências com os ministros e a não disponibilização pública da relação desses encontros. Além destes, pode-se mencionar a exigência de certos trajes como um empecilho ao acesso da população à Corte. Apenas em 2000, as mulheres foram autorizadas a vestir calças compridas para ingressarem nas dependências do STF. Atualmente, o Tribunal, para a "entrada na Sala de Julgamentos requer o uso de traje social: terno e gravata para homens, e vestidos de mangas, tailleurs ou

54. Nesse sentido, Luiz Fernando Esteves chama atenção para o fato de que "Em 2017, o plenário se reuniu em 81 sessões, e na sua pauta de julgamentos foram indicados 468 processos. Esses são os casos que o tribunal poderia ter julgado. Porém, deste número, apenas 223 foram analisados pelos ministros durante o ano, enquanto que os demais, apesar de constarem na pauta nunca foram pautados. No entanto, mesmo quanto aos 223 processos de fato pautados, apenas 109 tiveram o resultado definido na mesma sessão; os outros 114 processos, apesar de terem o julgamento iniciado, por algum motivo tiveram de aguardar uma resolução definitiva em sessão futura". (ESTEVES, Luiz Fernando Gomes. "A Tentativa de Pautar o Supremo". In: FALCÃO, Joaquim; PEREIRA, Thomaz; ARGUELHES, Diego Werneck; RECONDO, Felipe Recondo. (org.). *O Supremo Tribunal Criminal:* O Supremo em 2017. Belo Horizonte: Casa do Direito: Letramento, 2018, pp. 83-86)

ternos (calça e blazer de manga comprida), para mulheres"[55]. Para os gabinetes, o traje varia, porém, as exigências não são disponibilizadas no site do tribunal e a avaliação do cumprimento dos requisitos frequentemente fica a cargo da recepção dos prédios. Além da incerteza que o procedimento gera, tal imposição exclui, por exemplo, estudantes uniformizados ou grupos sociais que utilizam suas roupas como parte de suas identidades, como minorias étnicas. Em 2010, no julgamento da lei de anistia, consta de relatos de familiares e vítimas da ditadura militar que foram obrigados a retirar camisetas que vestiam sob blazers e paletós com os dizeres "a única luta que se perde é a que se abandona", sob o argumento de que constrangiam os ministros ao vesti-las. Será que militares teriam sido impedidos de comparecer de farda à sessão?

Como se vê, hoje, o acesso ao STF é tão permeável quanto socialmente seletivo, por isso é preciso repensar e viabilizar o acesso dos movimentos sociais ao STF. Nesse sentido, é importante ressaltar que os direitos fundamentais de minorias não são viabilizados por cortes constitucionais apenas quando se decide o mérito de casos que as implique. Com efeito, é crucial que tais direitos também sejam respeitados e promovidos no que tange a aspectos relacionados ao funcionamento cotidiano dessas cortes, como nos discursos que nelas se emprega e na sua permeabilidade a esses grupos[56].

Ainda no campo da jurisdição constitucional, a exigência de democracia e participação serve igualmente para relativizar a presunção de constitucionalidade de certas leis. Como sabido,

55. Informação disponível no site do STF: http://www.stf.jus.br/portal/cms/verTextoMultimidia.asp?servico=atendimentoStfServicos&idConteudo=178397&modo=cms Em 25 de fevereiro de 2019, o portal Migalhas publicou fotografia de tabela afixada na portaria do Supremo Tribunal Federal listando os gabinetes dos ministros e o respectivos trajes exigidos para o acesso a cada um deles, que se dividiam entre "livre", "social - não é permitido calça jeans nem camisa sem manga" e "social completo - homem: terno e gravata; mulher: terninho inclusive com vestido". Há, ao fim do documento, observação adicional "gabinete do ministro Dias Toffoli – em caso de visitante com traje social incompleto, ligar no gabinete antes de liberar o acesso". MIGALHAS. "Formalismo no STF exige cuidados ao se vestir". 25 de fevereiro de 2019. Disponível em <https://www.migalhas.com.br/Quentes/17,MI296950,31047-Formalismo+no+STF+exige+cuidados+ao+se+vestir>. Acesso em 22 de junho de 2019.

56. GOMES, Juliana Cesario Alvim. "O Supremo Tribunal Federal em uma perspectiva de gênero: mérito, acesso, representatividade e discurso". *Revista Direito e Práxis*. v. 7, n. 15, 2016, pp. 654-655.

em função das ideias de democracia e de separação de poderes, as leis desfrutam de presunção relativa de constitucionalidade, que implica a deferência aos atos normativos emanados pelos representantes eleitos pelo povo cuja tarefa principal é legislar. Nesse sentido, quanto maior for a presunção de constitucionalidade de uma norma, mais autocontida deverá ser a atuação do Judiciário para afastá-la, em função de sua "dificuldade contramajoritária". Entretanto, essa presunção pode ser afastada nos casos de flagrante inconstitucionalidade ou graduada de acordo com certos critérios.

Algumas das hipóteses de mitigação da presunção de constitucionalidade das leis relacionam-se a ideia da participação na elaboração da norma. Assim, a falta de respaldo democrático de certas leis, como aquelas editadas em períodos históricos autoritários, serve para enfraquecer sua presunção de constitucionalidade. Esse é também o caso de normas que afetem os pressupostos da democracia ou grupos vulneráveis historicamente discriminados, que teriam dificuldade de fazer-se ouvir no processo político majoritário. [57] Nessas ocasiões, ao invés de atuar contrariamente à democracia, o Judiciário atuará a seu favor. Em sentido inverso, leis que contem com amplo consenso social ou tenham sido aprovadas diretamente pelo eleitorado tem sua presunção de constitucionalidade fortalecida.[58] Isso é especialmente verdadeiro se o consenso se der em torno de questões técnicas, sobre as quais o Judiciário não possui expertise para decidir.[59]

Fora das cortes, o constitucionalismo difuso requer, igualmente, o robustecimento do processo eleitoral, o que implica torná-lo mais abrangente e qualitativamente mais denso. No primeiro aspecto, encaixa-se a questão do voto do preso provisório. Embora a Constituição de 1988 determine a suspensão dos

57. COMELLA, Víctor Ferreres. *Justicia Constitucional y democracia*. Op. Cit. pp. 242 *et seq*. SOUZA NETO, Claudio Pereira de. SARMENTO, Daniel. "Notas sobre Jurisdição Constitucional e Democracia: A questão da 'última palavra' e alguns parâmetros de autocontenção judicial". *Quaestio Iuris*. v. 6, n. 2, 2013.

58. COMELLA, Víctor Ferreres. *Justicia Constitucional y democracia*. Madrid: Centro de Estudios Constitucionales, 1997, pp. 218 *et seq*.

59. SOUZA NETO, Claudio Pereira de. SARMENTO, Daniel. "Notas sobre Jurisdição Constitucional e Democracia", Ibidem.

direitos políticos apenas após "a condenação criminal transitada em julgado, enquanto durarem os seus efeitos" (artigo 15, inciso IV), a Justiça Eleitoral não vem adotando medidas que viabilizem o exercício do direito ao sufrágio pelos presos provisórios. Esse grupo, em 2019, abrange hoje cerca 330 mil pessoas e por volta de 41,5% do total de presos do Brasil[60], se vê impedido de participar do processo eleitoral e, logo, de viabilizar suas demandas constitucionais. Na medida em que consistem em parcela da população extremamente marginalizada, as vias de canalização de suas demandas são ainda mais obstruídas, aumentando o processo de segregação desses indivíduos e alijando-os do projeto constitucional brasileiro. É ilustrativo o fato de que, em 2010, por exemplo, não obstante a aprovação de resolução pelo Tribunal Superior Eleitoral regulamentando o voto dos presos provisórios, menos de 12% deles votaram.[61]

No que tange à qualidade do processo eleitoral, questão candente refere-se ao regime de financiamento de campanhas eleitorais. Com relação ao financiamento privado, em setembro de 2015, o STF declarou inconstitucional o regime então em vigor que permitia que pessoas jurídicas doassem até 2% do seu faturamento do ano anterior para campanhas eleitorais. Para a Corte, essa possibilidade violava os princípios da igualdade política e a própria ideia de democracia.[62] O STF, contudo, manteve os dispositivos que estabelecem que pessoas físicas possam doar valor equivalente a até 10% de seus rendimentos do ano anterior, sem considerar que essa previsão pode fazer com que disparidades econômicas se reflitam diretamente na arena política, permitindo que eleitores e candidatos que tenham maior renda estejam autorizados a exercer maior influência, pela via econômica, nas eleições e que tenham, por consequiência, maior possibilidade de ditar politicamente os rumos da sociedade. Ainda

60. BARBIÉRI. Luiz Felipe. "CNJ registra pelo menos 812 mil presos no país; 41,5% não têm condenação". G1. 17.07.2019. Disponível em: https://g1.globo.com/politica/noticia/2019/07/17/cnj-registra-pelo-menos-812-mil-presos-no-pais-415percent-nao-tem-condenacao.ghtml.

61. DALL'ARA, Alexandre; GONDIN, João Paulo. "Apesar de direito ao voto, presos provisórios têm pouco acesso à urna". Último segundo, 27.05.2012. Disponível em http://ultimosegundo.ig.com.br/politica/2012-05-27/apesar-de-direito-ao-voto-presos-provisorios-tem-pouco-acesso-a.html.

62. STF, ADI 4650, Pleno, Rel. Min. Luiz Fux, julg. 17.09.2015.

com relação ao tema do financiamento de campanhas eleitorais, em 2018, o STF, por maioria, decidiu que a distribuição de recursos do Fundo Partidário destinado às candidaturas de mulheres deve ser feita na exata proporção das candidaturas de ambos os sexos, respeitado o patamar mínimo de 30% de candidatas mulheres previsto na Lei das Eleições – e não os percentuais mínimos e máximos de, respectivamente, 5% e 15%, previstos pela Minirreforma Eleitoral de 2015.[63] Apesar disso, inúmeros ainda são os desafios que enfrentam as candidaturas femininas, como, por exemplo, as sistemáticas burlas dos partidos políticos às determinações legais.[64]

Para além do voto, tem-se, ainda, a necessidade de fortalecer e aprofundar os mecanismos da democracia direta e semidireta e participativa, abrindo espaço para arranjos inovadores, que sejam efetivamente plurais e inclusivos.[65]

Ademais, é preciso afastar expedientes que criminalizem manifestações e expressões legítimas de demandas constitucionais, como ocorrido, por exemplo, durante os protestos ocorridos a partir de junho de 2013 em todo o país. Diante das manifestações populares, cuja pauta iniciou-se com a questão do transporte urbano e ampliou-se para diversas outras questões, os governos implementaram uma série de medidas visando a criminalizar os manifestantes.[66] Além de todos os tipos de abusos perpetrados pela polícia, como prisões sumárias e flagrantes forjados, outras instâncias atuaram para obstar os atos. Com o intuito de desarticular os protestos, no Estado do Rio de Janeiro,

63. STF, ADI 5617, Pleno, Rel. Min. Edson Fachin, julg.15.03.2018.

64. CAMPOS, Ligia Fabris. "Litígio estratégico para igualdade de gênero: O caso das verbas de campanha para mulheres candidatas". *Revista Direito e Práxis*, v. 10, n.1, 2019, pp.593-629.

65. Veja-se como exemplo de ampliação dos mecanismos de participação democrática a possibilidade de emenda constitucional de iniciativa popular, confira-se: "é verdade que o parágrafo [art. 62§ 2º da Constituição] em questão está inserido em artigo que trata de processo legislativo das leis ordinárias e complementares, e não naquele que disciplina a reforma constitucional. Contudo, a substância deve ter precedência sobre a forma e o argumento topológico não parece, nesta questão, definitivo. Sendo o povo titular do poder constituinte, não deve ser ele privado da faculdade de deflagrar, diretamente, o processo de mudança da sua Constituição. Uma interpretação da Constituição de 88 atenta ao seu profundo compromisso com a democracia e com a soberania popular respalda esse entendimento". SOUZA NETO, Cláudio Pereira de Souza. SARMENTO, Daniel. *Direito Constitucional:* teoria, história e métodos de trabalho. Belo Horizonte: Fórum, 2012, p. 287.

66. Sobre as manifestações de junho de 2013 veja-se MARICATO, Ermínia et. al. *Cidades Rebeldes*: passe livre e as manifestações que tomaram conta do Brasil. São Paulo: Boitempo/Carta Maior, 2013.

por exemplo, foi editada lei flagrantemente inconstitucional, sancionada em setembro 2013, proibindo "o uso de máscara ou qualquer outra forma de ocultar o rosto do cidadão", ressalvadas as "manifestações culturais estabelecidas no calendário oficial do Estado".[67].[68]

Por fim, na linha do que foi exposto, por força da reivindicação democrática do constitucionalismo difuso, é imperioso, sobretudo, que sejam levadas a sério as interpretações constitucionais que ocorrem fora das instituições estatais. É preciso estar atento e sensível aos entendimentos constitucionais que se manifestam no calor das ruas, na fala das comunidades, nas reivindicações dos movimentos, nos panfletos dos sindicatos, nos debates das salas de aula, nas conversas das salas de jantar. Essas expressões democráticas legítimas são elementos primordiais do diálogo e das disputas que se estabelecem na definição dos rumos de uma sociedade.

4.3. Adaptabilidade da Constituição e renovação do constitucionalismo

> *Não é suficiente para a Constituição-na-prática ser Direito. É preciso também que seja o nosso Direito. É preciso, ao fim e ao cabo, que seja responsiva aos valores públicos.*
>
> Jack Balkin [69]

Além de conferir maior legitimidade às decisões tomadas no seio das instituições e constituir, fora delas, sinal de vitalidade democrática, a interpretação constitucional difusa reforça

67. Lei Estadual nº 6.528 de 11 de setembro de 2013 (Governo do Estado do Rio de Janeiro).

68. Outro exemplo desse expediente foi a acusação, direcionada aos integrantes da Marcha da Maconha de realizar apologia ao crime, por defenderem a descriminalização da aludida substância em passeatas anuais. Ao terem edições do evento coibidas pelo poder público, sob alegação de violação ao artigo 287 do Código Penal, que tipifica incitação "de fato criminoso", alegaram que estariam amparados pelos direitos constitucionais de liberdade de expressão e de reunião, argumentação que foi acolhida por unanimidade quando do julgamento, pelo Supremo Tribunal Federal, da ADPF 187 (STF, ADPF 187, Pleno, Rel. Min. Celso de Mello, julg. 27.06.2011).

69. *Living Originalism*. Cambridge: The Belknap Press, 2011, p. 72.

o compromisso com a Constituição e com o constitucionalismo por parte desses sujeitos, renovando-os e ampliando seu alcance e efetividade.

Historicamente, a atuação de movimentos sociais foi imprescindível para a conformação do significado de diversos valores caros ao constitucionalismo. Lutas sociais concretas impulsionaram o desenvolvimento de conceitos como, por exemplo, o da igualdade que passou de igualdade perante a lei para uma igualdade material ampla, que inclui dimensões de redistribuição e reconhecimento graças a lutas de trabalhadores, mulheres, pessoas negras, indígenas, com deficiência, LGBTIQ+s etc. Assim, o desenvolvimento teórico do conceito de igualdade e a possibilidade de sua adjudicação desenrolaram-se a partir de experiências concretas e mobilização social. Nesse sentido, afirma Pierre Bourdieu que "a história social ensina que não existe política social sem movimento social capaz de impô-la".[70] Isso considerado, tem-se que a leitura da Constituição pela sociedade pode ser um mecanismo de autoaperfeiçoamento dela mesma, na medida em que esses "ruídos subterrâneos"[71] são sinais de renovação.

Uma outra consequência positiva da disputa em torno dos potenciais sentidos da Constituição é dinamização da sociedade e a ativação da arena pública de debate em oposição a uma postura passiva, indiferente e apática.[72]

---

70. BOURDIEU, Pierre. *Contrafogos 2*: por um movimento social europeu. Rio de Janeiro: Jorge Zahar Editor, 2001, p. 19.

71. A expressão é de DINIZ, Arthur José Almeida. "Por um novo humanismo". *Revista Brasileira de estudos políticos*. Belo Horizonte, n. 76, jan. 1993, p. 137.

72. SZTOMPKA, Piotr. *A sociologia da mudança social*. Trad. Pedro Jorgensen. 2ª ed. Rio de Janeiro: Civilização Brasileira, 2005. pp. 479-480. A esse respeito: "Estou convencido porém, que a anarquia não é o principal mal que os séculos democráticos devem temer, mas o menor. A igualdade produz, com efeito duas tendências: uma conduz os homens diretamente à independência e os pode impelir de repente para a anarquia; a outra os conduz por um caminho mais longo, mas secreto, mais seguro, para a servidão. Os povos vêem facilmente a primeira e resistem à ela; deixam-se arrastar pela outra, sem vê-la; por isso é particularmente importante apontá-la. Na minha opinião, longe de censurar a igualdade pela inquietação que inspira, é por ela principalmente que a louvo. Admiro-a, vendo-a depor no fundo do espírito e do coração de cada homem essa noção obscura e esse pendor instintivo pela independência política, preparando assim o remédio para o mal que faz nascer. É por esse lado que a ela me apego". TOCQUEVILLE, Alexis de. *A democracia na América*. Op. cit. p. 512.

Nesse processo, a possibilidade de mudança no sistema constitucional vigente por meio de seus institutos é capaz de reforçar o compromisso dos indivíduos com a Constituição e com o constitucionalismo. Nas palavras de Siegel e Post, "quando os cidadãos falam sobre os seus compromissos mais apaixonadamente mantidos na linguagem da tradição constitucional partilhada, eles revigoram essa tradição. Nesse sentido, mesmo a resistência à interpretação judicial pode intensificar a legitimidade democrática da Constituição".[73]

Como indicado no capítulo 1, a possibilidade de renovação da Constituição ao longo do tempo, aproximando suas normas da realidade, é responsável por garantir sua eficácia e estabilidade e depende do compromisso da pessoas com a Carta, ou, nas palavras de Konrad Hesse, de sua "vontade de constituição" ou, ainda, nos termos de Karl Loewenstein, do "sentimento constitucional" — "a consciência da comunidade que, transcendendo a todos os antagonismos e tensões existentes político-partidários, econômicos, sociais, religiosos ou de outro tipo, integra detentores e destinatários do poder no marco de uma ordem comunitária obrigatória, justamente a constituição, submetendo o processo político aos interesses da comunidade".[74]

A importância da Constituição aumenta na medida em que é construída com o esforço dos cidadãos. Os direitos tendem a se enraizar e prevalecer quanto se crê que a Constituição é algo por que vale a pena lutar.[75] Isso será verdade quanto maior for a contribuição de cada um e de cada uma para o processo de sua edificação. Essa arquitetura orgânica permite que a Constituição se mantenha viva, uma *living Constitution* que se renova e atualiza,

73. POST, Robert. SIEGEL, Reva. "Roe Rage: Democratic Constitutionalism and Backlash". *Harvard Civil Rights-Civil Liberties Law Review*, 2007; Yale Law School, Public Law Working Paper No. 131. p. 375.

74. LOEWENSTEIN, Karl. *Teoría de la Constitución*. Trad. Alfredo Gallego Anabitarte. Barcelona: Editora Ariel, 1976. p. 200. Para o autor, esse sentimento não pode ser produzido racionalmente, mas pode ser estimulado pela educação e pelo manejo não insistente do simbolismo nacional, e depende muito de fatores irracionais, da mentalidade e da vivencia histórica.

75. Nesse sentido, veja-se SARMENTO, Daniel. SOUZA NETO, Cláudio Pereira de. "Notas sobre Jurisdição Constitucional e Democracia: a questão da 'última palavra' e alguns parâmetros de autocontenção judicial". *Quaestio Iuris*. v. 6, n. 2, 2013.

o que será mais importante quanto mais envelheça, quanto mais tempo passe da sua edição, de forma que não se torne obsoleta.[76]

Interessante exemplo de renovação da Constituição se deu por meio da luta por direitos das empregadas domésticas, categoria profissional marcada por desigualdades de gênero, raça e classe social e expressamente subjulgada no próprio texto constitucional de 1988. Historicamente discriminadas pela legislação trabalhista, também no §1º do artigo 7º da Carta de 1988 foram manifestamente privadas de direitos concedidos aos demais trabalhadores, como remuneração do trabalho noturno superior à do diurno, jornada de trabalho de oito horas, FGTS obrigatório e seguro-desemprego. Finalmente, em 2013, vinte e cinco anos depois da edição da Constituição, após muito empenho da categoria[77], foi aprovada a Emenda Constitucional nº 72, que extinguiu a desequiparação, embora previsse a necessidade de regulamentação por lei de alguns dos direitos. Esse caso revela que, não obstante a Constituição tivesse marcas da época e das pessoas que a escreveram, pôde ser renovada a partir das ideias do grupo que a princípio excluía.

Entretanto, para que a interpretação constitucional difusa ocorra de maneira verdadeiramente rica e inclusiva, é importante que esteja aberta aos mais diversos tipos de contribuição, abandonando-se a perspectiva juriscêntrica que, em geral, vige e que tende a limitar os aportes àquilo que já é conhecido no mundo jurídico. Formas de comunicação e expressão alternativas, como o uso de narrativas, ajudam a estabelecer pontes entre as diferenças, revelam experiências particulares e são uma fonte de valores, cultura e significados. Em outras palavras, desvendam para pessoas de fora os pressupostos de um determinado grupo e os valores e prioridades atribuídos por seus integrantes, servem para "abrir uma janela para realidades ignoradas ou alternativas" e para desconstruir as narrativas tácitas hegemônicas veiculadas por símbolos, imagens, lendas, etc., além de auxiliarem no tratamento

---

76. Sobre o assunto cf. ACKERMAN, Bruce. "The living constitution". *Harvard Law Review*. v. 120. n. 7, maio 2007.

77. A esse respeito, cf. obra de Lenira Carvalho, em que relata sua trajetória de vida como empregada doméstica e atuação na organização das empregadas domésticas enquanto categoria profissional, *A luta que me fez crescer*. Recife: DED – Bagaço, 2000.

das vítimas, rompendo o silêncio e nomeando discriminações antes inominadas.[78]

Por meio de mecanismos de abertura como esses, indivíduos excluídos e vulneráveis podem manejar institutos como igualdade, justiça e liberdade, atribuindo-lhes seus próprios matizes e inflexões[79] e, por meio de seus dialetos, reinventar a língua comum. A soma dessas experiências contribui também com o incremento do conhecimento social, na medida em que amplia o entendimento de processos que são experienciados apenas parcialmente.[80] Além disso, o confronto de diversas perspectivas numa arena comum revela a parcialidade do próprio argumento e pode forçar, por um lado, a transformação de argumentos de autointeresse e desejo em apelos a interesses compartilhados ou à justiça[81] e, por outro, o rechaço de argumentos baseados em preconceitos.[82]

Assim, o debate e a disputa em torno do significado constitucional têm o potencial de aumentar o compromisso com a Constituição e, ao mesmo tempo, aperfeiçoar e atualizá-la. Do mesmo modo, para que se mantenha viva e efetiva, a Constituição deve estar aberta a essa renovação.

4.4. Empoderamento das pessoas comuns e garantia de seus direitos

Por que você acha que tem direitos?

Bom, uma parte é que nem a gente tava falando. Eu sou um a pessoa honesta, graças a Deus. Sou trabalhador. Não roubo de ninguém. Faço as minhas obrigações em casa, com a minha família. Pago meus impostos. Mas hoje

78. DELGADO, Richard; STEFANCIC; Jean. *Critical Race Theory*: an introduction. 2ª ed. New York: New York University Press, 2012, pp. 45-51.

79. FORMENT, Carlos. A. "Peripheral Peoples and Narrative Identities: Arendtian Reflection on Late Modernity". BENHABIB, Seyla (ed.). Op. cit., p. 320.

80. YOUNG, Iris. "Communication and the other: Beyond deliberative democracy". BENHABIB, Seyla (ed.). p. 128.

81. Ibidem, loc. cit.

82. Exemplo desses argumentos são, por exemplo, aqueles que se baseiam no "asco"ou na "vergonha" que um determinado grupo sente com relação a outros. A esse respeito veja-se NUSSBAUM, Martha C. *Hiding from humanity:* disgust, shame, and the Law. Princeton: Princeton University Press, p. 2004.

> *eu penso o seguinte: eu tenho direitos porque a Constituinte [a Constituição] me dá esses direitos. Mas eu tenho que correr atrás dos meus direitos, eles não vão cair do céu. Do céu cai chuva. Mas você tem que correr atrás. Você pode morar aqui cinquenta anos. Você pode ter suas coisas. Mas, se você não correr atrás, como é que você vai fazer os seus direitos?*
>
> Morador do Jardim das Camélias, periferia de São Paulo, desde de 1970, membro da Sociedade de Amigos do Bairro, trabalhador da indústria têxtil aposentado[83]

> *Antes de 1988, não era escrito, não era claro. Antigamente você falava: eu tenho direito, mas não estava comprovado nem lei na Constituição [...]. Antigamente muito era fora da lei. Você podia fazer o que quisesse. Não tinha ninguém para estar cobrando aquilo. Hoje está em lei tudo aquilo que eu posso fazer. Hoje você tem um livro [a Constituição] que você pode ir lá ver, olha, eu posso fazer isso, posso fazer aquilo. Eu tenho direito perante a lei jurídica, que aquilo eu posso estar usufruindo, daquele bem. A Constituinte fala mais direito, o direito assim, mais do cidadão mesmo. Olha, eu posso estar usufruindo desse bem.*
>
> Moradora de segunda geração do Lar Nacional, periferia de São Paulo[84]

Além de salutar para a democracia e para renovação da Constituição, uma interpretação constitucional que se espraie pelos cidadãos pode ser benéfica para aqueles que nela se engajam. James Holston em sua obra *Cidadania Insurgente*, narra a ascensão de uma cultura de direitos a partir da construção da periferia urbana brasileira, durante a qual o processo de legalização da posse dos terrenos ocupados levou a uma alteração da subjetividade dos habitantes locais, que passaram a ser "produtores e consumidores da vida urbana". Essa nova identidade, de parte interessada na cidade, respaldou a exigência de novos direitos relacionados

83. HOLSTON, James. *Cidadania insurgente*: disjunções da democracia e da modernidade no Brasil. Trad. Claudio Carina. São Paulo: Companhia das Letras, 2013, p. 327.

84. Ibidem, pp. 340-341.

à coautoria da paisagem urbana, "direitos de contribuidor da cidade".[85] Exemplificando a mudança na relação dos habitantes com o Direito a partir dessa experiência, o autor contrasta duas visitas de oficiais de justiça à região.

No primeiro caso, em 1972, após notificar uma ordem de despejo, um oficial de justiça foi agredido por moradores de uma comunidade. Depois de o oficial retornar com a polícia, alguns moradores foram presos e outros resolveram organizar uma passeata em repúdio às prisões, onde mais detenções foram efetuadas. Após esse episódio, associações de moradores se organizaram para lutar por seus direitos fundiários. Com o passar do tempo, o contato com os tribunais fez com que os moradores aprendessem a manejar os mecanismos legais e passassem a ter expectativas relacionadas à realização de seus direitos. Passados trinta e um anos, outro oficial de justiça foi àquela área anular a posse de um morador que tivera recentemente reconhecida sua usucapião. Imediatamente, os moradores mobilizaram argumentos jurídicos: "quando o fiscal afirmou que 'a casa do morador estava errada, nós sabemos que não porque nós estamos com o novo título dele, homologado pelo juiz; e o juiz só homologou através do perito, que é o olho do juiz'". Diante da articulação dos moradores, o oficial reconheceu que "sua alegação de fato não tinha mérito", foi embora e nunca mais voltou[86]

O caso acima narrado mostra o empoderamento de indivíduos a partir da experiência de se fazerem reconhecer como cidadãos. Nesse sentido, também as falas reproduzidas na epígrafe deste tópico ilustram a ideia de que a autoconsciência de poder e dignidade é uma experiência transformadora. Com efeito, a possibilidade de decidir seu próprio destino a partir de uma participação reflexiva leva à construção de uma estima própria e de uma noção de lugar no mundo[87].

Nesse contexto, indispensável o papel de uma educação crítica em que "o oprimido tenha condições de, reflexivamente,

85. Ibidem, p. 156.
86. Ibidem, pp. 302-304.
87. FREIRE, Paulo. *Educação como prática da liberdade*. Rio de Janeiro: Editora Paz e Terra, 1967, p. 41.

descobrir-se e conquistar-se como sujeito de sua própria destinação histórica".[88] Nas palavras de Paulo Freire, uma "educação como prática de liberdade", "para a decisão, para a responsabilidade social e política".[89] Tal postulado vale para a educação em geral mas, também, para a educação jurídica, que deve ser acessível ao cidadão comum que não frequenta as faculdades de Direito.

Aqui destaca-se a importância dos advogados populares dos núcleos de práticas jurídicas e das entidades de assessoria jurídica para a capacitação jurídica popular. Igualmente importantes, as instituições estatais como a Defensoria Pública e os Juizados Especiais —frequentemente funcionam como portas de entrada para uma cultura de direito que, nas palavras de Werneck Vianna, funciona como um "movimento propiciador da criação da república onde ela, de fato, inexiste, e da construção de uma agenda cívica, favorecendo-se, como na institucionalização dos Juizados Especiais, a tradução em direitos dos interesses e expectativas dos que não conheciam qualquer arena pública para deliberar e apresentar suas razões.".[90] Nesse processo, o engajamento qualificado e crítico com a Constituição exige também a capacitação dos chamados operadores do direito, inclusive no âmbito do ensino jurídico universitário, para reconhecerem o papel do cidadão na interpretação constitucional.[91]

---

88. FIORI, Ernani Maria. "Prefácio". In: FREIRE, Paulo. *Pedagogia do oprimido*. Rio de Janeiro: Paz e Terra, 1987.

89. FREIRE, Paulo. *Educação como prática da liberdade*. Op. cit., pp. 88. E ainda: "[o] que importa, realmente, ao ajudar-se o homem é ajudá-lo a ajudar-se. (E aos povos também.) É fazê-lo agente de sua própria recuperação. É, repitamos, pô-lo numa postura conscientemente crítica diante de seus problemas". Ibidem, p. 56.

90. VIANNA, Luiz Werneck (et al.). *A judicialização da política e das relações sociais no Brasil*. Rio de Janeiro: Ed. Revan, 1999, p. 258. A esse respeito, veja-se SANTOS, Boaventura de Souza. *Para uma revolução democrática da justiça*. São Paulo: Cortez, 2011, pp. 49-69. O autor ressalta também iniciativas como o programa "Justiça Comuntária" que visa a formação de agentes comunitários para atuarem como mediadores. Nesse sentido, Tocqueville destacou a importância do júri no contexto estadunidense: "[o] júri acaba de familiarizar todas as classes com ela. A linguagem jurídica se torna, assim, de certo modo, a língua vulga; o espírito jurídico nascido no interior das escolas e dos tribunais, propaga-se pouco a pouco para fora do seu recinto, infiltrando-se, por assim dizer, em toda a sociedade descendo até as últimas fileiras (...)". TOCQUEVILLE, Alexis de. *A democracia na América*. Op. cit. pp. 207-208.

91. A esse respeito, Luciana Pivato narra a importância da inspeção *in loco* realizada por juíz para a suspensão de uma liminar de reitegração de posse contra trabalhadores rurais ligados ao MST no acampamento Elias de Meura no Paraná. Na ocasião, relata a autora "As famílias realizaram uma mística com objetivo de apresentarem ao Juiz, através de sua linguagem, a violência que sofreram no momento da ocupação e os motivos pelos quais lutavam por aquelas terras" e o "Juiz Federal pôde ainda verificar que, apesar das condições precárias de vida, os trabalhadores mantinham o acampamento de forma organizada e destinavam a pouca estrutura existente na fazenda à manutenção de uma escola, de um posto de saúde alternativo, de um espaço coletivo para reuniões

Na história recente brasileira, um momento de profícua tomada da Constituição pela sociedade se deu em torno da Assembleia Nacional Constituinte de 1987-1988, descrito no capítulo 2 (item 2.2.4). A partir dessa experiência, espraiou-se a ideia de que o povo podia e devia participar da definição de direitos. Um dos *slogans* utilizados na época revela bem esse aspecto: "a luta faz a lei".[92] Representativo dessa apropriação do espaço constitucional naquele momento, é o uso popular da expressão "Constituinte" para referir-se à Constituição. Como assinala Holston, o que aparenta, à primeira vista, ser um erro, pode revelar a importância que o processo constituinte teve para as pessoas que "referem-se ao texto da carta nacional pelo nome da agência que a produziu".[93]

Essa experiência ilustra a relação entre apropriação da Constituição e de sua gramática e uma educação em direitos que, além de contribuir para o que foi desenvolvido nos tópicos anteriores — democracia e renovação do constitucionalismo — é capaz de promover a estima, o empoderamento e a capacidade de emancipação do cidadão comum.

4.5. Narrativa e *script* para transformação

> *As sociedades têm necessidade, em alguns momentos, de refazer um passado tal como os indivíduos recuperam sua saúde.*
>
> Marc Augé[94]

Além de contribuir, no plano do sistema político, para a democracia e a legitimidade de suas instituições, no plano jurídico, para a renovação da Constituição e garantia de sua efetividade, e, no plano individual e de grupo, para o empoderamento do cidadão comum e para a garantia de seus direitos, a leitura difusa da Constituição também pode ser desejável do ponto de vista de

(...)". (PIVATO, Luciana C. F. "O acampamento Elias de Meura e uma experiência de assessoria jurídica popular na defesa dos direitos humanos dos trabalhadores rurais sem terra". In: Terra de Direitos. *Justiça e Direitos Humanos Experiências de Assessoria Jurídica Popular*. Curitiba, 2010, pp. 223-252).

92. Entrevista com Maria Vitória Benevides citada em BRANDÃO, Lucas Coelho. "Os movimentos sociais e a Assembleia Nacional Constituinte de 1987-1988". Op. cit. p. 54.

93. HOLSTON, James. *Cidadania insurgente*. Op. cit. pp. 326-327.

94. *Un ethnologue dans le métro. apud* CANDAU, Joël. *Memória e Identidade*. São Paulo: Contexto, 2011, p. 164.

uma coletividade na medida em que contribuir para o processo de construção e crítica da narrativa e da identidade de uma sociedade.

Narrativas são maneiras de entender a si mesmo e de atualizar o passado; de sintetizar concepções de mundo e de partilhá-las.[95] São também *scripts*.[96] Nesse papel, servem de roteiros apontando para onde queremos ir e de que maneira. Narrativas também se relacionam com a construção de identidades. O compartilhamento de memórias, em um exercício de alteridade, promove um reencontro de determinado grupo consigo mesmo, fixando uma continuidade autobiográfica e um caráter diferencial — o que o distingue dos outros.[97] Em outros termos, responder à questão "quem?" é sempre contar a história de uma vida.[98]

Esse processo não é isento de conflitos porque, muitas vezes, narrativas se chocam, ao pretenderem enfatizar aspectos diferentes dos mesmos fatos ou fatos diversos de um mesmo momento.[99] Nesse sentido, pode-se dizer que "a memória e a identidade são valores disputados em conflitos sociais e intergrupais, e particularmente em conflitos que opõem grupos políticos diversos".[100] Esse fenômeno é ainda mais candente em sociedades de caráter plural, que não podem recorrer facilmente a mitos unitários acerca de origem e de ideais comuns.

Por esse motivo e pela superveniência de novos acontecimentos, as narrativas ora mencionadas não são estáticas, mas se encontram em constante processo de formação, tanto no que se refere à noção do que somos quanto no que concerne ao que esperamos ser.[101] Conforme afirma Boaventura de Souza Santos,

---

95. BALKIN, Jack. *Constituitutional Redemption*. Cambridge/London: Harvard University Press, 2011, p. 3.

96. Ibidem, p. 4.

97. CANDAU, Joël. *Memória e Identidade*. Op. cit, p. 50.

98. V. ARENDT, Hanna. *A condição humana*. Trad. Roberto Raposo. Rio de Janeiro: Forense Universitária, 2007, pp. 188-200.

99. "Todos sabem que até as datas oficiais são fortemente estruturadas do ponto de vista político. Quando se procura enquadrar a memória nacional por meio de datas oficialmente selecionadas para as festas nacionais, há muitas vezes problemas de luta política. A memória organizadíssima, que é a memória nacional, constitui um objeto de disputa importante, e são comuns os conflitos para determinar que datas e que acontecimentos vão ser gravados na memória de um povo". POLLAK, Michael. "Memória e identidade social". *Estudos Históricos*, Rio de Janeiro, v. 5, n. 10, p. 200-212, 1992.

100. POLLACK, Michael. "Memória e identidade social". Op. cit.

101. "A identificação é, pois, um processo de articulação, uma saturação, uma sobredeterminação, e não uma subsunção. Há sempre 'demasiado' ou 'muito pouco' – uma sobredeterminação ou uma falta, mas nunca um ajuste completo, uma totalidade". HALL, Stuart. "Quem precisa de identidade?". SIL-

> "sabemos hoje que as identidades culturais não são rígidas nem, muito menos, imutáveis. São resultados sempre transitórios e fugazes de processos de identificação. Mesmo as identidades aparentemente mais sólidas, como a de mulher, homem, país africano, país latino-americano ou país europeu, escondem negociações de sentido, jogos de polissemia, choques de temporalidades em constante processo de transformação, responsáveis em última instância pela sucessão de configurações hermenêuticas que de época para época dão corpo e vida a tais identidades. Identidades são, pois, identificações em curso."[102]

Nesse processo de disputa narrativa, diversas versões — inclusive sob a forma de tradições[103] — podem ser mobilizadas tanto para assegurar a manutenção do *status quo* como para subvertê-lo. Assim, as narrativas promovem a edificação de identidades e são, ao mesmo tempo, responsáveis por ressignificá-las e por questioná-las. No aspecto coletivo, portanto, colaboram na formação de autoimagens — maneiras compartilhadas de perceber a realidade física e social — e funcionam como guias de um futuro previsto.

Na atualidade, as narrativas coletivas têm sido tradicionalmente concebidas a partir da ideia do Estado nacional soberano. Contudo, essa noção vem sendo questionada na medida em que alguns autores apontam para uma crise do Estado-nação, o qual sofreria, nos dias de hoje, abalos oriundos tanto de um processo de globalização quanto de movimentos regionais e comunitários.[104] Além disso, questiona-se a desejabilidade do uso de tal categoria, tendo em vista que ela sugere que identidades sejam afiliadas a atributos de contornos delimitados e que persistem ao longo do tempo — o que ou não representaria a realidade ou, prescritivamente, não abriria espaço para o pluralismo e para o reconhecimento de formas minoritárias de identificação que, inclusive, ultrapassariam as fronteiras do Estado-nação. [105]

VA, Tomaz Tadeu da (org.). *Identidade e diferença*: a perspectiva dos estudos culturais. Petrópolis, RJ: Vozes, 2000, pp. 105-106.

102. SANTOS, Boaventura de Souza. "Modernidade, identidade e a cultura de fronteira". *Tempo Social; Rev. Sociol. USP*, S. Paulo, 5(1-2): 31-52, 1993 (editado em nov. 1994), p. 31.

103. Cf. HOBSBAWN, Eric; RANGER, Terence. *A invenção das tradições*. Trad. Celina Cardim Cavalcanti. São Paulo: Paz e Terra, 2012. Nessa obra, mostra-se de que maneira as tradições podem ser inventadas para os mais diversos fins, recorrendo-se ao passado como fator de legitimidade.

104. Para um panorama dessa visão, veja-se HELD, David; MCGREW, Anthony. *Prós e contras da globalização* Trad. Vera Ribeiro. Rio de Janeiro: Jorge Zahar Editor, pp. 24-36.

105. Nesse sentido, "a categoria do 'nacionalismo' constitui um receptáculo demasiado grande para fazer justiça à diversidade e variação de sentimentos colectivos dentro dos limites do Estado-nação e,

No contexto de problematização da nação como pressuposto para a construção identitária, apresentam-se outros conceitos para justificá-la. Um deles é o de patriotismo constitucional, o qual surge na Alemanha no pós Segunda Guerra como forma de, com base na ideia de responsabilidade coletiva dos atos ocorridos, superá-los.[106] Jürgen Habermas desenvolve essa teoria a partir da ideia de uma sociedade desencantada, pós tradicional, na qual as identidades coletivas são renegociadas de maneira racional e reflexiva à luz de demandas universalistas e de perspectivas que encontram expressão — ainda que imperfeitamente — como direitos individuais e como normas constitucionais.[107]

Nas palavras do próprio Habermas:

> Existe, inscrita no auto-entendimento do Estado nacional, uma tensão entre o universalismo de uma comunidade legal igualitária e o particularismo de uma comunidade cultural a que se pertence por origem e destino. Essa tensão pode ser resolvida desde que os princípios constitucionais dos direitos humanos e da democracia priorizem um entendimento cosmopolita da nação como uma nação de cidadãos, em detrimento de uma interpretação etnocêntrica da nação como uma entidade pré-política. Somente a partir de uma representação não-naturalista é que a nação poderá ser combinada harmonicamente com o auto-entendimento universalista do Estado constitucional. A ideia republicana pode então operar como um refreamento às orientações de valor particularistas; ela pode, destarte, penetrar e estruturar as formas subpolíticas de vida de acordo com padrões universalistas. A verdadeira realização do Estado constitucional foi a substituição das esgarçadas formas tradicionais de integração social pela

---

pelo menos no contexto actual, a 'identidade nacional'; como termo analítico, pode ser de utilidade potencial. Refira-se ainda que embora não haja dúvida quanto ao impacto das narrativas da nação no despertar de sentimentos de identificação nacional, é sempre muito difícil, especialmente ao nível empírico, avaliar de que modo é que as narrativas da nação se relacionam com a identidade nacional." ROVISCO, Maria Luís. "Reavaliando as narrativas da nação – identidade nacional e diferença cultural. *IV Congresso Português de Sociologia*, 1990. Para uma discussão contemporânea do patriotismo veja-se NUSSBAUM, Martha. *For love of country*. Boston: Beacon Press, 1996.

106. MÜLLER, Jan-Werner. *Constitutional patriotism*. Princeton/Oxford: Princeton University Press, 2007, pp. 16 *et seq*. Segundo Marcelo Cattoni, o conceito foi "originalmente cunhado pelo jurista e politólogo alemão Dolf Sternberger, por oportunidade do 30º aniversário da Lei fundamental de Bonn, em artigo publicado em 1979. Sternberger procurou sintetizar com esse conceito, o que representava a construção de uma nova identidade coletiva alemã que tomava por referência o conteúdo normativo universalista da Lei Fundamental de 1949, algo extremamente novo na história da Alemanha". (*Poder constituinte e patriotismo constitucional.* Belo Horizonte: Mandamentos, 2006, p. 65).

107. MÜLLER, Jan-Werner. *Constitutional patriotism*. Op. cit., pp. 26-32.

> força integrativa da cidadania democrática. Mas esse núcleo republicano do Estado nacional se vê ameaçado tão logo a força integrativa da nação, cujo propósito era unicamente respaldar a democratização, regressa a um fato pré-político: as características quase-naturais de uma comunidade histórica — ou seja, a algo dado independentemente da opinião política — e da formação da vontade dos próprios cidadãos.[108]

Nessa senda, a narrativa construída pelo patriotismo constitucional, em oposição ao nacionalismo liberal tradicional, relega à nação um papel secundário, pragmático e não ético, oferecendo a vantagem de produzir uma forma de desacordo contido ou diversidade limitada que geraria às minorias motivação moral para manter o regime constitucional em virtude da possibilidade de contestação das maiorias e garantindo, por meio de noções como confiança e lealdade, a manutenção da identificação política em práticas e atividades compartilhadas.[109] Essa categoria seria útil para aquelas sociedades que "não podem confiar antropologicamente nas suas próprias tradições". Assim, valeria para assegurar solidariedade "quando não se pode recorrer a uma identidade política sustentada por uma história marcada por êxitos, uma identidade cívica baseada em compromissos com princípios constitucionais democráticos e liberais".[110]

Sem utilizar o conceito de patriotismo constitucional, a doutrina estadunidense costuma valer-se de narrativas relacionadas ou fundamentadas na Constituição para sustentar pontos de vista relacionados a questões variadas, como jurisdição constitucional e interpretação constitucional. No contexto dos Estados Unidos, o recurso a elementos identitários e históricos é dotado de grande força argumentativa e o culto à Constituição é comparado a uma "religião civil"[111]. Diante disso, Jack Balkin alerta para os perigos dessa fé na Constituição, quais sejam: a possibilidade

108. HABERMAS, Jürgen. "O Estado-Nação europeu frente aos desafios da globalização: o passado e o futuro da soberania e da cidadania". *Novos Estudos – CEBRAP*, n. 43, p. 94.

109. MÜLLER, Jan-Werner. *Constitutional patriotism*. Op. cit. pp. 42-43; 55-46; 73.

110. CITTADINO. Gisele. "Patriotismo constitucional, cultura e história". *Revista Direito, Estado e Sociedade*, n. 31, jul/dez 2007, pp. 62-63.

111. LEVISON, Sanford. *Constitutional Faith* Princeton: Princeton University Press, 1988, p. 39. O autor diferencia a fé constitucional da fé religiosa nos seguintes termos: "[u]ma das diferenças citais entre a 'fé constitucional' e a fé religiosa mais tradicional é precisamente o processo explicitamente autorizado de emenda na primeira. A maior parte das religiões ocidentais resiste a teorias de 'revelação

de mascaramento de injustiças no seio de determinado sistema constitucional e a idolatria desse sistema, que neutralizariam uma abordagem crítica.[112]

Com efeito, a solução constitucional não pode levar à ideia de que uma identificação no âmbito da Constituição seja suficiente para resolver todos os problemas de uma determinada sociedade. Tampouco se deve deixar de questionar a necessidade de construção de uma identidade coletiva e os processos de disputa que a envolvem. Contudo, aquela ideia é útil ao identificar um fator — a Constituição — de agregação que permite que a discussão se dê fora dos paradigmas tradicionalmente utilizados, os quais, em geral, fundam-se na categoria de nação. Nesses termos, a Constituição pode funcionar como um "novo começo", um "um marco simbólico de uma grande transição na vida política de uma nação", como ocorreu com a Lei Fundamental de Bonn na Alemanha do pós-guerra.[113]

De maneira semelhante, a literatura registra que na África do Sul a Constituição também teria tido importante papel na reconstrução pós-*apartheid*. Naquele contexto, diante de impasses políticos e da necessidade de garantir-se a proteção de minorias, foi editada uma Constituição interina em 1993 que previa um rol de princípios constitucionais que a nova Constituição deveria conter e a previsão de sua certificação pela Suprema Corte após a aprovação do texto pela assembleia constituinte. Em 1996, a nova Constituição teve sua primeira certificação negada pela Suprema Corte e só foi definitivamente aprovada após alterações em seu texto.[114] A Constituição sul-africana prevê expressamente em seu preâmbulo: "Nós o povo da África do Sul, Reconhecemos as injustiças de nosso passado; Honramos aqueles que sofreram por justiça e liberdade em nossa terra; Respeitamos aqueles que trabalharam para construir e desenvolver nosso país; e acredita-

---

contínua' que podem, na verdade, legitimar emendas 'fortes de comando divino por pessoas que reclamam comunicação direta com Deus". (Ibidem, p. 152)

112. BALKIN, Jack. *Constitutional Redemption*. Op. cit. pp. 82-103.

113. ACKERMAN, Bruce, "The Rise of World Constitutionalism".1996. Occasional Papers. Paper 4. Disponível em http://digitalcommons.law.yale.edu/ylsop_papers/4

114. GOLDSTONE, Richard. "The South African Bill of Rights". *Texas International Law Journal*, n.32, 1997, pp. 452–455.

mos que a África do Sul pertence a todos que nela vivem, unidos em nossa diversidade. (...)".[115]

No Brasil, predominam certas noções mais ou menos hegemônicas acerca do que constitui certa narrativa brasileira influenciadas por autores do que se convencionou chamar de pensamento social brasileiro. A partir dessa tradição, um caráter singular do país, que distinguiria o Brasil e seu povo de outros seria, por exemplo, as noções de mistura e contrastes.[116]

Outro elemento que comporia uma certa identidade nacional seria o suposto fato de as relações sociais no Brasil se desenvolverem sempre em caráter pessoal, mesmo em contextos em que, a princípio, deveriam viger regras gerais e abstratas.[117] Ainda como reflexo do personalismo, fala-se frequente na confusão entre público e privado como marca da sociedade, do Estado e da política formados no Brasil desde a colonização portuguesa.[118]

Identifica-se, também, o que se conhece por patriarcalismo, que consiste na exacerbada influência social dos senhores chefes

115. Cf. KLUG, Heinz. *Constituting Democracy*: *Law, Globalism and South Africa's Political Reconstruction*. Cambridge: Cambridge University Press, 2000, p. 181. Klug ressalta, contudo, que, não obstante esse "idealismo constitucional", o compromisso histórico que garantiu a impunidade dos algozes do regime do *apartheid* ameaçaria, hoje, esmagar a promessa de um novo regime constitucional pós-*apartheid*. KLUG, Heinz, "Constitutionalism, Democracy and Denial in Post-Apartheid South Africa" (September 4, 2012). Univ. of Wisconsin Legal Studies Research Paper No. 1204. Disponível em: http://ssrn.com/abstract=2141310

116. Entre eles, destaquem-se Darcy Ribeiro, Mário de Andrade Euclides da Cunha e Oliveira Viana. Para um apanhado de suas obras, veja-se BOTELHO, André, SCHWARTZ, Lilia Moritz (orgs.). *Um enigma chamado Brasil*. São Paulo: Companhia das Letras, 2009.

117. Sérgio Buarque de Holanda enfatiza, por meio da análise do homem cordial, movido por paixões, os traços personalistas das relações sociais brasileiras. Segundo o autor, a cordialidade não poderia sustentar projeto de modernidade que requereria algum tipo de racionalidade e abstração. Essa noção é retomada por Roberto DaMatta, que destaca, nesse sentido, o autoritarismo velado presente na sociedade brasileira, a qual teria as relações pessoais, de intimidade, respeito, favor e consideração como fator constitutivo de seu núcleo de moralidade. DAMATTA, Roberto. "Sabe com quem está falando? Um ensaio sobre a distinção de pessoa e indivíduo no Brasil". *Carnavais, malandros e heróis*: para uma sociologia do dilema brasileiro. Rio de Janeiro: Rocco, 1997.

118. Ocuparam-se da questão, a título de exemplo e de maneiras diversas, Giberto Freyre, Oliveira Vianna e Sérgio Buarque de Holanda. Anota André Botelho que enquanto o primeiro minimizou as consequências da hipertrofia do privado por conta de sua perspectiva positiva acerca da família patriarcal, o segundo identifica a questão com a hegemonia dos clãs rurais configurados nos latifúndios e prevê como única solução para o problema o fortalecimento do Estado para a consolidação do público. O último reconhece a hipertrofia do privado associando-a com o caráter problemático da cordialidade, estando a solução na maior racionalização da vida social. BOTELHO, André. "Público e privado no pensamento social brasileiro". *Agenda brasileira:* temas de uma sociedade em mudança. BOTELHO, André. SCHWARTZ, Lilia Moritz (orgs). São Paulo: Companhia das Letras, 2011, pp. 419-429.

de família.[119] Outro fator comumente destacado é o coronelismo, o qual funda-se no poder de líderes locais[120], e se relaciona com relações de mandonismo e clientelismo[121]

Duras e pertinentes críticas já foram direcionadas a tais compreensões[122] que, embora longe de serem incontroversas, ainda

---

119. Esse traço é salientado por autores como Caio Prado Júnior, que analisa a questão do patriarcalismo associado às características da colonização "de exploração" levadas a cabo no Brasil: produção de bens de alto valor em grandes unidades produtivas por meio do trabalho escravo. (*Formação do Brasil contemporâneo*: colônia. Brasília, Editora Brasiliense, 1961)

120. Segundo Raymundo Faoro, "o coronel, antes de ser um líder político, é um líder econômico, não necessariamente, como se diz, o fazendeiro que manda nos seus agregados, empregados ou dependentes. O vínculo não obedece a linhas tão simples que se traduziram no mero prolongamento do poder privado na ordem pública. (...) Ocorre que o coronel não manda porque tem riqueza, mas manda porque se lhe reconhece esse poder num pacto não escrito. Ele recebe — recebe ou conquista — uma fluida delegação, de origem central do Império, de fonte estadual na República, graças à qual sua autoridade ficará sobranceira ao vizinho, guloso de suas dragonas simbólicas, e das armas mais poderosas que o governador lhe confia. O vínculo que lhe outorga poderes públicos virá, essencialmente, do aliciamento e do preparo das eleições, notando-se que o coronel se avigora com o sistema da ampla eletividade dos cargos, por semântica e vazia que seja essa operação". FAORO, Raymundo. *Os donos do poder: formação do patronato político brasileiro*. v 2. Porto Alegre/Rio de Janeiro: Globo, 1985, p. 621. De acordo com Victor Nunes Leal, o coronel é quem "comanda discricionariamente um lote considerável de votos de cabresto. A força eleitoral empresta-lhe prestígio político, natural coroamento de sua privilegiada situação econômica e social de dono de terras". (*Coronelismo, Enxada e Voto*. São Paulo: Companhia das Letras, 2012)

121. O primeiro "refere-se à existência local de estruturas oligárquicas e personalizadas de poder", em que o potentado, "em função do controle de algum recurso estratégico, em geral a posse da terra, exerce sobre a população um domínio pessoal e arbitrário que a impede de ter livre acesso ao mercado e à sociedade política". O segundo, por sua vez, "indica um tipo de relação entre atores políticos que envolve concessão de benefícios públicos, na forma de empregos, benefícios fiscais, isenções, em troca de apoio político, sobretudo na forma de voto". CARVALHO, José Murilo de. "Mandonismo, Coronelismo, Clientelismo: Uma Discussão Conceitual". *Dados*, v. 40 n. 2, Rio de Janeiro, 1997. Prossegue o autor: "De algum modo, como o mandonismo, o clientelismo perpassa toda a história política do país. Sua trajetória, no entanto, é diferente da do primeiro. Na medida em que o clientelismo pode mudar de parceiros, ele pode aumentar e diminuir ao longo da história, em vez de percorrer uma trajetória sistematicamente decrescente como o mandonismo. Os autores que vêem coronelismo no meio urbano e em fases recentes da história do país estão falando simplesmente de clientelismo. As relações clientelísticas, nesse caso, dispensam a presença do coronel, pois ela se dá entre o governo, ou políticos, e setores pobres da população. Deputados trocam votos por empregos e serviços públicos que conseguem graças à sua capacidade de influir sobre o Poder Executivo. Nesse sentido, é possível mesmo dizer que o clientelismo se ampliou com o fim do coronelismo e que ele aumenta com o decréscimo do mandonismo. À medida que os chefes políticos locais perdem a capacidade de controlar os votos da população, eles deixam de ser parceiros interessantes para o governo, que passa a tratar com os eleitores, transferindo para estes a relação clientelística".

122. Maria Isaura Pereira de Queiroz, por exemplo, desafiou conceitos como o de coronelismo chamando a atenção para o fato de que "as coletividades pobres e dominadas têm uma dinâmica própria, podendo conduzir a movimentos para a melhoria de suas condições de vida". Nesse sentido, a autora enfatiza o caráter emancipatório de movimentos populares e a racionalidade da política brasileira exercida pelos "mandões", calcada na parentela. VILLAS BÔAS, Glaucia. "A tradição renovada na obra de Maria Isaura Pereira de Queiroz", pp. 285-287. Jessé Souza, por sua vez, na obra *A construção social da subcidadania*, critica as narrativas tradicionais e afirma não haver uma continuidade orgânica de caráter entre Portugal e Brasil e que nosso principal traço distintivo seria a escravidão nos moldes que se desenvolveu, permitindo a invisibilidade da dominação. Aduz ainda que o pro-

parecem representar, em seu conjunto, uma narrativa nacional recorrente e aceita. Entretanto, essa narrativa pode e deve ser disputada. E nesse contexto, a apropriação constitucional, como mais um componente da história, pode contribuir para o fortalecimento de uma narrativa coletiva alternativa que funcione com um roteiro para transformações sociais positivas.

Não se trata, de maneira alguma, de omitir ou esquecer séculos de violências — escondendo com grossas camadas de areia os traços de sangue das ruas[123] —, mas, ao contrário, de considerar a instauração da Assembleia Constituinte de 1987/88 e a promulgação da Constituição de 1988 como momentos passíveis de tomada e articulação, possibilitando uma narrativa afirmativa de rompimento ou de resgate que ressalte nossas melhores tradições de liberdade e emancipação.[124]

Em oposição à tradição anterior, a Constituição de 1988 pode se apresentar como ponto de inflexão capaz de fornecer um desvio favorável a um relato que valorize "o profundo compromisso com os direitos fundamentais e com a democracia, bem como a preocupação com a mudança das relações políticas, sociais e econômicas, no sentido da construção de uma sociedade mais inclusiva, fundada na dignidade da pessoa humana".[125].

Ainda que se questione sua ilegitimidade de origem, relacionada a seu ato convocatório, os acontecimentos posteriores serviram para restaurar a legitimidade da Constituição de 1988 em função de seu "inusitado processo de elaboração", "atropelado

blema nacional não é pré-moderno, ligado a relações personalistas, mas capitalista, relacionado à exclusão do mercado.

123. Conta-se que tal expediente foi adotado em Paris após os massacres de 1848. OEHLER, Dolf. *Le spleen contre l'oubli. Juin de 1848. Baudelair, Flaubert, Heine, Herzen*. Paris: Payot, 1996, p. 122, *apud* CANDAU, Joël. *Memória e Identidade*. São Paulo: Contexto, 2011, p. 164.

124. Marcelo Cattoni se questiona, nesse sentido: "[p]or que, então, não resgatar nossas experiências solidaristas? Por que não resgatar, então, nossas melhores tradições? As nossas tradições de civismo e de defesa da liberdade, as nossas tradições de resistência? E mostrar de que maneira essas tradições estão enraizadas no nosso imaginário e de que modo elas contribuem, inclusive, para nos sentirmos frustrados, assustado e violentados diante de uma realidade tão nua e crua?" (*Poder constituinte e patriotismo constitucional*. Belo Horizonte: Mandamentos, 2006, p. 53).

125. SOUZA NETO, Cláudio Pereira de, SARMENTO, Daniel. *Direito Constitucional:* teoria, história e métodos de trabalho. Belo Horizonte: Fórum, 2012, p. 170.

pela força popular já mobilizada no movimento das Diretas Já"[126] e realizado, a partir daí, de maneira democrática, aberta e participativa, permitindo que seu conteúdo se desencaminhasse do que era previsto pelas *"forças da ordem"* em favor de um modelo progressista.[127]

Não se pretende, contudo, pugnar pela indefectibilidade da Constituição de 1988. Compreende-se que seu texto é produto de sua época e de seus autores e guarda diversas imperfeições.[128] Do mesmo modo, não se pretende, por meio da exaltação de atributos virtuosos, mascarar as relações de assimetria e dominação existentes em nossa sociedade. Pelo contrário, busca-se apontar que a apropriação da Constituição e o resgate do contexto de sua elaboração oferecem uma oportunidade para aperfeiçoar um projeto coletivo de rompimento com o autoritarismo, calcado na democracia e nos direitos humanos, e para fornecer fundamentos comuns para sua releitura constante e crítica, oferecendo uma perspectiva afirmativa sobre quem somos e onde queremos chegar.

4.6. O que não é o constitucionalismo difuso

Ao longo deste capítulo busquei identificar fundamentos para a adoção de uma perspectiva constitucional difusa que leve a sério o papel das pessoas comuns na formação do significado constitucional. Entretanto, penso ser prudente, antes de alcançar as conclusões, evidenciar aspectos que podem ser erroneamente atribuídos à concepção desenvolvida no presente trabalho.

O constitucionalismo difuso chama atenção para o fato de que no Direito Constitucional – como em todas as instituições — existe

126. CARVALHO NETTO, Menelick de. "Prefácio". CATTONI, Marcelo. *Poder constituinte e patriotismo constitucional.* Belo Horizonte: Mandamentos, 2006, p. 25.

127. PILATTI. *A constituinte de 1987-1988*: progressistas, conservadores, ordem econômica e regras do jogo. Rio de Janeiro: Lumen Júris, 2008, p. 311. Ao contrário do ora afirmado, o autor aduz que "boa parte das razões dessa 'errância' pode ser encontrada no seu processo decisório endógeno, para além, das difusas aspirações e mobilizações por mudanças que caracterizavam, então, o contexto sócio-político nacional". (Op. cit., pp. 311-312).

128. Como exemplos de imperfeições da Constituição de 1988 há os já mencionados casos da vedação à discriminação por orientação sexual, deliberadamente excluída do texto da Constituição pela Assembleia Constituinte de 1987/88, e da original desequiparação das empregadas domésticas em relação aos demais trabalhadores.

uma tensão entre abertura e integridade[129] que reclama um balanceamento entre aspectos como democracia e constitucionalismo, realidade e norma.[130] O equilíbrio exige uma análise do contexto concreto e do papel que nele desempenham os diferentes atores. Pelos motivos já apresentados, penso que em nossa realidade atual cabe chamar atenção para a necessidade do reconhecimento e para a desejabilidade da participação dos cidadãos na leitura da Constituição. E, sobretudo, para a necessidade de pluralização e de inclusão social nesse processo. Entretanto, não se deve cair no extremo oposto de sacralizar o elemento democrático e o papel das maiorias.

Em primeiro lugar, afasta-se qualquer versão orgânica e unitária de povo, do qual emanaria uma vontade real una que deveria prevalecer sobre todos os demais direitos e interesses, como a propagada, no Brasil, por Francisco Campos.[131] O jurista mineiro, que idealizou juridicamente Estado Novo inspirado na obra de Carl Schmmit, defendia a ideia de que "o bem estar geral, que é determinado pela vontade do povo, tem o primado de todos os valores sociais".[132] Essa vontade encarnar-se-ia na figura do presidente da república, que devia estar em contato direto com o povo. Sua eleição se daria não por meio do voto democrático, que reputava uma "expressão relativista e cética de preferência", mas por meio da "única forma natural de expressão da vontade das massas [que] é o plebiscito, isto é, voto-aclamação, apelo, antes do que escolha".[133] Em oposição a essa visão, o constitucionalismo difuso funda-se no pluralismo e na possibilidade de dissenso, rejeitando tratamentos homogeneizantes da sociedade. Por isso, recusa a noção de que o "povo" deva ter a última palavra sobre

129. NONET, Philippe; SELZNICK, Philip. *Law and society in transition*: Toward responsive Law. New York: Harper & Row, 1978, p. 76.

130. A definição do *quantum* de cada elemento envolve um *trade-off*. WHITTINGTON, Keith. "Extrajudicial constitutional interpretation: three objections and responses". *North Carolina Law Review.* v. 80, 2001-2002, p. 790.

131. SANTOS, Rogerio Dultra dos. "Francisco Campos e os fundamentos do constitucionalismo antiliberal no Brasil". *Dados*. vol.50, n.2,2007, pp. 281-323.

132. CAMPOS, Francisco. "Problemas do Brasil e soluções do regime – Entrevista concedida à Imprensa, em Janeiro de 1938". In: *O Estado Nacional*: sua estructura, seu conteúdo ideológico. Rio de Janeiro: José Olympio, 1940, pp. 32 *et seq.*

133. CAMPOS, Francisco. "A Política e o Nosso Tempo", *in O Estado Nacional:* sua estructura, seu conteúdo ideológico. Rio de Janeiro: José Olympio, 1940, pp. 1-32.

o significado constitucional. Na verdade, o que ora se propõe é que seja visibilizada e oportunizada a indivíduos e grupos a possibilidade de influir no contínuo diálogo social por meio do qual se constrói o significado da Constituição, no qual a ninguém cabe a última palavra.

Do mesmo modo, arreda-se a variante da multidão, nos termos de Antonio Negri e Michael Hardt. Segundo esses autores, a multidão, ente que difere de noções como povo e massa por ser composta por inúmeras singularidades e diferenças, atua como sujeito constituinte permanente. A atuação desse sujeito emancipatório dar-se-ia por meio daquilo que as singularidades produzem em comum, exercendo um governo que não é o de muitos, mas o de todos.[134] A multidão possuiria uma tendência democrática, tanto ao se constituir em meios para alcançar uma sociedade democrática, quanto em sua própria forma de organização e atuação, que privilegiaria redes de relações colaborativas ao invés de formas centralizadas de comando.[135] Em oposição à concepção tradicional, que enxerga no poder constituinte o poder extraordinário de fundar uma nova constituição, para Negri e Hardt, o poder constituinte seria emanado contínua e inesgotavelmente pela multidão, em oposição a forças cerceadoras do devir revolucionário, como o constitucionalismo, a soberania e o sistema político representativo.[136] Trata-se de uma ideia de democracia sem limites fundada em um horizontalismo associativista hipotético, que rejeita as instituições do constitucionalismo e, no limite, o próprio Direito. Nas palavras de Antonio Negri, "esta forma de democracia é o oposto do constitucionalismo" que, por sua vez, "é sobretudo o policiamento que a transcendência exercita sobre a totalidade de corpos para impor-lhes a ordem e a

134. HARDT, Michael; NEGRI, Antonio. *Multidão*: guerra e democracia na era do império. 2ª ed. São Paulo: Editora Record, 2012, p. 305. Para uma apresentação dos conceitos negrianos ora abordados veja-se SILVA, Valeska S. Rodrigues. "A Política da Multidão: a Constituição da Democracia do Comum no Pensamento de Antonio Negri"'. Dissertação Mestrado em Teoria do Estado e Direito Constitucional – Pontifícia Universidade Católica do Rio de Janeiro, 2014.

135. HARDT, Michael; NEGRI, Antonio. *Multidão*. Op. cit. p. 15.

136. "Este sujeito, esta subjetividade coletiva, desprende-se de todas as condições e contradições aos quais a sua força constituinte é submetida nos momentos cruciais da história política e constitucional. Este sujeito não é progressivo; ao contrário, é a antítese contínua de toda progressão constitucional: tanto o seu nascimento como sua ruptura ocorrem contra o processo constitucional e o sujeito constituinte nunca se submete à permanência estática e cerceadora da vida constitucional.". NEGRI, Antonio. *O poder constituinte*: ensaio sobre as alternativas da modernidade. trad. Adriano Pilatti. Rio de Janeiro: DP&A, 2002, p. 447.

hierarquia. O constitucionalismo é um aparato que nega o poder constituinte e a democracia".[137]

Tal visão triunfalista desconsidera a existência de interesses divergentes e conflitantes na sociedade, que precisam ser articulados entre si e equacionados por instituições, que podem servir, justamente, para refrear situações de dominação e exploração.[138] Penso que os episódios que ensejaram a Segunda Guerra Mundial — e outros tantos que ocorreram antes e depois — acautelaram-nos perante as atrocidades que podem ser perpetradas por maiorias concretas. E, não se pretende aqui, incautamente, incidir na hipótese, segundo a qual "é possível permanecer-se popular e inimigo dos direitos do povo; servidor oculto da tirania e amante confesso da liberdade".[139] Por isso, considero que não há tendências naturais ao comportamento das maiorias e que o Direito e as instituições que o manejam podem contribuir para viabilizar o exercício democrático ao assegurar seus pressupostos procedimentais e substantivos.[140] Por óbvio – e é justamente o que se propõe – devem estar abertos a reformulações, sobretudo para aprofundar a experiência democrática – o que não significa que, no contexto histórico que vivemos, sejam inúteis ou dispensáveis.[141]

Por outras razões, o constitucionalismo difuso se afasta também da abordagem de Bruce Ackerman. Tal enfoque parte da concepção de que a Constituição dos Estados Unidos tem como aspecto prioritário assegurar a autodeterminação democrática do povo e defende a possibilidade da revogação do próprio texto constitucional por processos informais de alteração da Constituição, como a edição de leis-marco (*landmark statues*) e o

137. NEGRI, Antonio. *O poder constituinte*. Op. cit. p. 444.

138. MOUFFE, Chantal. "Entrevista". *Revista da Faculdade de Direito – UFPR*, n. 51, 2010, p. 224.

139. TOCQUEVILLE, Alexis de. *A democracia na América*. Trad. Neil Ribeiro da Silva. 2ª ed. Belo Horizonte: Ed. Itatiaia, 1977, p. 81.

140. A esse respeito veja-se, exemplificativamente, DAHL, Robert. *La democracía e sus críticos*. Espanha: Paidós, 1992

141. POST, Robert C.; SIEGEL, Reva B. "Popular Constitutionalism, Departmentalism, and Judicial Supremacy" *California Law Review*, n. 92, 2004. Faculty Scholarship Series. Paper 178. p. 1038. Disponível em: http://digitalcommons.law.yale.edu/fss_papers/178.

proferimento de superprecedentes judiciais (*superprecedents*).[142] Segundo Ackerman, tais decisões judiciais e atos normativos, resultantes de mobilização social dotada de profundidade, fôlego e poder de decisão, teriam natureza constitucional, integrando o que chama de "cânone constitucional" e sendo equiparáveis a verdadeiras emendas constitucionais.[143] Para o autor, o objetivo da interpretação constitucional seria, primeiramente, entender os compromissos históricos verdadeiramente realizados pelo povo estadunidense para clarificar o que, além do texto formal da Constituição, comporia o cânone constitucional e, logo, o objeto da interpretação constitucional. A partir dessa redefinição, é que poder-se-ia engajar em um debate sobre como interpretá-lo, superando a atual discussão entre os entusiastas do *originalismo* e da *living constitution*, que defenderiam, respectivamente, que, de um lado, o texto constitucional contém o cânone constitucional completo e que, de outro, é possível transformar uma Constituição imperfeita em algo melhor por meio de uma interpretação constitucional fundada em uma certa concepção filosófica.[144]

Esse entendimento, que valoriza elementos históricos e democráticos na construção do significado constitucional, foi desenvolvido nos Estados Unidos, país em que o processo de mudança formal na Constituição é extremamente árduo e que, ao mesmo tempo, possui um texto constitucional de mais de duzentos anos. No contexto brasileiro, contudo, existem elementos que levam à sua rejeição. Com efeito, a Constituição de 1988 consagrou cláusulas pétreas, que são imutáveis, o que, de pronto, impõe limites materiais às alterações constitucionais e indicam seu forte compromisso com o constitucionalismo. Ademais, no Brasil, as mudanças formais na Constituição são viáveis, conquanto possam ser difíceis para grupos minoritários e marginalizados. Além disso, existe a possibilidade de modificações informais (inclusive das cláusulas pétreas) que podem servir como grandes avenidas para a renovação da Constituição

142. ACKERMAN, Bruce. *We the people*: Foundations. Cambridge/London: The Belknap Press of Harvard University Press, 1991, p. 14; ACKERMAN, Bruce. *We the people*: Revolution. Cambridge/London: The Belknap Press of Harvard University Press, 2014, pp. 34-36.

143. ACKERMAN, Bruce. *We the people*: Foundations. Op. cit. pp. 272-277.

144. ACKERMAN, Bruce. *We the people*: Revolution. Cambridge/London: The Belknap Press of Harvard University Press, 2014, pp. 34-36.

no sentido de garantir novos aspectos dos direitos lá previstos (v. capítulo 3, item 2.3.ii.a e capítulo 4). Enquanto tais modificações inscreverem-se na ordem constitucional vigente, esbarrarão nas fronteiras impostas por esta ordem, explicitadas no texto constitucional e nas cláusulas pétreas. Assim, a noção de constitucionalismo difuso não trata de manifestação do poder constituinte originário no seio de uma ordem constitucional, mas cuida da leitura e da interpretação constitucional exercida corriqueiramente sob a égide de uma Constituição.

4.7. Conclusão

As teorias tradicionais que enxergam o monopólio do Judiciário na construção do significado constitucional são insuficientes tanto descritiva quanto prescritivamente e devem ser substituídas por uma visão plural que abarque, nesse processo, os demais poderes e, sobretudo, a sociedade.

Sob o viés da análise descritiva da realidade, não dão conta de abarcar a complexidade do fenômeno constitucional, ignorando o papel exercido pelos demais poderes do Estado e pela sociedade nesse processo. A análise de um movimento como o LGBTIQ+ no Brasil, por exemplo, deixa bastante claro que os esforços para a inclusão dessa pauta na tradição constitucional são antigos e bastante anteriores à decisão do STF de 2011, que declarou constitucionais as uniões homoafetivas. Com efeito, se constituiu ao longo dos anos pela atuação judicial e extrajudicial de militantes, grupos de convivência, organizações, artistas, parlamentares, burocratas, entre outros. Além disso, o debate sobre a questão LGBTIQ+ em sede constitucional não se encerrou com a decisão do STF. Ainda hoje há avanços e retrocessos que permanecem constantemente em tensão e movimento, demandando atuação incessante daqueles que agem em prol desses direitos.

Sob o ponto de vista prescritivo, uma visão juriscêntrica da criação e da interpretação constitucional também não é satisfatória. Em primeiro lugar porque é insuficiente para, na prática, impedir completamente a participação de outros agentes na empreita constitucional. Isso porque juízes são pessoas de carne e osso que sofrem influxos do meio social em que convivem, ainda que por meio de mecanismos informais de acesso manejados por parte de certos indivíduos e grupos. Em outras palavras, a concepção segundo a qual o Judiciário é único intérprete autorizado da Constituição, ao não conseguir blindar a interpretação constitucional da influência de agentes extrajudiciais ao mesmo tempo em que não a admite claramente, faz com que esta ocorra extraoficialmente, trazendo benefícios desiguais a diferentes grupos da sociedade. Dessa forma promove um acesso seletivo à Constituição, vedando que diferentes grupos e a sociedade como um todo se beneficie de uma interpretação constitucional plural.

Por esse motivo, o constitucionalismo difuso sustenta, por um lado, que a participação social na construção do significado constitucional é extremamente importante como forma de democratizar as instituições e instâncias de decisão estatais, aperfeiçoar e atualizar a Constituição e o constitucionalismo, garantir e fazer avançar direitos, empoderar os cidadãos e inspirar uma narrativa comum para a transformação. Além disso, defende ser fundamental que o tratamento conferido aos diversos grupos sociais por parte do Estado, inclusive por meio dos canais de permeabilidade social das instituições estatais, se dê de maneira transparente e igualitária, plural e inclusiva.

Penso que do constitucionalismo difuso tal qual sugerido – cotidiano, abrangente, inclusivo e contínuo – é possível extrair proposições objetivas como as apontadas acima, relativas à ampliação e inclusão relacionadas à acessibilidade linguística e informacional às instituições; bem como ao fortalecimento de seus mecanismos de acesso e permeabilidade social, ao robustecimento do processo eleitoral e ao fortalecimento de mecanismos de participação democrática. Tais propostas estão longe de serem exaustivas. Acredito que eventuais críticas a que se sujeitem não invalidam o projeto como um todo, o qual, por sua vez, pode vir a inspirar outros desdobramentos.

CONCLUSÕES

A proposta do presente trabalho era examinar se e, em que medida, as pessoas comuns participam da construção do significado da Constituição. Apresento agora, em formulações sintéticas, algumas conclusões alcançadas ao longo desta dissertação.

1. De acordo com o senso comum jurídico no Brasil hoje, o Judiciário e seus órgão máximos seriam os únicos intérpretes autorizados da Constituição, a quem caberia "dar a última palavra" sobre seu sentido. Essa concepção vem sendo questionada por teorias que indicam que i) o significado da Constituição é um empreendimento coletivo do qual participam diversos atores; ii) os atores institucionais, mesmo os não eleitos, como os do Judiciário, sofrem influência da sociedade em seu processo de tomada de decisão. Entretanto, tais abordagens conformam essas percepções a certa obsessão institucional, não indo suficientemente longe para incluir nessa análise o papel do cidadão comum.

2. A Constituição se legitima e se faz eficaz por meio da coordenação recíproca entre elementos fáticos e normativos, cujo equilíbrio deve ser renovado constantemente. Desse processo dinâmico fazem parte diversos sujeitos, inclusive indivíduos e grupos, que expressam seus entendimentos participando do diálogo social de construção do significado constitucional. A desejabilidade de maior ou menor abertura da Constituição para a sociedade envolve uma tensão democracia e constitucionalismo, realidade e norma. O equacionamento entre esses elementos passa por perceber a existência de relações de coordenação recíproca e tensão entre esses fatores e por observar sua presença em uma determinada realidade concreta.

3. Um dos sujeitos que atuam na realidade constitucional são os movimentos sociais, entendidos como articulações coletivas com algum grau de marginalização de suas demandas, de organização e de atividade extrainstitucional socialmente alicerçada. Atuam segundo uma lógica expressiva, buscando resultados materiais e simbólicos em sentido conservador, reformador ou revolucioná-

rio. Seus integrantes se unem por solidariedade oriunda de uma certa identificação, mas sua identidade de grupo, sua agenda e seu funcionamento são construídos de maneira relacional, influenciados por fatores internos e externos, inclusive pelo Direito Constitucional.

5. Os movimentos sociais estão presentes no Brasil e tiveram, ao longo da história, grande interação com a Constituição. Um dos momentos emblemáticos desse processo se deu durante a Constituinte de 1987-1988. Para conformar o sentido constitucional a seus objetivos, os movimentos sociais agem de duas maneiras. Institucionalmente, utilizam-se dos caminhos oficiais para manifestarem seus pontos de vista visando a influenciar os entendimentos constitucionais que serão emanados pelas instituições estatais, inclusive o Judiciário que também está sujeito a esses influxos.

6. Os movimentos sociais também atuam extrainstitucionalmente, voltados para a sociedade, buscando influenciar a cultura constitucional compartilhada. Dois institutos do Direito Constitucional permitem vislumbrar essa atuação. De um lado, por meio da mutação constitucional os movimentos sociais buscam alterar os significados constitucionais sem que haja modificação no texto constitucional. Para isso, o movimento atua de forma a transformar os entendimentos sociais compartilhados, o *software cultural* da sociedade com relação certos temas. De outra parte, por meio da desobediência civil, atuam descumprindo normas ou interpretações oficiais de normas buscando sensibilizar o resto da sociedade para injustiças ocorridas à luz de uma ordem constitucional. Ao mesmo tempo que contém um elemento dissentivo, não rompe de todo com a ordem jurídica vigente, pois calca-se na Constituição. Em deferência à possibilidade do dissenso, obsta-se a criminalização dos movimentos sociais e indivíduos que manifestem legitimamente seus entendimentos constitucionais.

7. A trajetória do movimento LGBTIQ+ no Brasil ilustra a luta por direitos de uma minoria estigmatizada. No caso em questão, por meio de atuação política, cultural e jurídica, que incluiu diversas interações com poder público e o convencimento de boa parte da sociedade da plausibilidade e exigibilidade de seu pleito, o movimento foi capaz de fazer valer alguns de seus entendimentos

de forma a garantir direitos constitucionalmente previstos. Por outro lado, esse caso revela, também, como muitas vezes as instituições estatais fecham as portas para que certos grupos falem por si próprios, sendo necessário mascarar sua atuação para se fazer ouvir. Em um cenário em que ainda há diversas violações de direitos e um contramovimento articulado, evidencia-se a necessidade por parte das instituições estatais de abertura e inclusão para viabilizar a atuação de grupos estigmatizados.

8. A possibilidade de ser cointérprete da Constituição é um elemento indispensável para conferir legitimidade a uma ordem democrática fundada nas noções de autogoverno e de pluralismo. Seja para promover a composição, em uma perspectiva deliberativa, ou para evidenciar os conflitos, em uma ótica agonística, o processo de construção do significado constitucional deve ser abrangente e inclusivo, buscando eliminar elementos que confiram privilégios a certos atores, inclusive aqueles que sob o manto da neutralidade, promovem o silenciamento de outros indivíduos e grupos. Essa concepção leva a exigências concretas de ampliação e inclusão relacionadas à acessibilidade linguística e informacional às instituições; bem como ao fortalecimento de seus mecanismos de acesso e permeabilidade social, ao robustecimento do processo eleitoral e ao fortalecimento de mecanismos de participação democrática.

9. A participação difusa na leitura da Constituição renova o constitucionalismo abrindo-o à percepção de novas demandas e sentidos, como vem sendo feito, historicamente, pelos movimentos sociais. Além disso, na medida em que a Constituição é vista como algo pelo qual vale a pena lutar, contribui-se para sua efetividade. Ao mesmo tempo, a oportunidade de participar dessa empreitada coletiva empodera os indivíduos conferindo-lhes estima como cidadãos que têm autoconsciência de seu poder e dignidade. Além disso, confere-lhes a oportunidade de, enquanto coletividade, poder contar uma história sobre si mesmos que venha a funcionar com um *script* para o aperfeiçoamento e para a transformação.

10. A ideia de *constitucionalismo difuso* chama atenção para o fato de que a ênfase no aspecto democrático da leitura consti-

tucional fortalece o próprio constitucionalismo e a Constituição. Além disso, uma interpretação constitucional difusa, tem potencial para beneficiar os indivíduos e grupos sob sua égide, sobretudo os marginalizados, ao conter uma exigência de inclusão. Nesse sentido, em oposição à visão juriscêntrica, valoriza e leva a sério entendimentos constitucionais manifestados política e culturalmente no cotidiano social e os considera elementos primordiais do diálogo e das disputas que se estabelecem na definição dos rumos de uma sociedade. Cuida, por fim, de um processo contínuo e inconcluso, atento à necessidade da busca permanente pelo equilíbrio dinâmico de uma ordem constitucional democrática.

BIBLIOGRAFIA

Livros e artigos científicos

ACKERMAN, Bruce. "The Living Constitution". *Harvard Law Review*, v. 120, 2007.

_____. *The failure of the founding fathers*: Jefferson, Marshall and the rise of presidential democracy. Cambridge: The Belknap Press of Harvard University Press, 2005.

_____. *We the people*: Foundations. Cambridge/London: The Belknap Press of Harvard University Press, 1991.

_____. *We the people*: Transformations. Cambridge/London: The Belknap Press of Harvard University Press, 1998.

_____. "The Rise of World Constitutionalism".1996. Occasional Papers. Paper 4. Disponível em http://digitalcommons.law.yale.edu/ylsop_papers/4

ALEXADER, Jeffrey. "Ação coletiva, cultura e sociedade civil: Secularização, atualização, inversão, revisão e deslocamento do modelo clássico dos movimentos sociais". *Revista brasileira de Ciências Sociais*, v. 13, n. 37, jun. 1998.

ALEXANDER, Larry, SCHAUER, Frederick. "Defending judicial supremacy: a reply", *Constitutional Commentary*, v. 17, n. 3, 2000.

_____. "On extrajudicial interpretation". *Harvard Law Review*, v. 110, 1997.

ALEXANDER, Larry; SOLUM, Lawrence B. "Popular? Constitutionalism?". *Harvard Law Review*, Forthcoming. Disponível em SSRN: http://ssrn.com/abstract=692224.

ALMEIDA, Eloísa Machado de. "Capacidades institucionais dos amici curiae no Supremo Tribunal Federal: acessibilidade, admissibilidade e influência". *Revista Direito e Práxis*, v. 10, n. 1, 2019, pp. 678-707.

ALMEIDA, Gláucia. HEILBORN, Maria Luiza. "Não Somos Mulheres Gays: identidade lésbica na visão de ativistas brasileiras". *Gênero*. v. 9, n. 1, p. 225-249, 2. sem. 2008, p. 227.

ALMEIDA NETO, Luiz Mello de. "Política sexual e conjugalidade homossexual no Brasil contemporâneo". *XXVIII encontro Anual da ANPOCS*, Caxambu, 2004. Disponível em: http://www.anpocs.org/portal/index.php?option=com_docman&task=doc_view&gid=3933&Itemid=31

ALONSO, Angela. " O abolicionismo como movimento social". *Novos estudos - CEBRAP*, São Paulo , n. 100, p. 115-127, Nov. 2014 . Disponível em: <http://www.scielo.br/scielo.php?script=sci_arttext&pid=S0101-33002014000300115&lng=en&nrm=iso>

_____. "As teorias dos movimentos sociais: um balanço do debate". *Lua Nova*, São Paulo, 76: 49-86, 2009, p. 51.

AMAR, Akhil Reed. "Philadelphia Revisited: Amending the Constitution outside article V", 55 *U. Chi. L. Rev*. 1988.

AMARAL, Cecília Barreto; VASCONCELLOS, Victor Augusto. "Transexuais: transpondo barreiras no mercado de trabalho em São Paulo?". *Revista Direito GV*, v. 14, n. 2, p. 302-333, maio/ago. 2018.

ARENDT, Hanna. *A condição humana*. Trad. Roberto Raposo. Rio de Janeiro: Forense Universitária, 2007.

_____. "Desobediência Civil". In: *Crises da Réublica*. São Paulo: Editora Perspectiva, 1973.

ARGUELHES, Diego Werneck. "Poder não é querer: preferências restritivas e redesenho institucional no Supremo Tribunal Federal pós-democratização". *Universitas Jus (UniCEUB Law Journal)*. v. 25, n. 1, 2014.

ARGUELHES, Diego Werneck; LEAL, Fernando. "O argumento das 'capacidades institucionais' entre a banalidade, a redundância e o absurdo". *Direito, Estado e Sociedade*. n. 38, jan/jul 2011.

ASSOCIAÇÃO BRASILEIRA DE LÉSBICAS, GAYS, BISSEXUAIS, TRAVESTIS E TRANSEXUAIS. *Pesquisa Nacional sobre o Ambiente Educacional no Brasil 2015*: as experiências de adolescentes e jovens lésbicas, gays, bissexuais, travestis e transexuais em nossos ambientes educacionais. Curitiba: ABGLT, 2016. p. 18; 38-41. Disponível em: http://static.congressoemfoco.uol.com.br/2016/08/IAE-Brasil-Web-3-1.pdf.

ASSOCIAÇÃO NACIONAL DE TRAVESTIS E TRANSEXUAIS. *Mapa dos assassinatos de Travestis e Transexuais no Brasil em 2017.* Disponível em: https://antrabrasil.files.wordpress.com/2018/02/relatc3b3rio-mapa-dos-assassinatos-2017-antra.pdf

AVILA, Juliana Carreiro. Doação de sangue e o Supremo: saúde e igualdade. In: FALCÃO, Joaquim; PEREIRA, Thomaz; ARGUELHES, Diego Werneck; RECONDO, Felipe Recondo. (org.). *O Supremo Tribunal Criminal*: O Supremo em 2017. Belo Horizonte: Casa do Direito: Letramento, 2018. p. 308-311.

AVRITZER Leonardo; NAVARRO, Zander (eds.). *A inovação democrática no Brasil*: o orçamento participativo. São Paulo: Cortez Editora, 2003.

AVRITZER, Leonardo (coord.) *Relatório da pesquisa democracia, desigualdade e políticas públicas no Brasil.* Belo Horizonte: FINEP agosto de 2009.

AVRITZER, Leonardo. "A participação no Brasil democráticoe seu desenho institucional". In: AVELAR, Lúcia; CINTRA, Anônio Octávio (orgs.). *Sistema Político Brasileiro: uma introdução.* 3ª ed. Rio de Janeiro: Konrad Adenauer Stiftung; São Paulo: Editora Unesp, 2015.

_____."Sociedade civil e Estado no Brasil: da autonomia à interdependência política". *Opinião Pública*, vol. 18, n. 2, 2012.

_____. "Sociedade civil e participação no Brasil democrático". MELO, Carlos Ranulfo; SÁEZ, Manuel Alcántara (orgs.). *A democracia brasileira: balanço e perspectivas para o século 21.* Belo Horizonte: Editora UFMG, 2007.

_____. "Teoria democrática e deliberação". *Lua nova*, n. 49, 2000.

BALKIN, Jack M. "Original meaning and constitutional redemption". *Constitutional Commentary* .v. 24. 2008.

_____. "How social movements change (or fail to change) the Constitution: The case of New Departure". *Suffolk University Law Review*, n. 39, 2005.

_____. "Respect-worthy: Frank Michelman and the legitimate Constitution". 39 *Tulsa L. Rev.* 485 (2004).

_____. *Constituitutional Redemption*. Cambridge/London: Harvard University Press, 2011.

_____. *Cultural Software*: a theory of ideology. New Haven/London: Yale University Press, 1998.

_____. *Living Originalism*. Cambridge: The Belknap Press, 2011.

BARROS, Alberto Ribeiro Gonçalves de. "O direito de resistência na França Renascentista". *Kriterion*, Belo Horizonte, n. 113, Jun/2006.

BARROSO, Luís Roberto. "A razão sem voto: o Supremo Tribunal Federal e o governo da maioria". In: SARMENTO, Daniel (coord.). *Jurisdição Constitucional e Política*. Rio de Janeiro: Forense, 2015.

_____. BARROSO, Luís Roberto. "Reflexões sobre as Competências e o Funcionamento do Supremo Tribunal Federal", 2014. Disponível em http://www.luisrobertobarroso.com.br/wp-content/uploads/2014/08/Mudan%C3%A7as-no-funcionamento-do-STF.pdf

_____. "Uniões homoafetivas: reconhecimento jurídico das uniões estáveis entre parceiros do mesmo sexo". In: BARROSO, Luís Roberto. *O novo Direito Constitucional brasileiro*: contribuições para a construção teórica e prática da jurisdição constitucional brasileira. Belo Horizonte: Fórum, 2013.

_____. "Constituição, Democracia e Supremacia Judicial: Direito e Política no Brasil Contemporâneo". *Revista da Faculdade de Direito da UERJ*. v. 2, n. 21, 2012.

_____. "Judicialização, ativismo judicial e legitimidade democrática". *Cadernos [SYN]THESIS*. v. 5, n. 1, 2012.

_____. "Constituição, Democracia e Supremacia Judicial: Direito e Política no Brasil Contemporâneo". *Atualidades Jurídicas*, v. 11, p. 62-106, 2011.

_____. *Controle de constitucionalidade no Direito brasileiro*: exposição sistemática da doutrina e análise crítica da jurisprudência. Saraiva: São Paulo, 2012.

_____. *Curso de Direito Constitucional Contemporâneo*. São Paulo: Saraiva, 2010.

______. "Vinte anos da Constituição brasileira de 1988: o estado a que chegamos". *Revista de Direito do Estado*. ano 3, n. 10, abr/jun 2008.

BATEUP, Christine. "The dialogic promise: assessing the normative potential of theories of constitutional dialogue". *Brooklyn Law Review*, v. 71, 2006.

BAUM, Lawrence. *Judges and their audiences*: a perspective on judicial behavior. Princeton: Princeton University Press, 2006.

BENHABIB, Seyla. "Toward a deliberative model of democracy legitimacy. In: BENHABIB, Seyla (ed.). *Democracy and difference*. Princeton: Princeton University Press, 1996.

BERCOVICI, Gilberto. "Constituição e Política: uma relação difícil". *Lua-nova*, n. 61, 2004.

BICKEL, Alexander. *The least dangerous branch*: the Supreme Courts and the bars of Politics. 2ª ed. New Heaven/London: Yale University Press, s/a.

BÖCKENFÖRDE, Ernst. "Notas sobre el concepto de 'Cambio Constitucional'". *Estudios sobre el Estado de Derecho y la democracia*. Madrid: Editorial Trotta, 2000.

BOTELHO, André, SCHWARTZ, Lilia Moritz (orgs.). *Um enigma chamado Brasil*. São Paulo: Companhia das Letras, 2009.

BOTELHO, André. "Público e privado no pensamento social brasileiro". In: BOTELHO, André. SCHWARTZ, Lilia Moritz (org). *Agenda brasileira:* temas de uma sociedade em mudança. s). São Paulo: Companhia das Letras, 2011.

BOTELHO, Nadja Machado. *Mutação constitucional*: a Constituição viva de 1988. Rio de Janeiro: Lumen Juris, 2011.

BOURDIEU, Pierre. "A força do Direito". O poder simbólico. Trad. Fernando Tomaz. 16ª ed. Rio de Janeiro: Bertrand Brasil, 2012.

______. *Contrafogos 2*: por um movimento social europeu. Rio de Janeiro: Jorge Zahar Editor, 2001.

BOZON, Michel. *Sociologia da sexualidade*. Trad. Maria de Lourdes Menezes, Rio de Janeiro: Editora FGV, 2004.

BRANDÃO, Lucas Coelho. "Os movimentos sociais e a Assembleia Nacional Constituinte de 1987-1988: entre a política institucional e a participação popular". Dissertação apresentada à Faculdade de Filosofia, Letras e Ciências Humanas da Universidade de São Paulo, para a obtenção do título de Mestre em Sociologia, 2011.

BRANDÃO, Rodrigo. *Supremacia judicial versus diálogos constitucionais*: a quem cabe a última palavra sobre o sentido da Constituição?. Rio de Janeiro: Lumen Juris, 2011.

_____. "A Judicialização da Política: teorias, condições e o caso brasileiro". *Revista de Direito Administrativo*, v. 263, 2013.

BRASIL. Ministério dos Direitos Humanos. *Balanço Disque 100 - 2017 – LGBT.* Brasília, 2018. Disponível em http://www.mdh.gov.br/informacao-ao-cidadao/ouvidoria/dados-disque-100/balanco-geral-2011-a-2017-lgbt.xls/view

BRAZ, Camilo; MELLO, Luiz; PERILO; Marcelo'MAROJA, Daniela. "Para além das fronteiras: parcerias e tensões em torno da construção da cidadania na perspectiva do movimento LGBT em Goiás". *Estudos de Sociologia*, v. 2, n. 17, 2011.

BURDEAU, George. *Traité de Science politique*. Paris: L.G.D.J., 1969.

BUZANELLO, José Carlos. *Direito de resistência constitucional*. Rio de Janeiro: América Jurídica, 2003.

CÂMARA, Cristina. "Um olhar sobre a história do ativismo LGBT no Rio de Janeiro". *Revista do Arquivo Geral da Cidade do Rio de Janeiro*. n.9, 2015.

CAMPOS, Francisco. "A Política e o Nosso Tempo", *in O Estado Nacional*: sua estructura, seu conteúdo ideológico. Rio de Janeiro: José Olympio, 1940.

_____. "Problemas do Brasil e soluções do regime – Entrevista concedida à Imprensa, em Janeiro de 1938". In: *O Estado Nacional*: sua estructura, seu conteúdo ideológico. Rio de Janeiro: José Olympio, 1940.

CAMPOS, Ligia Fabris. "Litígio estratégico para igualdade de gênero: O caso das verbas de campanha para mulheres candidatas". *Revista Direito e Práxis*, v. 10, n.1, 2019, pp.593-629.

CALDEIRA, Gregory A.; GIBSON; James L. "The Etiology of Public Support for the Supreme Court". *American Journal of Political Science*, v. 36, n. 3, 1992.

CALDERÓN, Fernando; JELIN, Elizabeth. *Clases y movimientos sociales en America Latina:* perspectivas y realidades. Santiago de Chile : Ediciones SUR, 1987.

CALDWELL, Peter C. "The power of the people and the rule of law". In: CALDWELL, Peter C. *Popular sovereignty and the crisis of German constitutional law*: The theory and practice of Weimar constitutionalism. Durham: Duke University Press, 1997.

CAMPILONGO, Celso Fernandes. *Interpretação do Direito e Movimentos Sociais*. Rio de Janeiro: Elsevier, 2012.

CANDAU, Joël. *Memória e Identidade*. São Paulo: Contexto, 2011.

CANTISANO, Pedro Jimenez. "Lares, Tribunais e Ruas: A Inviolabilidade de Domicílio e a Revolta da Vacina". *Revista Direito & Práxis*, v. 6, n. 11, 2015.

CARDOSO, Ruth. "A trajetória histórica dos movimentos sociais". In: CALDEIRA, Teresa Pires do Rio. *Obra Reunida*. São Paulo: Mameluco, 2011.

CARRARA, Sérgio; VIANNA, Adriana R. B. "Tá lá o corpo estendido no chão...": a violência letal contra travestis no município do Rio de Janeiro. *Physis*, v. 16, n. 2, 2006.

CARVALHO, Mário Felipe de Lima. CARRARA, Sérgio. "Em direção a um futuro trans? Contribuição para a história do movimento de travestis e transexuais no Brasil". *Revista Lationoamerica: Sexualidad, Salud y Sociedad*. Rio de Janeiro: IMS-UERJ, CLAM, n. 14, Dossier n. 2, 2013.

CARVALHO NETTO, Menelick. "Prefácio". CATTONI, Marcelo. *Poder constituinte e patriotismo constitucional*. Belo Horizonte: Mandamentos, 2006.

CARVALHO, José Murilo de. "Mandonismo, Coronelismo, Clientelismo: Uma Discussão Conceitual". *Dados*, v. 40 n. 2, Rio de Janeiro, 1997.

CARVALHO, Lenira. *A luta que me fez crescer*. Recife: DED – Bagaço, 2000.

CASE, Mary Anne. "The Role of the Popes in the Invention of Complementarity and the Vatican's Anathematization of Gender. *Religion & Gender*. v. 6, n. 2, p. 155-172, 2016.

CASTELLS, Manuel. *A sociedade em rede*. Trad. Roneide Venancio Majer. São Paulo: Paz e Terra, 2009.

CATTONI, Marcelo. *Poder constituinte e patriotismo constitucional*. Belo Horizonte: Mandamentos, 2006.

CHAUÍ, Marilena. S. "O que comemorar?". Projeto História (PUC SP), São Paulo, v. 20, 2000.

______. *Política em Espinosa*. 1ª reimp. São Paulo: Companhia das letras, 2009.

CHEMERINSKY, Erwin. "In defense of judicial review: the perils of popular constitutionalism", *University of Illinois Law Review*, n. 3, 2004.

CICONELLO, Alexandre. "A Participação Social como processo de consolidação da democracia no Brasil". In*: From Poverty to Power:* How active citizens and effective states can change the world, Oxfam International, 2008.

CITTADINO, Gisele; COLODETTI, Helena. "Separação de Poderes no Brasil Contemporâneo". *Boletim CEDES*, abril-junho 2013.

CITTADINO. Gisele. "Patriotismo constitucional, cultura e história". *Revista Direito, Estado e Sociedade*, n. 31, jul/dez 2007.

______. "Judicialização da Política, Constitucionalismo Democrático e Separação de Poderes". In: VIANNA, Luiz Werneck. *A Democracia e os Três Poderes no Brasil*. Belo Horizonte: UFMG; Rio de Janeiro; IUPERJ/ FAPERJ, 2001

COHEN, Jean L. "Democracy, Difference, and the right of Privacy". In: BENHABIB, Seyla (ed.). *Democracy and Difference*. Princeton: Princeton University Press, 1996.

COHEN, Joshua. "Procedure and Substance in Deiberative Democracy". In: BENHABIB, Seyla (ed.). *Democracy and Difference*. Princeton: Princeton University Press, 1996.

COLIN, Celio. "Aonde não queremos chegar: uma reflexão sobre nossas práticas políticas". In: GOLIN, Celio, WEILER, Luis Gustavo (org.). *Homossexualidade, cultura e política*. Porto Alegre: Sulina, 2002.

COMISSÃO INTERAMERICANA DE DIREITOS HUMANOS. *Violência contra pessoas lésbicas, gays, bissexuais, trans e intersexo nas Américas*, 2015. p. 266. Disponível em: http://www.oas.org/pt/cidh/docs/pdf/ViolenciaPessoasLGBTI.pdf

COLLINS, Patricia Hill. "Em direção a uma nova visão: raça, classe e gênero como categorias de análise e conexão". In: MORENO, Renata (org.). *Reflexões e Praticas de Transformação Feminista*. São Paulo: SOF, 2015. p. 13-42. p. 26.

CONDE, Michele Cunha Franco. "O movimento homossexual brasileiro, sua trajetória e seu papel na ampliação do exercício da cidadania". Dissertação de Mestrado em Sociologia e Filosofia da Universidade Federal de Goiás, 2004.

CORRÊA, Sônia. "'Theologies' and contexts in a Latin American perspective". *Religion & Gender*. v. 6, n. 2, p. 256-263, 2016.

CORTEZ, Marina. Dualidade ou Constelação? Intersexualidade, Feminismos e Biomedicina: uma Análise Bioética. Dissertação (Mestrado em Bioética, Ética Aplicada e Saúde Coletiva) – Programa de Pós-Graduação em Bioética, Ética Aplicada e Saúde Coletiva, UFRJ/UFF/UERJ/FIOCRUZ, Rio de Janeiro, 2015.

COSTA, Nelson Nery. *Teoria e realidade da desobediência civil*. Rio de Janeiro: Forense, 2000.

COWAN, Benjamin. "Homossexualidade, ideologia e 'subversão' no regime militar". In: GREEN, James. QUINALHA, Renan (org.). *Ditadura e homossexualidades:* repressão, resistência e a busca da verdade. São Carlos: Edufscar, 2014.

DAGNINO, Evelina, "¿Sociedade civil, participação e cidadania: de que estamos falando?" En Daniel Mato (coord.), *Políticas de ciudadanía y sociedad civil en tiempos de globalización*. Caracas: FACES, Universidad Central de Venezuela, 2004.

DAHL, Robert. *La democracía e sus críticos*. Espanha: Paidós, 1992.

DAMARES, Medina. Amigo da Corte ou Amigo da Parte? Amicus Curiae no Supremo Tribunal Federal. Dissertação de Mestrado. Instituto Brasiliense de Direito Público. Brasília, 2008.

DAMATTA, Roberto. "Sabe com quem está falando? Um ensaio sobre a distinção de pessoa e indivíduo no Brasil". *Carnavais, malandros e heróis*: para uma sociologia do dilema brasileiro. Rio de Janeiro: Rocco, 1997.

DELGADO, Richard; STEFANCIC; Jean. *Critical Race Theory*: an introduction. 2ª ed. New York: New York University Press, 2012.

DINIZ, Arthur José Almeida. "Por um novo humanismo". *Revista Brasileira de estudos políticos*. Belo Horizonte, n. 76, jan. 1993.

DONNELLY, Tom, "Making Popular Constitutionalism Work" (November 21, 2011). *Wisconsin Law Review*, Vol. 2012; Harvard Public Law Working Paper No. 11-29. Disponível em: http://ssrn.com/abstract=1962580, p. 188.

DWORKIN, Ronald. *Levando os direitos a sério*. Trad. Nelson Boeira. São Paulo: Martins Fontes, 2002.

ELSTER, Jon. "Introduction". In: ELSTER, Jon (Ed.). *Deliberative Democracy*. Cambridge University Press, 1998.

EPSTEIN, Lee; MARTIN, Andrew D., "Does Public Opinion Influence the Supreme Court? Possibly Yes (But We're Not Sure Why)" (June 19, 2012). *University of Pennsylvania Journal of Constitutional Law*, v. 13, n. 263, 2010; Washington University in St. Louis Legal Studies Research Paper No. 12-05-31. Disponível em SSRN: http://ssrn.com/abstract=2087255.

ESKRIDGE, William N. Jr. "Channeling: Identity-Based Social Movements and Public Law" (2001). Faculty Scholarship Series. Paper 1511. p. 420. Disponível em: http://digitalcommons.law.yale.edu/fss_papers/1511

ESPINOSA, Baruch de. *Os pensadores*, seleção de textos de Marilena de Souza Chauí; traduções de Marilena de Souza Chauí et al. São Paulo: Abril Cultural, 1983.

ESTEVES, Luiz Fernando Gomes. "A Tentativa de Pautar o Supremo". In: FALCÃO, Joaquim; PEREIRA, Thomaz; ARGUELHES, Diego Werneck; RECONDO, Felipe Recondo. (org.). O Supremo Tribunal Criminal: O Supremo em 2017. Belo Horizonte: Casa do Direito: Letramento, 2018, pp. 83-86.

FAORO, Raymundo. *Os donos do poder: formação do patronato político brasileiro*. v 2. Porto Alegre/Rio de Janeiro: Globo, 1985.

FEDORKO, Boglarka; BERREDO, Lukas. O círculo vicioso da violência: pessoas trans e gênero-diversas, migração e trabalho sexual. *Série de publicações TvT*, v. 19, out. 2017. p. 10. Disponível em: https://transrespect.org/wp-content/uploads/2018/01/TvT-PS-Vol19-2017.pdf

FERNANDES, Marisa. "Lésbicas e a ditadura militar: uma luta contra a opressão e por liberdade". In: GREEN, James. QUINALHA, Renan (org.). *Ditadura e homossexualidades:* repressão, resistência e a busca da verdade. São Carlos: Edufscar, 2014.

FERREIRA, Daniel Rogers de Souza Ferreira. "Ousar dizer o nome movimento homossexual e o surgimento do GRAB no Ceará". Monografia apresentada à Banca Examinadora da Universidade Estadual do Ceará como requisito para obtenção do título de Bacharel de Serviço Social.

FIGARI, Carlos. *@s outr@s cariocas*: interpelações, experiências e identidades homoeróticas no Rio de Janeiro". Rio de Janeiro: IUPERJ, 2007.

FIORI, Ernani Maria. "Prefácio". In: FREIRE, Paulo. *Pedagogia do oprimido*. Rio de Janeiro: Paz e Terra, 1987.

FISHER, Louis. *Constitutional Dialogues*: Interpretation as Political Process. Princeton: Princeton University Press, 1988, p. 233.

FORBATH, William. "Popular Constitutionalism in the twentieth century: Reflections on the dark side, the progressive constitutional imagination, and the enduring role of judicial finality in popular understandings of popular self-rule". *Chicago-Kent Law Review*, v. 81, n. 3, 2006, p. 101.

FORMENT, Carlos. A. "Peripheral Peoples and Narrative Identities: Arendtian Reflection on Late Modernity". In: BENHABIB, Seyla (ed.). *Democracy and difference*, Princeton: Princeton University Press, 1996.

FOUCAULT, Michel. *História da Sexualidade* I: a vontade de saber. Trad. Maria Thereza da Costa Albuquerque e J. A. Guilhon Albuquerque. Rio de Janeiro: Edições Graal, 1988.

FRANÇA, Isadora Lins ."Identidades coletivas, consumo e política: a aproximação entre mercado GLS e movimento GLBT em São Paulo". *Horizontes Antropológicos*, Porto Alegre, ano 13, n. 28, p. 289-311, jul./dez. 2007.

_____. Cercas e Pontes: O Movimento GLBT e o mercado GLS na cidade de São Paulo. Dissertação de Mestrado em Antropologia Social – Universidade de São Paulo, 2006.

FRANKENBERG, Günter. "Disorder is possible: An essay on systems, law and disobedience". In: HONNETH, Axel (ed.). *Cultural-Political Interventions in the Unfinished Project of Enlightenment*. Trad. Barbara Fultner. Cambridge, Mass. MIT Press, 1992.

FRASER, Nancy; HONNETH, Axel. Redistribution or recognition? A political-philosophical Exchange. London/New York: Verso, 2003.

FRASER, Nancy. "Reconhecimento sem ética". SOUZA, Jessé. MATTOS, Patrícia. (org.) *Teoria Crítica no século XXI*. São Paulo: Annablume, 2007.

_____. "Rethinking the public sphere: a contribution to the critique of actually existing democracy". *Social Text*, n. 25/26, 1990.

FREIRE, Paulo. *Educação como prática da liberdade*. Rio de Janeiro: Editora Paz e Terra, 1967, p. 41.

FRIEDMAN, Barry. "Mediated popular constitutionalism". *Michigan Law Review*, v. 101, aug./2003.

FRY, Peter; MACRAE, Edward. *O que é homossexualidade?*. São Paulo: Abril cultural, 1985.

GALVÃO, Jane. *AIDS*: a agenda de construção de uma epidemia. Rio de Janeiro: ABIA, 2000.

GARBAGNOLI, Sara. "Against the Heresy of Immanence: Vatican's 'Gender' as a New Rhetorical Device against the Denaturalisation of the Sexual Order". *Religion & Gender*, v. 6, n. 2, p. 187–204, 2016.

GARCIA, José Carlos da Silva. "Nas Fronteiras da Constituição: entre reivindicação, protesto e democracia". Tese (doutorado) – Pontifícia Universidade Católica do Rio de Janeiro. Departamento de Direito, 2013.

GARCIA, José Carlos. *De sem rosto a cidadão*: a luta pelo reconhecimento dos sem-terra como sujeitos no ambiente constitucional brasileiro. Rio de Janeiro: Lumen Juris, 1999.

GARGARELLA, Roberto. "Comentarios y respuestas finales:pensar y repensar el derecho de resistência". In: GARGARELLA, Roberto. LO VUÓLO, Rubén (dirs.). *El derecho de resistir el derecho*. Buenos Aires: Miño y Dávila, 2005.

_____. "El derecho de resistência en situaciones de carência extrema". In: GARGARELLA, Roberto. LO VUÓLO, Rubén (dirs.). *El derecho de resistir el derecho*. Buenos Aires: Miño y Dávila, 2005.

_____. "Palabras preliminares". In: GARGARELLA, Roberto. LO VUÓLO, Rubén (dirs.). *El derecho de resistir el derecho*. Buenos Aires: Miño y Dávila, 2005.

_____. "Prólogo - ? Por qué estudiar el constitucionalismo popular en Amércia Latina?". In: ALTERIO, Ana Micaela; ORTEGA, Roberto Niembro (coord.) *Constitucionalismo popular en latinoamerica*. Mexico: Editorial Porrúa, 2013.

GEWIRTZMAN, Doni. "Glory days: popular constitutionalism, nostalgia, and the true nature of constitutional culture", New York University School of Law Public Law and Legal Research Paper Series, working paper no. 05-15.

GHANDI, Mahatma. 'Ideas About Satyagraha'. In: *Selected Letters from Selected Works of Mahatma Gandhi*. Printed and Published by: Jitendra T. Desai. Navajivan Mudranalaya, Ahemadabad-380014, India. Disponível em: http://www.mkgandhi.org/Selected%20Letters/Selected%20Letters1/letter3.htm.

GODINHO, Marcelo; DUARTE, Fernanda. "Notas sobre a Suprema Corte Norte-Americana". *SJRJ*, Rio de Janeiro, n. 20, 2007.

GOHN, Maria da Glória. *Novas teorias dos Movimentos Sociais*. São Paulo: Edições Loyola, 2008.

GOLDSTONE, Richard. "The South African Bill of Rights". *Texas International Law Journal*, n.32, 1997.

GOMES, Juliana Cesario Alvim. "Por quem os Sinos Dobram? 'Embargos auriculares', legitimidade ativa e a permeabilidade social seletiva do Supremo Tribunal Federal". *Revista Estudos Institucionais*, 2019, no prelo.

_____. "Nas encruzilhadas: limites e possibilidades do uso do litígio estratégico para o avanço dos direitos humanos e para a transformação social". *Revista Direito e Práx*is, v. 10, n. 1, 2019, pp. 389-423.

_____. "O Supremo Tribunal Federal em uma perspectiva de gênero: mérito, acesso, representatividade e discurso". *Revista Direito e Práxis*. v. 7, n. 15, 2016, pp. 654-655.

_____. "Constitucionalismo Popular, Constitucionalismo Popular Mediado e Constitucionalismo Democrático: Características, Modelos e Contribuições para o Debate Brasileiro" como capítulo em FELLET, André; NOVELINO, Marcelo. (org.). Constitucionalismo e Democracia. Salvador: Jus Podivum, 2013.

GOMES, Juliana Cesario Alvim; FABRIS CAMPOS, Ligia. Pessoas trans: o mundo mudou e o Supremo também. In: FALCÃO, Joaquim; PEREIRA, Thomaz; ARGUELHES, Diego Werneck; RECONDO, Felipe Recondo. (org.). *O Supremo e o Processo Eleitoral*. Belo Horizonte: Letramento; Casa do Direito ; FGV Direito Rio ; Supra ; Jota, 2019.

_____. A escolha do Supremo e suas consequências: o que se ganha e se perde na discussão da criminalização da LGBTIfobia. *JOTA*. 19.02.2019. Disponível em: www.jota.info/stf/supra/o-que-se-ganha-e-se-perde-na-discussao-da-criminalizacao-da-lgbtifobia-19022019

GOMES, Juliana Cesario Alvim; FABRIS CAMPOS, Ligia; AVILA, Juliana Carreiro. Direito de pessoas trans no Supremo. In: FALCÃO, Joaquim; PEREIRA, Thomaz; ARGUELHES, Diego Werneck; RECONDO, Felipe

Recondo. (org.). *O Supremo Tribunal Criminal: O Supremo em 2017*. Belo Horizonte: Casa do Direito: Letramento, 2018.

GOMES, Juliana Cesario Alvim; AVILA, Juliana Carreiro. O dissenso do STF no julgamento sobre doação de sangue. In: FALCÃO, Joaquim; PEREIRA, Thomaz; ARGUELHES, Diego Werneck; RECONDO, Felipe Recondo. (org.). *O Supremo Tribunal Criminal:* O Supremo em 2017. Belo Horizonte: Casa do Direito: Letramento, 2018. p. 312-314.

GRABER, Mark. "The coming constitutional yo-yo? Elite opinion, polarization, and the direction of judicial decision making". *Howard Law Journal*. n. 56.

GREEN, James N., POLITO, Ronaldo. *Frescos Trópicos*: Fontes sobre a homossexualidade masculina no Brasil (1870 – 1980). Rio de Janeiro: José Olympio, 2006.

GREEN, James. "A luta pela igualdade: desejos, homossexualidade e a esquerda na América Latina". In. GREEN, James; MALUF, Sônia (orgs.). *Cadernos AEL: homossexualidade, sociedade, movimento e lutas. IFCH/AEL*, v.10, n. 18/19. Campinas, SP: EDUNICAMP, 2003

GRUPO GAY DA BAHIA. Mortes Violentas de LGBT no Brasil - Relatório 2017. Disponível em: https://homofobiamata.files.wordpress.com/2017/12/relatorio-2081.pdf

GUIMARÃES, Lívia Gil. "Participação Social no STF: repensando o papel das audiências públicas". *Revista Direito e Práxis*, ahead of print, 2019.

GÜNTHER, Klaus. "Qual o Conceito de Pessoa de que Necessita a Teoria do Discurso do Direito? Reflexões sobre a conexão interna entre pessoa deliberativa, cidadão e pessoa de direito". *Revista Direito GV*. v.2, n.1, pp. 223-240, jan-jun 2006.

GUTMANN, Amy; THOMPSON, Dennis. *Why Deliberative Democracy?*. Princeton: Princeton University Press, 2004.

HÄBERLE, Peter. "La sociedade aberta de los intérpretes constitucionales: una contribuición para la interpretación pluralista y 'procesal' de la constitución". Trad. Xabier Arzoz Santisteban. Academia. *Revista sobre enseñanza del Derecho*, año 6, n. 11.

_____. *El Estado Constitucional*. Trad. Héctor Fix-Fierro. México: Universidad Autónoma de México, 2003.

_____. *Hermenêutica Constitucional*: A sociedade aberta dos intérpretes da Constituição: contribuição para a interpretação pluralista e procedimental da Constituição. Trad. Gilmar Ferreira Mendes. Porto Alegre: Sérgio Antonio Fabris Editor, 2002.

_____. "New social movements". *Telos*, New York, n. 49, 1981.

_____. "O Estado-Nação europeu frente aos desafios da globalização: o passado e o futuro da soberania e da cidadania". *Novos Estudos – CEBRAP*, n. 43.

_____. "Three normative models of democracy". BENHABIB, Seyla (ed.) In: *Democracy and Difference*. Princeton: Princeton University Press, 1996.

_____. *Mudança estrutural da esfera pública*. Rio de Janeiro: Tempo Brasileiro. 1987.

HALL, Stuart. "Quem precisa de identidade?". SILVA, Tomaz Tadeu da (org.). *Identidade e diferença*: a perspectiva dos estudos culturais. Petrópolis, RJ: Vozes, 2000.

HAMILTON, Alexander. JAY, John; MADISON, James. *The federalist papers*. Eletronic Classic Series. Disponível em: www2.hn.psu.edu/faculty/jmanis/poldocs/fed-papers.pdf.

HARDT, Michael. NEGRI, Antonio. *Multidão*: guerra e democracia na era do Império. Trad. Clóvis Marques. 2ª ed. Rio de janeiro: Record, 2012.

HELD, David; MCGREW, Anthony. *Prós e contras da globalização* Trad. Vera Ribeiro. Rio de Janeiro: Jorge Zahar Editor, pp. 24-36.

HELLER, Herman. *Teoría del Estado*. Granada: Editorial Comares, 2004.

HESSE, Konrad. "Limites da Mutação Constitucional". Trad. Inocêncio Mártires Coelho. In: _____. *Temas fundamentais do Direito Constitucional*. São Paulo: Saraiva, 2009.

_____. *A Força Normativa da Constituição*. Trad. Gilmar Ferreira Mendes. Porto Alegre: Sergio Antonio Fabris Editor, 1991.

_____. *Elementos de direito constitucional da republica federal da Alemanha*. Trad. Luís Afonso Reck. Porto Alegre: Sergio Antonio Fabris, 1998.

HIRSCHL, Ran. *Towards juristocracy*: the origins and consequences of the new constitutionalism. Cambridge: Harvard University Press, 2007.

HIRSCHMAN, Albert. O. *The Retoric of Reaction*: Perversity, Futility, Jeopardy. Belknap Press of Harvard University Press, 1991.

HOBBES, Thomas. *Leviatã*. Trad. Heloisa da Graça Burati. São Paulo: Rideel, 2005.

HOBSBAWN, Eric; RANGER, Terence. *A invenção das tradições*. Trad. Celina Cardim Cavalcanti. São Paulo: Paz e Terra, 2012.

HOLSTON, James. *Cidadania insurgente*: disjunções da democracia e da modernidade no Brasil. Trad. Claudio Carina. São Paulo: Companhia das Letras, 2013.

HONNETH, Axel. *Luta por reconhecimento:* a gramática moral dos conflitos sociais. São Paulo: Ed. 34, 2003 .

HORWITZ, Morton J. "Foreword: the constitution of change legal fundamentality without fundamentalism". *Harvard Law Review*. n. 107, 1993-1994.

JACOBI, Pedro, "Movimentos populares urbanos e resposta do Estado: autonomia e controle *vs.* cooptação e clientelismo". In: BOSCHI, Renato Raul (org.). *Movimentos coletivos no Brasil urbano.* Rio de Janeiro: Zahar, 1982.

JELLINECK, George. *Teoría General del Estado*. Trad. Fernando de los Ríos Urruti. México: Fondo de Cultura Económica, 2000.

_____. *Reforma y Mutacion de la Constitución*. Trad. Christian Föster. Madrid: Centro de Estudios Constitucionales, 1991.

JOHNSEN, Dawn E. "Functional departamentalism and nonjudicial interpretation: Who determines constitutional meaning?". *Law and contemporary problems*, v. 67, 2004.

JUNQUEIRA, Rogério Diniz. A gênese de uma categoria. Centro Latino-Americano em Sexualidade e Direitos Humanos (CLAM), Rio de Janeiro, 20 dez. 2017. Entrevista concedida a Laura Lowenkron e Claudia Mora. Disponível em: http://clam.org.br/destaque/conteudo.asp?cod=12704.

____. "Ideologia de gênero": a invenção de uma categoria polêmica contra os direitos sexuais. In: RAMOS, Marcelo M.; NICOLI, Pedro A. G.; ALKMIN, Gabriela C. (orgs.). *Gênero, sexualidade e direitos humanos: perspectivas multidisciplinares*. Belo Horizonte: Initia Via, 2017.

KATYAL, Sonia. "Exporting identity". *Yale Law Jounal & Feminism*, n. 14, 2002.

KAUCHAKJE, Samira. "Solidariedade política e constituição de sujeitos: a atualidade dos movimentos sociais". *Sociedade e Estado*, Brasília, v. 23, n. 3, p. 667-696, set./dez. 2008.

KELSEN, Hans. "On the borders between legal and sociological method". In: JACOBSON, Arthur J.; SCHLINK, Bernhard (eds). *Weimar: a jurisprudence of crisis*. Trad. Belinda Cooper. Berkeley/Los Angeles/London: University of California Press, 2002.

_____. *Jurisdição constitucional*. Trad. Alexandre Krug et. al. São Paulo: Martins Fontes, 2003.

_____. *Teoria Pura do Direito*. Trad. João Baptista Machado. São Paulo: Martins Fontes, 1999.

KING, Martin Luther. Jr. *Carta da prisão de Birmingham*, 1963, Disponível em http://www.thekingcenter.org/archive/document/letter-birmingham-city-jail-0.

KIRK, Andrew. *A desobediência civil de Thoreau*. Trad. Débora Landsberg. Rio de Janeiro: Jorge Zahar Editor, 2008.

KLARMAN, Michael J. "Brown and Lawrence (and Goodridge)". 104 *Mich. L. Rev*. 431 2005-2006.

_____. *From closet to the altar*: courts, backlash, and the struggle for same-sex marriage. New York: Oxford Univesity Press: 2014.

_____. "Rethinking the civil rights and civil liberties revolutions". *Virginia Law Review*, n. 82, 1996.

KLUG, Heinz, "Constitutionalism, Democracy and Denial in Post-Apartheid South Africa" (September 4, 2012). *Demokratie - Perspektiven, Forthcoming*. Univ. of Wisconsin Legal Studies Research Paper No. 1204. Disponível em: http://ssrn.com/abstract=2141310

_____. *Constituting Democracy*: *Law, Globalism and South Africa's Political Reconstruction*. Cambridge: Cambridge University Press, 2000.

KOHL, Eberhard. *The Weimar Republic*. Trad. P. S. Falla e R. J. Park. 2ª ed. London/New York: Routledge, 2005.

KORIOTH, Stefan. "The Shattering method in late Wilhelmine Germany: Introduction". In: JACOBSON, Arthur J.; SCHLINK, Bernhard (eds.). *Weimar: a jurisprudence of crisis*. Trad. Belinda Cooper. Berkeley/Los Angeles/London: University of California Press, 2002.

KRAMER, Larry. *The people themselves*: popular constitutionalism and judicial review. New York: Oxford University Press, 2005.

LAIN, Corinna. "Upside-Down Judicial Review ". January 2012. Disponível em: http://ssrn.com/abstract

LASSALE, Ferdinand. *A essência da Constituição*. Rio de Janeiro: Lumen Juris, 2011.

LAVALLE, Adrián Gurza; CASTELLO, Graziela; BICHIR, Renata Mirándola. "Quando novos atores saem de cena. Continuidades e mudanças na centralidade dos movimentos sociais". *Política & Sociedade*. Outubro, 2005.

LAVALLE, Adrián Gurza. "Sem Pena nem Glória: o debate sobre a sociedade civil nos anos 1990". *Novos Estudos CEBRAP*, n. 66, julho 2003.

LEAL, Fernando; HERDY, Rachel, MASSADAS, Júlia. "Uma década de audiências públicas no Supremo Tribunal Federal (2007-2017)". *Revista de Investigações Constitucionais*, v. 5, n. 1, jan./abr. 2018, p. 331-372.

LEAL, Victor Nunes. *Coronelismo, Enxada e Voto*. São Paulo: Companhia das Letras, 2012.

LESSIG, Lawrence. "The Regulation of Social Meaning". *The University of Chicago Law* Review. v. 62. n. 3. 1995.

LEVINSON, Sanford. *Constitutional Faith*. Princeton: Princeton University Press, 1988.

LEVISON, Sanford. *Constitutional Faith* Princeton: Princeton University Press, 1988.

LAVALLE, Adrian Gurza; SZWAKO, José. " Sociedade civil, Estado e autonomia. Argumentos, contra-argumentos e avanços no debate". *Opinião Pública*. Campinas, vol. 21, nº 1, abril, 2015.

LYRA FILHO, Roberto, *O que é Direito?.* São Paulo: Editora Brasiliense, 1982.

LOCKE, John. *Segundo Tratado Sobre o Governo*. São Paulo: Martin Claret, 2006.

LOEWENSTEIN, Karl. *Teoría de la Constitución*. Trad. Alfredo Gallego Anabitarte. Barcelona: Editora Ariel, 1976

MACHADO, Frederico Viana; RODRIGUES, Cristiano Santos. "Movimentos Negros e LGBT no Governo Lula: desafios da institucionalização segmentada". In: MACHADO, Frederico Viana; MASSOLA, Gustavo; RIBEIRO, Maria Auxiliadora Teixeira (orgs.). *Estado, Ambiente e Movimentos Sociais*. Florianópolis : ABRAPSO, Edições do Bosque, 2015.

MACHADO, Jónatas E. M. *Liberdade de Expressão*: dimensões constitucioanis da esfera pública no sistema social. Cimbra: Coimbra editora, 2002.

MACRAE, Edward. "Os respeitáveis militantes e as bichas loucas". In: FRY, Peter; CORREA, Mariza (Orgs.). *Caminhos Cruzados. Linguagem, Antropologia. Ciências Naturais*. São Paulo: Brasiliense, 1982.

MADLINGOZI, Tshepo. "Social Movements and the Constitutional Court of South Africa". In: VIEIRA, Oscar Vilhena; BAXI, Upendra; VILIJOEN, Frans. *Transformative constitutionalism:* Comparing the apex courts of Brazil, India and South Africa. Johannesburg: Pretoria University Law Press, 2013.

MANBRIDGE, Jane. "Using Power/Fighting Power". In: BENHABIB, Seyla (ed.) *Democracy and Difference*. Princeton: Princeton University Press, 1996.

MARICATO, Ermínia et. al. *Cidades Rebeldes*: passe livre e as manifestações que tomaram conta do Brasil. São Paulo: Boitempo/Carta Maior, 2013.

MATOS, Victor Chagas; LARA, Erick Batista Amaral de. *Dossiê LGBT+*: 2018. Rio de Janeiro: RioSegurança, 2018.

McCARTHY, J. D.; ZALD, M. N. "Resource mobilization and social movements: a partial theory". *American Journal of Sociology*, vol. 82, n. 6, 1977.

MELLO, Humberto Laport de. "A democracia participativa e sua institucionalização pela ordem constitucional de 1988: propostas de desenvolvimento e parâmetros de aplicação do plebiscito, do referendo e da iniciativa popular". Dissertação de Mestrado em Direito Público. UERJ, 2013.

MELLO, Patrícia Perrone Campos. "Interferências extrajurídicas sobre o processo decisório do Supremo Tribunal Federal". In: FELLET, André Luiz Fernandes; PAULA, Daniel Giotti de; NOVELINO, Marcelo. *As novas faces do ativismo judicial*. Salvador: Juspodivum, 2011.

MELUCCI, Alberto. "Getting involved: identity and mobilization in social movements". In: KLANDERMANS, Bert; KRIESI, Hanspeter; TARROW, Sidney. (eds.) *International Social Movements Research*, vol. 1. 1988.

MENDES, Conrado Hübner. "O projeto de uma corte deliberativa". In: Adriana Vojvodic; Henrique Motta Pinto; Rodrigo Pagani. (org.). *Jurisdição Constitucional no Brasil*. 1ª ed. São Paulo: Malheiros Editores, 2012, v. 1.

_____. *Direitos Fundamentais, Separação de Poderes e Deliberação*. São Paulo: Saraiva, 2011.

MENDES, Gilmar Ferreira. "O pensamento de Peter Häberle na jurisprudência do Supremo Tribunal Federal". *Observatório da Jurisdição Constitucional*. Brasília: IDP, Ano 2, 2008/2009.

MEUWESE, Anne; SENEL, Marnix. "'Constitutional Dialogue': An Overview". *Ultrecht Law Review*, v. 9, issue 2, march 2013.

MICHELMAN, Frank I. Ida's Way: Constructing the Respect-Worthy Governmental System, 72 *Fordham L. Rev.* 345 (2003).

MILLs, Thornton, J., III. "Montgomery, Ala., Bus Boycott." In: *Encyclopedia of African-American Culture and History*. Ed. Colin A. Palmer. 2nd ed. Vol. 4. Detroit: Macmillan Reference USA, 2006.

MINOW, Martha. Justice Engendered. In: GOODIN, Robert E.; PETTIT, Philip. *Contemporary Political Philosophy*: an anthology. Malden/Oxford: Blackwell Publishing, 1997.

MOMMSEN, Hans. *The rise and fall of Weimar democracy*. Trad. Elborg Forster e Larry Eugene Jones. Chapel Hill: The University of North Carolina Press, 1996.

MONEREO PÉREZ, José Luis. "Estudio preliminar: la teoria político-jurídica de Hermann Heller". In: HELLER, Herman. *Teoría del Estado*. Granada: Editorial Comares, 2004.

MORANDO, Luiz. "Por baixo dos panos: repressão a gays e travestis em Belo Horizonte (1963-1969). In: GREEN, James. QUINALHA, Renan (org.). *Ditadura e homossexualidades:* repressão, resistência e a busca da verdade. São Carlos: Edufscar, 2014.

MOUFFE, Chantal *The Democratic Paradox*. London: Verso, 2000.

_____. "Entrevista". *Revista da Faculdade de Direito – UFPR*, n. 51, 2010.

MOUFFE, Chantal. LACLAU, Ernesto. Hegemony and Socialist Strategy: towards a radical democratic politics. 2ª ed. London: Verso, 2001.

MÜLLER, Jan-Werner. *Constitutional patriotism*. Princeton/Oxford:Princeton University Press, 2007.

NEGRI, Antonio. *O poder constituinte*: ensaio sobre as alternativas da modernidade. trad. Adriano Pilatti. Rio de Janeiro: DP&A, 2002.

NONET, Philippe; SELZNICK, Philip. *Law and society in transition*: Toward responsive Law. New York: Harper & Row, 1978.

NOVELINO, Marcelo. "A influência da opinião pública no comportamento judicial dos membros do STF. In: FELLET, André; NOVELINO, Marcelo. *Constitucionalismo e democracia*. Salvador: Juspodivum, 2012.

NUSSBAUM, Martha C. *Hiding from humanity:* disgust, shame, and the Law. Princeton: Princeton University Press, p. 2004.

_____. *For love of country*. Boston: Beacon Press, 1996.

OLSEN, Francis. "Legitimidad, pobreza y resistência". In: GARGARELLA, Roberto. LO VUÓLO, Rubén (dirs.). *El derecho de resistir el derecho*. Buenos Aires: Miño y Dávila, 2005.

OLSON, Mancur. *A lógica da ação coletiva*: os benefícios públicos e uma teoria dos grupos sociais. Trad. Fabio Fernandez. São Paulo: Editora da Universidade de São Paulo, 2011.

OTTMAN, Götz. "Movimentos Sociais Urbanos e Democracia no Brasil: uma abordagem cognitiva". Trad. Otacílio Nunes. *Novos Estudos*, n. 41, março de 1995.

PEREIRA, Jane Reis Gonçalves. "Representação democrática do Judiciário: reflexões preliminares sobre os riscos e dilemas de uma ideia em ascensão". *Juris Poiesis*, v. 17, 2014, pp. 343-359

_____. *Interpretação constitucional e Direitos Fundamentais*. Rio de Janeiro: Renovar, 2006.

PEREIRA, Matheus Mazzilli. "Movimento LGBT e Políticas Públicas nos Governos Federais do Partido dos Trabalhadores (2003-2014): trajetória e características". *Estudos de Sociologia*. v. 2, n. 23, 2017.

PERES, Milena Cristina Carneiro; SOARES, Suane Felippe; DIAS, Maria Clara. *Dossiê sobre lesbocídio no Brasil*: de 2014 até 2017. Rio de Janeiro: Livros Ilimitados, 2018. p. 81-96. Disponível em: <https://docs.wixstatic.com/ugd/5f2532_0a37a7bfa6fd4fd9aedc98b564dd1e0d.pdf

PERRUSO, Marco Antonio. "A temática dos movimentos sociais urbanos no Brasil dos anos 1970/80". *Revista Mundos do Trabalho*, vol. 4, n. 7, janeiro-junho de 2012

PETTYS, Todd E. "Popular constitutionalism and relaxing the dead hand. Can people be trusted?" *Washington Law Review*, v. 86, 2008.

PILATTI, Adriano. *A constituinte de 1987-1988*: progressistas, conservadores, ordem econômica e regras do jogo. Rio de Janeiro: Lumen Júris, 2008.

PIVATO, Luciana C. F. "O acampamento Elias de Meura e uma experiência de assessoria jurídica popular na defesa dos direitos humanos dos trabalhadores rurais sem terra". In: Terra de Direitos. *Justiça e Direitos Humanos Experiências de Assessoria Jurídica Popular*. Curitiba, 2010, pp. 223-252.

POGREBINSCHI, Thamy; SANTOS, Fabiano. "Participação como Representação: o Impacto das Conferências Nacionais de Políticas Públicas no Congresso Nacional". *DADOS – Revista de Ciências Sociais*, Rio de Janeiro, v. 54, n. 3, 2011.

_____. "Os dois deuses de Hobbes. Limites da obrigação política hobbesiana". *Doispontos*, Curitiba, São Carlos, vol. 6, n. 3 – especial, abril/2009.

_____. *Entre representação e participação: as conferências nacionais e o experimentalismo democrático brasileiro*. Brasília: Ministério da Justiça, 2010.

POLLAK, Michael. "Memória e identidade social". *Estudos Históricos*, Rio de Janeiro, v. 5, n. 10, p. 200-212, 1992.

POST, Robert C., "Foreword: Fashioning the Legal Constitution: Culture, Courts, and Law" (2003). Faculty Scholarship Series. Paper 179. Disponível em: http://digitalcommons.law.yale.edu/fss_papers/179.

POST, Robert C.; SIEGEL, Reva B. "Democratic Constitutionalism and Backlash". *Harvard Civil Rights-Civil Liberties Law Review*. v. 42, 2007. Yale Law School, Public Law Working Paper No. 131. Disponível em: http://ssrn.com/abstract=990968

POZEN, David E. "Judicial Elections as Popular Constitutionalism". *Columbia Law Review*, v. 110, 2010.

PRADO, Marco Aurélio Máximo. (coord.). *Relatório do Núcleo de Direitos Humanos e Cidadania LGBT sobre inquéritos policiais envolvendo travestis e transexuais no Estado de Minas Gerais*. Belo Horizonte:

NUH, abr. 2018. p. 56. Disponível em: https://drive.google.com/file/d/17rUWq6z_ZszU_J0VPK9Dzl5clsqbf0gg/view.

PRADO JUNIOR, Caio. *Formação do Brasil contemporâneo*: colônia. Brasília, Editora Brasiliense, 1961.

RAWLS, John. *A theory of justice*: original edition. Cambridge, Massachusetts/London: The Belknap press of Harvard University press, 2005.

RECH, Daniel; PRESSBURGER, Miguel; ROCHA, Osvaldo Alencar; TORRE RANGEL, Jesus A. de la. *Direito Insurgente*: o direito dos oprimidos Rio de Janeiro: AJUP/Fase, out. 1990.

RECONDO, Felipe. *Tanques e Togas: o STF e a ditadura militar.* São Paulo: Companhia das Letras, 2018.

RIBAS, Luiz Otávio. "Direito insurgente e pluralismo jurídico: assessoria jurídica de movimentos populares em Porto Alegre e no Rio de Janeiro (1960-2000). Dissertação de Mestrado em Filosofia e Teoria do Direito da Universidade Federal de Santa Catarina, 2009.

RODRIGUES, Rita de Cassi Colaço. "De Denner a Chrysóstomo, a repressão invisibilizad: as homossexualidades na ditadura". In: GREEN, James. QUINALHA, Renan (org.). *Ditadura e homossexualidades:* repressão, resistência e a busca da verdade. São Carlos: Edufscar, 2014.

ROVISCO, Maria Luís. "Reavaliando as narrativas da nação – identidade nacional e diferença cultural. *IV Congresso Português de Sociologia*, 1990.

RUBIN, Edward L. "Passing through the Door: social movement literature and legal scholarship". *University of Pennsylvania Law Review*, v. 150, i. 1, nov. 2001.

RUSSO, Jane A. "A terceira onda sexológica: Medicina Sexual e farmacologização da sexualidade". *Sexualidad, Salud y Sociedad - Revista Latinoamericana*, n.14, ago. 2013.

SADER, Eder. *Quando novos personagens entram em cena*: experiência, falas e lutas dos trabalhadores na Grande São Paulo (1970-1980). Rio de Janeiro: Paz e Terra, 1988.

SANTIAGO NINO, Carlos. *La Constituición de la democracia deliberativa*. Trad. Roberto P. Saba. Barcelona: Gedisa, 1997.

_____, Carlos. *The Ethics of Human Rights*, Oxford University Press, 1991.

SANTOS, Boaventura de Souza. "Modernidade, identidade e a cultura de fronteira". *Tempo Social; Rev. Sociol. USP*, S. Paulo, 5(1-2): 31-52, 1993 (editado em nov. 1994).

_____. *Para uma revolução democrática da justiça*. São Paulo: Cortez, 2011.

SANTOS, Gustavo Gomes da Costa. "Mobilizações homossexuais e estado no Brasil: São Paulo (1978-2004)". *RBCS*, v. 22, n. 63 fevereiro/2007.

SANTOS, Ivanaldo. "Tomás de Aquino e o direito à resistência contra o governante". *Ágora Filosófica*. a.1, n.1, jul./dez.2007.

SANTOS, Rogerio Dultra dos. "Francisco Campos e os fundamentos do constitucionalismo antiliberal no Brasil". *Dados*. vol.50, n.2,2007

SANTOS, Sérgio Lima dos. "O movimento homossexual no brasil e a política de enunciação social das homossexualidades: uma reflexão sociológica". *VI Congresso Internacional de estudos sobre a diversidade sexual e de gênero da ABEH*.

SARMENTO, Daniel. "O neoconstitucionalismo no Brasil: riscos e possibilidades". In: SARMENTO, Daniel (coord.). *Filosofia e teoria constitucional contemporânea*. Rio de Janeiro: Lumen Júris, 2009.

_____. *Direitos fundamentais e relações privadas*. Rio de Janeiro: Lumen Juris, 2004.

SARMENTO, Daniel; SOUZA NETO, Cláudio Pereira de. *Direito Constitucional*: Teoria, história e métodos de trabalho. Belo Horizonte: Forum, 2012.

_____. "Notas sobre Jurisdição Constitucional e Democracia: a questão da 'última palavra' e alguns parâmetros de autocontenção judicial". *Quaestio Iuris*. v. 6, n. 2, 2013.

SARMENTO, Daniel. SOUZA NETO, Cláudio Pereira de. "Notas sobre Jurisdição Constitucional e Democracia: a questão da 'última palavra' e alguns parâmetros de autocontenção judicial". In: SARMENTO, Daniel. *O Direito Constitucional como Arte Marcial*. No prelo

SCHEFFER, Mário. (coord.) *O Remédio via Justiça:* Um estudo sobre o acesso a novos medicamentos e exames em HIV/aids no Brasil por meio de ações judiciais / Ministério da Saúde, Secretaria de Vigilância em Saúde, Programa Nacional de DST e Aids. Brasília: Ministério da Saúde. 2005.

SCHERER-WAREN Ilse. "Das mobilizações às redes de movimentos sociais". *Sociedade e Estado*, Brasília, v. 21, n.1, p. 109-130, jan./abr. 2006.

_____. "Inclusão social e cidadania: a perspectiva das organizações, redes e movimentos". AMARAL JR. Aécio; BURITY, Joanildo A. (orgs.) *Inclusão social, identidade e diferença:* perpectivas pós-estruturalistas de análise social. São Paulo: Annablume, 2006.

SCHMITT, Carl. *Constitutional Theory*. Trad. Jeffrey Seitzer. Durham/London: Duke University Press, 2008.

_____. *O Guardião da Constituição*. Trad. Geraldo de Carvalho. Belo Horizonte, Del Rey, 2007.

SHAPIRO, Martin. "Juridicalization of Politics in the United States". *International Political Science Review*, v. 15, n. 2, Apr., 1994.

SHERRY, Suzanna. "Putting law back to in constitutional law", *Constitutional Commentary*, v. 25, 2009.

SIEGEL, Reva B. "Constitutional Culture, Social Movement Conflict and Constitutional Change: The Case of the de facto ERA". Faculty Scholarship Series. Paper 1097, 2006, p. 1362. Disponível em http://digitalcommons.law.yale.edu/fss_papers/1097

SILVA, Valeska S. Rodrigues. "A Política da Multidão: a Constituição da Democracia do Comum no Pensamento de Antonio Negri". Dissertação Mestrado em Teoria do Estado e Direito Constitucional – Pontifícia Universidade Católica do Rio de Janeiro, 2014.

SILVA, Virgílio Afonso da. "Deciding without deliberating". *International Journal of Constitutional Law* (2013) 11 (3): 557-584.

SIMÕES, Julio Assis; FACCHINI, Regina. *Na trilha do arco-íris*: do movimento homossexual ao LGBT. São Paulo: Editora Fundação Perseu Abramo, 2008.

SIQUEIRA, Gustavo Silveira. *História dos Direito pelos movimentos sociais*: cidadania, experiências e antropofagia jurídica nas estradas de ferro (Brasil, 1906). Rio de Janeiro: Lumen Juris, 2014.

SMEND, Rudolf. *Constitucion y Derecho Constitucional*. Trad. José Mª. Beneyto Pérez. Madrid: Centro de Estudios Constitucionales.

SOARES, Gilberta Santos; COSTA, Jussara Carneiro. "Movimento lésbico e Movimento feminista no Brasil: recuperando encontros e desencontros". *Labrys, études féministes/ estudos feministas*. julho / dezembro 2011 -janeiro /junho 2012.

SÓFOCLES. *Antigone*. Tradução J.B. de Mello e Souza. Clássicos Jackson, 2005.

SOLIVA, Thiago Barcelos. "Sobre afetos e resistências: Uma análise da trajetória da Turma OK (Rio de Janeiro, Brasil)". *Sexualidad, Salud y Sociedad - Revista Latinoamericana*. n. 31, abr. 2019.

SOMIN, Ilya. "The Tea Party Movement and popular constitutionalism". *George Mason university Law and Economics Research Paper Series*, v. 105, 2011.

SOUZA JUNIOR, José Geraldo de. "Direito como liberdade: o Direito Achado na Rua experiências populares emancipatórias de criação do Direito". Tese de Doutorado em Direito pela Faculdade de Direito da UnB, 2008.

SOUZA NETO, Cláudio Pereira de. Deliberação democrática, constitucionalismo e cooperação democrática. In: SARMENTO, Daniel (org.). *Filosofia e teoria constitucional contemporânea*. Rio de Janeiro: Lumen Juris, 2009.

______. *Teoria Constitucional e Democracia Deliberativa*: Um estudo sobre o papel do Direito na garantia das condições para cooperação na deliberação democrática. Rio de Janeiro: Renovar, 2006.

SUNSTEIN, Cass R. "Backlash's Travels. University of Chicago", Public Law Working Paper No. 157; Harvard Civil Rights-Civil Liberties Law Review. Disponível em: http://ssrn.com/abstract=970685

_____. *A constitution of many minds.*Princeton: Princeton University Press, 2009.

_____. *Designing Democracy:* What Constitutions Do. New York: Oxford University Press, 2001.

SUNSTEIN, Cass R.; VERMEULE, Adrian "Interpretation and Institutions". U Chicago *Law & Economics*, Olin Working Paper No. 156; U Chicago Public Law Research Paper No. 28 (Jul 2002). Available at SSRN: http://ssrn.com/abstract=320245.

SZTOMPKA, Piotr. *A sociologia da mudança social.* Trad. Pedro Jorgensen. 2ª ed. Rio de Janeiro: Civilização Brasileira, 2005.

TARROW, Sidney. *O poder em movimento: movimentos sociais e confronto.* Petrópolis: Vozes, 2009.

TATE, C. Neal; TORBJÖRN, Vallinder. *The global expansion of judicial power.* Nova York: New York University Press, 1995.

TOCQUEVILLE, Alexis de. *A democracia na América.* Trad. Neil Ribeiro da Silva. 2ª ed. Belo Horizonte: Ed. Itatiaia, 1977.

TORRES, Eduardo Cintra. A multidão e a televisão: Representações contemporâneas da efervescência colectiva. Tese de doutorado em Ciências Sociais. Universidade de Lisboa, 2012.

TOURAINE, Alain. *¿Podremos vivir juntos?.* Trad. Horacio Pons. Buenos Aires: Fondo de Cultura Económica, 1997.

_____. "Os novos conflitos sociais para evitar mal-entendidos". *Lua Nova,* n.17, 1989.

TRANSGENDER EUROPE. *Transrespect Versus Transphobia Worldwide*: between 1 October 2017 and 30 September 2018, 2018. Disponível em: https://transrespect.org/wp-content/uploads/2018/11/TvT_TMM_TDoR2018_SimpleTable_EN.pdf

_____. *Transrespect Versus Transphobia Worldwide*: between 1 January 2008 and 30 September 2018, 2018. Disponível em: https://

transrespect.org/wp-content/uploads/2018/11/TvT_TMM_TDoR2018_Tables_EN.pdf

TREVISAN, João Silvério. *Devassos no paraíso*: a homossexualidade no Brasil, da colônia à atualidade. São Paulo: Editora Max Limonad, 1986.

TUSHNET, Mark. *Taking the Constitution away from the courts*. Princeton: Princeton University Press, 2000.

_____. *Weak courts, strong rights*: judicial review and social welfare rights in comparative constitutional law. Princeton: Princeton University Press, 2008.

VERDÚ, Pablo Lucas. *Curso de Derecho Politico*. V. IV. Madrid: Editorial Tecnos, 1984.

VESTENA, Carolina Alves. "Audiências Públicas: diagnóstico empírico sobre os limites da participação social". *Revista Brasileira de Estudos Constitucionais*, n. 25, 2012.

VIANNA, Luiz Werneck (et al.). *A judicialização da política e das relações sociais no Brasil*. Rio de Janeiro: Ed. Revan, 1999.

VIANNA, Luiz Werneck; BURGOS, Marcelo B. "Revolução processual do Direito e democracia progressiva." In: VIANNA, Luiz Werneck. *A Democracia e os Três Poderes no Brasil*. Belo Horizonte: UFMG; Rio de Janeiro; IUPERJ/ FAPERJ, 2001.

VITAL, Christina; LOPES, Paulo Victor Leite. *Religião e política*: uma análise da atuação de parlamentares evangélicos sobre direitos das mulheres e de LGBTs no Brasil. Rio de Janeiro: Fundação Heinrich Böll, 2012.

WALDRON, Jeremy. "The core case against judicial review". *The Yale Law Journal*. n. 115, 2006.

WHITTINGTON, Keith E. *Political foundations of judicial supremacy:* the presidency, the Supreme Court and constitutional leadership in U.S. history. Princeton/Oxford: Princeton University Press, 2007.

_____. "Extrajudicial constitutional interpretation: three objections and responses". *North Carolina Law Review*. v. 80, 2001-2002.

WILETS, James D. "International Human Rights Law and Sexual Orientation". Hastings International & Comparativa Law Review, n. 18, 1994-1995.

WILLIAMS, Norman R. "The people's Constitution". *Stanford Law Review*. v. 57, 2004.

WHITAKER et. al. *Cidadão Constituinte*: a saga das emendas populares Rio de Janeiro: Paz e Terra, 1989.

WOLKMER, Antonio Carlos. *Pluralismo jurídico*: fundamentos de uma nova cultura no Direito. São Paulo: Editora Alfa Omega, 1994.

YOSHINO, Kenji. *Covering*: the hidden assault on our civil rights. USA: Random House, 2007.

YOUNG, Iris. "Communication and the other: Beyond deliberative democracy". In: BENHABIB, Seyla (ed.). *Democracy and Difference*. Princeton: Princeton University Press, 1996.

Artigos publicados em jornais e revistas jornalísticas

BARBIÉRI. Luiz Felipe. "CNJ registra pelo menos 812 mil presos no país; 41,5% não têm condenação". G1. 17.07.2019. Disponível em: https://g1.globo.com/politica/noticia/2019/07/17/cnj-registra-pelo-menos-812-mil-presos-no-pais-415percent-nao-tem-condenacao.ghtml

CARVALHO, Daniel. "Bolsonaro reduz participação da sociedade em conselho de políticas sobre drogas". Folha de São Paulo. 2.07.2019. Disponível em https://www1.folha.uol.com.br/cotidiano/2019/07/governo-exclui-sociedade-civil-de-conselho-de-politicas-sobre-drogas.shtml

CAPUCHINHO, Cristiane. "Enem 2013: transexuais passam por constrangimento durante provas". UOL. 27.10.2013. Disponível em http://educacao.uol.com.br/noticias/2013/10/27/transexuais-passam-por-constrangimento-durante-provas-do-enem-2013.htm. Visualizado em 3/12/2014.

CASTELLS, Manuel. "A mudança está na cabeça das pessoas" . Entrevista para Luís Antônio Giron. Revista Época. 11/10/2013 Disponível em: http://epoca.globo.com/ideias/noticia/2013/10/bmanuel-castellsb-mudanca-esta-na-cabeca-das-pessoas.html

CONGRESSO EM FOCO. TSE diz que "kit gay" não existiu e proíbe Bolsonaro de disseminar notícia falsa. Congresso em foco. Brasília, 16 out. 2018. Disponível em: https://congressoemfoco.uol.com.br/eleicoes/tse-diz-que-kit-gay-nao-existiu-e-proibe-bolsonaro-de-disseminar-noticia-falsa/.

CONGRESSO EM FOCO. Pesquisa mostra que 84% dos eleitores de Bolsonaro acreditam no kit gay. Congresso em foco. Brasília, 1 nov. 2018. Disponível em: https://congressoemfoco.uol.com.br/amp/eleicoes/pesquisa-mostra-que-84-dos-eleitores-de-bolsonaro-acreditam-no-kit-gay/.

DALL'ARA, Alexandre; GONDIN, João Paulo. "Apesar de direito ao voto, presos provisórios têm pouco acesso à urna". Último segundo, 27.05.2012. Disponível em http://ultimosegundo.ig.com.br/politica/2012-05-27/apesar-de-direito-ao-voto-presos-provisorios-tem-pouco-acesso-a.html.

DEARO, Fabio. Número de candidatos LGBT cresce 386% em 2018, diz pesquisa. Exame. 19.08.2018. Disponível em: https://exame.abril.com.br/brasil/eleicoes-2018-numero-de-candidatos-lgbt-cresce-386/

EBOLI, Evandro. "Comissão aprova projeto que permite a templos vetar gays texto permite que líderes religiosos se recusem a fazer cerimônias, como casamentos entre pessoas de mesmo sexo. O GLOBO. 16.10.2013.

FÁBIO, André Cabette. As propostas dos presidenciáveis para a população LGBT. Nexo. São Paulo, 2 out. 2018. Disponível em: https://www.nexojornal.com.br/expresso/2018/10/02/As-propostas-dos-presidenci%C3%A1veis-para-a-popula%C3%A7%C3%A3o-LGBT

GOÉS, Bruno. David Miranda diz à Polícia Federal que foi ameaçado de morte. O Globo. 17.06.2019. Disponível em: https://oglobo.globo.com/brasil/david-miranda-diz-policia-federal-que-foi-ameacado-de-morte-23746093

JORNAL NACIONAL. Feliciano vira presidente da Comissão de Direitos Humanos e pede 'voto de confiança'. Deputados lembraram que o pastor Marco Feliciano (PSC-SP) já deu declarações contra negros e homossexuais". 07.03.2013. Disponível em: http://g1.globo.com/jornal-nacional/noticia/2013/03/feliciano-vira-presidente-da-comissao-de-direitos-humanos-e-pede-voto-de-confianca.html, acesso em 03.12.2013.

LAMPIÃO DA ESQUINA. Todas as 37 edições do jornal, de abril de 1978 a junho de 1981, estão disponíveis em http://www.grupodignidade.org.br/blog/cedoc/jornal-lampiao-da-esquina/

LEONEL, Vangel. "A Revolta do Ferro's Bar". Coluna GLS, Revista da Folha de São Paulo, publicada em 24.8.2008.

MARTINELLI, Andréa. Casamento entre pessoas do mesmo sexo cresce 10% em 2017, aponta IBGE. Huffigton Post. 31.10.2018. Disponível em: https://www.huffpostbrasil.com/2018/10/31/casamento-entre-pessoas-do-mesmo-sexo-cresce-10-em-2017-aponta-ibge_a_23576942/

MELLO, Daniel. "Protesto na Avenida Paulista pede saída de Feliciano da Comissão de Direitos Humanos. Daniel Mello". Agência Brasil. 26.06.2013. Disponível em: http://www.ebc.com.br/noticias/brasil/2013/06/protesto-na-avenida-paulista-pede-saida-de-feliciano-da-comissao-de-direitos; TERRA NOTÍCIAS. Manifestantes protestam contra o deputado Marco Feliciano em Brasília Marcha ocorre no mesmo dia em que milhares de pessoas se reuniram em frente ao Congresso, em manifesto a favor da liberdade religiosa. 05.06.2013. Disponível em: http://noticias.terra.com.br/brasil/politica/manifestantes-protestam-contra-o-deputado-marco-feliciano-em-brasilia,5326e2c1be61f310VgnVCM5000009ccceb0aRCRD.html

MENDES, Conrado Hübner. "Para o bom juiz, meia palavra não basta". Opinião publicada no jornal o Estado de São Paulo, disponível em: http://opiniao.estadao.com.br/noticias/geral,para-bom-juiz-meia-palavra-nao-basta-imp-,1047024;

NUBLAT, Johanna. FALCÃO, Márcio. "Comissão de Marco Feliciano aprova dois projetos contra gays e rejeita um a favor". Folha de São Paulo. 20.11.2013 Disponível em: http://www1.folha.uol.com.

br/cotidiano/2013/11/1374047-comissao-de-marco-feliciano--aprova-dois-projetos-contra-gays-e-rejeita-um-a-favor.shtml

PASSARINHO, Nathalia. COSTA. Fabiano. "Câmara decide arquivar projeto que autoriza 'cura gay': pedido de retirada da proposta foi protocolado pelo próprio autor do texto. Para João Campos, projeto foi usado para 'desviar foco' de manifestações". G1. 02.07.2013. http://g1.globo.com/politica/noticia/2013/07/camara-decide--arquivar-projeto-que-autoriza-cura-gay.html

SACONI, João Paulo; ALEIXO, Isabela; MAIA, Gustavo. "Decreto do governo Bolsonaro mantém apenas 32 conselhos consultivos". O Globo. 29.06.2019. Disponível em: https://oglobo.globo.com/brasil/decreto-do-governo-bolsonaro-mantem-apenas-32-conselhos--consultivos-23773337

SALLES, João Moreira. "Senhor dos anéis: um grande resultado matemático e as suas consequências". Revista Piauí. n. 87, dez, 2013.

SALME, Flavia. "Ex-BBB Jean Wyllys é eleito deputado federal: com pouco mais de 13 mil votos, ele conseguiu a vaga graças ao desempenho de Chico Alencar, o segundo mais votado no Rio". iG. 03.10.2010 . Disponível em http://ultimosegundo.ig.com.br/eleicoes/exbbb+jean+wyllys+e+eleito+deputado+federal/n1237790770320.html, acesso em 3/12/2013.

TERRA NOTÍCIAS. "Deputados deixam Comissão de Direitos Humanos em protesto contra FelicianoMovimento quer inviabilizar o funcionamento da comissão para pressionar pela renúncia de Marco Feliciano (PSC), acusado de racismo e homofobia". 17.04.2013. Disponível em: http://noticias.terra.com.br/brasil/politica/deputados-deixam-comissao-de-direitos-humanos-em-protesto--contra-feliciano,d53e23c21971e310VgnCLD2000000dc6eb0aRCRD.html

ÚLTIMO SEGUNDO. "Pesquisa revela que 55% dos brasileiros são contra união gay". 28.07.2011. http://ultimosegundo.ig.com.br/brasil/pesquisa+revela+que+55+dos+brasileiros+sao+contra+uniao+gay/n1597104761368.html

UOL. Maioria dos brasileiros é contra casamento gay e adoção por homossexuais, revela pesquisa da CNT. 11.06.2013. http://portalcorreio.uol.com.br/noticias/brasil/historia/2013/06/11/NWS,225240,3,58,NOTICIAS,2190-MAIORIA-BRASILEIROS--CONTRA-CASAMENTO-GAY-ADOCAO-HOMOSSEXUAIS-REVELA--PESQUISA-CNT.aspx

VEJA. "Pesquisas revelam que brasileiro se tornou mais receptivo aos homossexuais nos últimos 18 anos". 28.07.2011. Disponível em http://veja.abril.com.br/noticia/brasil/pesquisas-revelam-que--brasileiros-se-tornou-mais-receptivel-aos-homossexuais-nos--ultimos-18-anos

VIVAS, Fernanda; CALGARO, Fernanda. Renúncia de Jean Wyllys ao terceiro mandato é oficializada na Câmara. G1 e Tv Globo. 29.01.2019. Disponível em: https://g1.globo.com/politica/noticia/2019/01/29/renuncia-de-jean-wyllys-ao-terceiro-mandato-e-oficializada-na--camara.ghtml

EDITORA
JusPODIVM
www.editorajuspodivm.com.br